マツダチーム
ルマン初優勝の記録

ロータリーエンジンによる戦い 1979—1991

GP企画センター 編

桂木洋二　船本準一　三浦正人 著

マツダチームがルマン24時間レースで優勝したのは，二つの意味で画期的なことであった。

　ひとつは，日本の自動車メーカーチームの最初の優勝であり，しかも現在まで唯一のものであることだ。もうひとつは，コンベンショナルなピストン（往復動）エンジンではない特殊な機構を持つ，ロータリーエンジン車による優勝であることで，今もまずありえないことである。

　1980年代，日本の自動車メーカーの生産台数は毎年のように増え続け，輸出も好調であった。しかし，日本が得意とするのは大衆車であり，走行性能ではヨーロッパのクルマにかなわないと見られていた。そうしたイメージを払拭するには，ルマン24時間レースのような，ヨーロッパの伝統あるレースで勝利することが有効であった。

　日本のトップメーカーであるトヨタと日産は1980年代半ばからルマン24時間レースを主要なターゲットとしてレース活動に力を入れた。マツダがロータリーエンジンという機構的に特殊なエンジンにこだわったのは，トヨタや日産にないものを求めたからであった。ピストンエンジンと同じようにガソリンを燃料とするロータリーエンジンは，軽量コンパクトであるという利点を持っていたが，動力を生み出す根源ともいえる燃焼では機構的に不利であった。1973年のオイルショック後は，ロータリーエンジンの持つスポーツ性を強調して，それに相応しいクルマに搭載するようになった。そのことが，マツダが走行性能に優れたクルマをつくるメーカーであるというイメージを定着させた。それに一役買ったのが自動車レースへの参戦であった。マツダはレースで戦うことがロータリーエンジンの技術的な進化に繋がるという考えを持っていたのである。

　その後，バブルがはじけて以降クルマは燃費が良いことが重要視されるようになった。その逆風を跳ね返すために，燃費を改善する新技術を採用して，ロータリーエンジンの魅力を甦らせたスポーティなマツダRX-8が21世紀になってから発売された。しかし，これも2012年6月で生産が終了となる。

　この本で述べられているロータリーエンジン車によるレース参戦は，世界のどのメーカーの技術者たちもなし得なかった技術的な挑戦であった。開発に携わった技術者たちやレース関係者たちは，他のメーカーやレースチームの誰もがやっていないことに挑戦するという技術者冥利に尽きる活動を展開し，成果を上げることができた。その勝利は奇跡ともいっていいものである。

　その貴重な記録としてまとめられた本書は，マツダチームがルマンで初優勝を果たした直後の1991年に刊行（グランプリ出版）されたもので，その後長く絶版になっていたが，このたびふたたび刊行されることになったものだ。最後になったが，このことを関係各位とともに喜びたいと思うとともに，いろいろな方々にお世話になったことを改めて感謝したいと思う。

2012年4月吉日　　桂木洋二

目　次

ドキュメント・ルマンに賭けたマツダ・ロータリーの苦闘と栄光　………桂木洋二　6
1. ルマン初優勝の瞬間 ——————— 6
2. 日本のワークスチームによる先陣争い — 22
3. ロータリーエンジンとマツダのレース活動 — 33
4. 勝つための体制づくりに着手 ——— 41
5. エンジン性能向上のための悪戦苦闘 — 47
6. マツダスピードのサムライたちのルマン — 54
7. ロータリー独特の問題とマシン設計 — 60
8. 90年ルマンのリタイアとその反省 — 67
9. エアロダイナミクスの追求とカーボンブレーキ — 75
10. マツダ787Bの製作とテスト走行 — 83
11. 準備完了，ルマンへ集合，そして予選 — 90
12. 決勝レース——ついにトップに浮上 — 99

ルマンを戦ったロータリーエンジンの技術的変遷　………………船本準一　111
1. ロータリーエンジンとそのチューニング — 112
2. 2ローター13B型エンジン ——— 118
3. 13B型ツインターボエンジン ——— 122
4. 3ローター13G型エンジン ——— 124
5. 4ローター13J改型エンジン ——— 129
6. 4ローター13J改2型エンジン ——— 132
7. 4ローターR26B型エンジン ——— 136

マツダチームのルマン挑戦の歴史　…………………………………三浦正人　143
1979年（第47回）・予選通過ならず—144／1981年（第49回）・体制を整え，2台出場—144／1982年（第50回）・念願の完走を果たす—146／1983年（第51回）・ニューマシンで完走—147／1984年（第52回）・トラブル続出で満身創痍—149／1985年（第53回）・C2マシン最後の年を飾れず—150／1986年（第54回）・新開発3ローター&ニューマシン—151／1987年（第55回）・総合7位入賞に湧く—153／1988年（第56回）・4ローター・マシンで3台完走—155／1989年（第57回）・再び7位入賞，3台完走—156／1990年（第58回）・"勝つ意志"で臨んだが……—158／1991年（第59回）・ついに総合優勝を飾る—160

デュドネ/従野/寺田組のマツダ787B。

18号車のむこうに見えるシャトーがドライバーたちの泊まったホテル。

ピット前のスペアカウルが窓ガラスに映る。

シルクカット・ジャガーとサンティック・ジャガー。

ピット前に並ぶマツダの3台のマシン。

59e 24Heures du Mans '91

スタートを前にしてグリッドについたマシンたち。
午後4時、ローリングスタートでレースが開始された。

ドキュメント
ルマンに賭けたマツダ・ロータリーの苦闘と栄光

桂木洋二

1. ルマン初優勝の瞬間

1991年6月23日午後3時すぎ、ルマン・サルテサーキット――。

ゼッケン55番のマツダ787Bは2時間前からトップを走っていた。ザウバー・メルセデスの脱落で1位に浮上、2位を走るジャガーとの差を確実に広げている。あと1時間足らずで、長い長い24時間レースのゴールである。夢にまでみた"ルマン優勝"が果たされようとしている。"日本車初の快挙"となる。同時に、レシプロエンジンでないパワーユニットのマシンでの初優勝である。

少し前に27回目のピットインをすませて、ジョニー・ハーバートがマシンのハンドルを握っていた。この最後から2番目のピットストップでも通常の燃料補給やタイヤ交換といった作業だけで、ロスタイムは全くなかった。これまでの26回のピットストップでも同じで、トラブルらしいトラブルがなく、ピットでのストップは最少時間ですんでいた。事前に決めたとおり、ほぼ13周ごと、約50分の走行でピットインし、ペースに全く乱れはなかった。

このピットインまでの1回の走行が1スティントと呼ばれ、3人のドライバーがスタートから2順するまではスティント(受け持ち)ごとにドライバー交代したが、その後は各ドライバーが2スティントずつ走ることになっていた。したがって、ひとりのドライバーは約100分ほど走行したら、休息時間が200分とれることになる。

ハーバートがバイドラーからバトンタッチしたのは午後2時ちょっとすぎのことだった。さすがにここまでくると、ドライバーは疲労の色をかくしきれなかった。しかし、世界のトップクラスのプロフェッショナルドライバーとしての実力をみせ、ピットアウトしてからのハーバートのラップタイムは安定していた。

マツダスピードの大橋孝至チームマネージャーは、テレメーターで55号車のラップタイムや燃費をみて、ひそかにうなずいた。3分50秒前後のペースである。2位のジャガーとは2周の差がついている。このペースで走って燃料が足りなくなる恐れは全くなく、マシンの不調の気配も感じられない。

大橋は大事をとってペースダウンさせる指示を出す気はなかった。このままのペースで走る方が安心なのだ。ヘタにペースダウンさせると、ドライバーの気持ちにゆるみが生じるかもしれないし、マシンにかかるさまざまな負荷がかわることによるトラブルの発生の確率がわずかではあるにしてもふえるかもしれない。速いドライバーは、速いラップ

1回の給油は90ℓほど、ピットストップは全部で28回だった。

大橋監督(手前)とチームコンサルタントのジャッキー・イクス。

55号車のベストラップは3分42秒958だった。

ゴールの時間が近づいてくる―。

タイムで走らせることが自然なのである。

ピットにあるモニターの画面に，シルクカット・ジャガーがトップの55号車のすぐ後方を走る姿が映し出された。2位から4位までをジャガーが占めている。もし，このジャガーとコーナーでからんでクラッシュしたら，すべては水泡に帰してしまう。ハーバートが抜いた後，そのジャガーがしつこくテール・ツー・ノーズでついてきていたのである。

大橋はドライバーに何らかの指示を出した方がいいと思った。レースコンサルタントとして同じ画面を見ていたジャッキー・イクスが，抜かせた方がいいといった。F1レースで輝かしい成績を残し，ルマン24時間レースで6回優勝しているかつての名ドライバーであるイクスの考えと，大橋のそれとは一致することが多かった。

大橋は監督のアシスタントをつとめる大川清隆を呼んで，無線で，ジャガーとの距離をあけて走るように伝えさせることにした。大川がハーバートに英語で"ジャガーからはなれろ"と呼びかけた。"OK，わかった"という返事が返ってきた。

次の周のストレートで，ハーバートはアクセルをゆるめてペースダウンした。ジャガーが前へ出てその差は少しずつ大きくなっていった。

マツダ本社のレース責任者であるモータースポーツ主査の小早川隆治は，ピット内で安堵のタメ息をもらした。それでもじっとしていられない心境だった。レースは最後の最後まで何があるかわからない。ジャガーとの接触の恐れは消えたものの，不安のひとつがなくなったにすぎない。万全を期したはずだったが，アクシデントや突然のトラブルが起こらないとはいい切れない。レースでは誰もそんな保証ができないのだ。

アンフィニのイメージリーダーカーとなるマツダのスポーツカーであるRX7の開発も小早川が主査として手がけ，その発表が近づいてきていた。ロータリーエンジンのマシンでルマンに勝てば，新しいRX7のデビューに華をそえることになる。レース車と市販車の両方の主査として二足のワラジをはくことになった小早川は，ルマンに来ていても，開発中のRX7のことが頭からはなれなかった。しかし，この時は，このままゴールしてほしいと祈るような気持ちになっていた。マツダ車が1位になってから，急に時間の進み方が遅くなったように思われた。

レースの実戦作業を受けもつマツダスピードの社長である森丘幸宏は，ピット裏のマツダのパドック内に設けられた小さい社殿に手を合わせた。その中には箱根神社からもらってきたお札が納められている。どうか，このまま優勝させて下さいと祈った。あまり信心深くないチームメンバーも一緒に手を合わせた。

マツダスピードの技術部次長で，チームのマネージメント面をとり仕切っていた田知本守は，ひそかにシャンパンを用意した。しかし，万が一のことも考えて，誰の目にもふれないところにかくしておいた。無事にゴールしたら，チームメンバーと一緒に祝杯を上げるつもりだった。

同じくマツダスピードのPR担当の三浦正人は，最後のプレスレリースを書こうとピット内で手持ちのワープロをセ

雨の予選を走るジャガーとメルセデス。

2位となったジョーンズ/ボエセル/フェルテ組のジャガーXJR12。

スタート直後1位を走ったプジョー905。

59e 24Heures du Mans '91

午後1時すぎまでトップを走っていたメルセデスベンツC11。
スタートから4時間をすぎたところでトップに立ったメルセデスベンツC11の32号車。

マツダ787Bとテール・ツー・ノーズで走るジャガーの前に周回遅れが——。

メルセデスの脱落でマツダとジャガーの争いに。

ットした。"日本車初の総合優勝！"という文字を打ち込み、レース終了後すぐに配布するつもりでいた。文面は、レースが終わった時点でのものになるわけだが、ふと三浦は手をとめた。待てよ、こんなことを書いておくと、かえって縁起が良くないかもしれないと思った。ワープロを閉じ、本当に優勝してから書くことにした。

時計をみるとゴールの4時までは、あと30分あまりだった。主催者であるACO（フランス西部自動車クラブ）のオフィシャルが三浦のところにやってきた。ゴールの15分前になったら呼びにくるから、休んでいる2人のドライバーと大橋監督たちを集めておいてくれといわれた。表彰式の準備のためだ。

最後のピットインが迫っていた。大橋は、ここでドライバーを交代させるべきかどうか迷っていた。このピットインのあと残りは4，5周である。順番でいけばハーバートからガショーに交代である。しかし、残り周回数が少なくなった場合は、最後のピットイン後ドライバーは交代しないかもしれないと、事前にドライバーたちには言ってあった。交代するかどうか、早めに決める必要があった。

大橋は、できれば交代しないでそのままハーバートに走らせたかった。24時間近くたつと、コース上はマシンのまきちらしたオイルや、スピンしたマシンがはね上げた砂などで、コンディションは著しく悪くなっている。走っているハーバートはその状況をしっかり把んだ上でマシンをコントロールしている。交代すれば、ガショーはコースの最新情報を把むのに1，2周しなくてはならない。それに、ハーバートの方がマシンの状況もよく把んでドライブしているから、万一異常が発生したら気がつくのが早いだろう。

ごくわずかであっても、安全性の高い方を選択するのがレース監督の義務である。

問題は、ハーバートの体力だ。体力の限界はすでに超えていると思ってよい。かつてはレーシングドライバーとして耐久レースに出場した経験のある大橋には、ドライバーの苦しさがよくわかった。20年前の自分が出場した真夏の富士1000キロレースのことが頭に浮かんだりする。外気温が36，7°Cあると、コクピット内は50°C以上となり、長い間ハンドルを握っていると意識がもうろうとしてくる。神経を集中しているつもりでも、ふとどうなってもいいような気分に襲われる。ごくわずかの間であるが、意識が途切れてしまうこともある。コーナーが近づいてきたことに気づき、ハッとしてハンドルを握りなおす。ほんの一瞬気がつくのが遅ければ、スピンしていたかもしれなかった。

大川が無線でハーバートに"体調はどうか？"と問いかけた。"大丈夫だ"というしっかりした声で答えた。しかし、声の調子だけで判断はできない。本人は緊張しているから、自分の体力が衰えていることを意識していないのかもしれない。

それでも大橋は、ハーバートに続けて走らせることに決めた。その上で、チームのドクターの意見を聞いた。"ドライバーが体力の限界を超えていると思うが、どうだろうか"

13周約50分に1度の割でピットイン。

と。返ってきた答えは"精神がそれを克服するだろう"という言葉だった。かたわらにいるジャッキー・イクスにも聞いた。大橋と同じ意見だった。

無線でハーバートに呼びかけた。"ジョニーよ、コースやクルマの状況がわかっている君に、そのペースで最後まで走ってほしい、その方がいいと思う"と。

コクピットのハーバートから"わかった、そうしましょう"という答えが返ってきた。それを聞きながら大橋は、"オレは非常識なことをしているのかもしれないな"と思った。

あわただしく55号車がピットインしてきたのは3時40分すぎであった。カーマネージャーの杉野芳彦は、2位とは8分以上差がついているので、ゆっくり確実に作業するようにメカニックたちに指示した。あと20分足らずの走行だ。タイヤは交換しなくても良いと思ったが、ダンロップのサービスマンが、ソフト目のタイヤだから念のため換えた方がいいと言うので、それに従うことにした。いずれにしても燃料給油に時間がかかるのでタイムロスにはならない。

91年ポルトガルGPで、チャンピオン争いをしていたナイジェル・マンセルのウイリアムズがタイヤ交換してピットアウトしたとたんに、ハブナットの締め忘れでホイールがぶっとび、優勝を棒に振っている。プロのメカニック集団なのに、考えられないミスである。しかし、こうしたことも起こ

らないとは限らないのだ。F1レースは年間16戦で、失うのはそのうちの1レースであるが、ルマン24時間レースでやっとつかんだはじめてのチャンスである。杉野は、テキパキと自らも働き、メカニックの作業を確認し、ドライバーのハーバートに"ゴー"のサインを出した。55号車はタイヤを鳴らし、元気よくピットアウトしていった。

マシンを見送りながら杉野は、このままいってくれよ、と口に出さずに呟いた。

ACOのオフィシャルが、表彰台の方へ移動するように迎えにきたのはこのすぐ後だった。2人のドライバーと、大橋、森丘、小早川、イクスがピットをはなれた。三浦は、表彰式に華をそえるために、3人のキャンペーンガールも集めておいた。三浦もオフィシャルにうながされて、表彰台の方へ向かった。

コントロールタワーのラセン状の階段をのぼっていくとルマンの表彰台がある。そのすぐわきにモニタールームがあり、そこで待機することになった。画面にマツダ55号車の走っている姿が映し出されている。それぞれ椅子に腰かけ、画面に見入る。誰も一言も口をきかない。RENOWNとフロントカウルに画かれた濃いオレンジとグリーンにカラーリングされたマツダ787Bが、テルトルージュからふたつのシケインを抜け、ミュルサンヌのコーナーに入ってい

11

マツダ787Bの55号車はバイドラー/ハーバート/ガショーのトリオ。

ケネディ/ヨハンソン/サラ組のマツダ787B・18号車。

59e 24Heures du Mans '91

55号車はスタート直後は3分45,46秒のペースで周回を重ねた。
90年仕様のマツダ787・56号車は30番目のグリッドからスタート。

シケインを抜けるマツダ、ジャガー……。

く。そしてインディアナポリスやポルシェカーブを抜け、やがてグランドスタンド前を通過していく。

表彰式に出るために呼ばれているものの、まだ確定したわけではない。大橋はピットをはなれたことで、もうチームをコントロールすることは実質的にできなくなっていた。手元の時計でラップタイムを計ると、少しペースが遅くなっているようだった。ゆっくり走っているけれど大丈夫かなと思ったが、もちろんそれを口に出しはしない。時間がたつのが、ますます遅くなっていくようだった。しかし、ハーバートのドライブするマツダ55号車は、着実にラップを重ね、ゴールの午後4時が近づきつつあった。

361周目、コントロールタワー前を55号車が通過したのは4時5分ぐらい前だったろうか。チェッカーフラッグは振られない。あと1周だ。大橋は、今度は逆にペースを落としてもう1周しないですめば良かったのにと思った。

モニターの画面は、マツダ55号車から、ゴール地点に切りかわった。競技長が午後4時前に、チェッカーフラッグをスタート／フィニッシュラインを通過したマシンに振った。マツダ車ではない。次々と、マシンがゴール地点を通過していく――。

それまではトップを走るマツダ車が画面にあったので、それなりに安心していたが、どこを走っているのか全くわからなくなった。"うちのクルマはどこに行ったんだ!?"と全員が思っていたが、それを口に出す者はいない。やはり、チェッカーフラッグが振られるまで不安である。

このすぐ後、コース上に観客がなだれ込み、サーキットは大騒ぎとなった。人の流れが大きくなってうねっている。しかし、モニタールームの中だけは静寂が支配していた。

モニターの画面が切りかわり、大群集がとり囲むマツダ55号車が映し出された。マシンは人垣をようやくかきわけ、歩く速度より遅く走っていた。

実際にマツダ55号車にチェッカーフラッグが振られたのは、フィニッシュラインのずっと手前であった。したがって、正確にはマシンは362周しているわけではないが、群集に囲まれてそれ以上進むことができる状態ではなかった。記録によるとラストラップは5分以上かかっており、24時間すぎるのを待ちきれない観衆のために、レースの幕切れは曖昧なものとなった。しかし、これがルマンであり、フランス人のスタイルでもある。形式より"お祭り"さわぎを優先させてしまうのである。

競技長のマルセル・マルタンがモニタールームに入ってきて、大橋に"コングラチュレーション！"と大声でいいながら手をさしだした。"ありがとう"と大橋はマルタンの手を握りしめた。優勝だ！ 全員が立ち上がっていた。大橋だけでなく、森丘も、小早川も目をしばたかせていた。夢にまでみた優勝の瞬間は、見逃すこととなったが、優勝は現実のものとなったのだ。

表彰台へ移動しようと、踊り場に出ると、ジャガーチームの監督であるトム・ウォーキンショーが階段をかけ上がってきて、大橋を抱きしめた。ジャガーの2位、3位となったドライバーもやってきて、握手や抱擁、大きな話し声で、いっぺんに賑やかになった。マツダに破れたメルセデスベンツのニアパッシュ監督もやってきて、マツダの勝利を祝福した。

"ジョニーはどうした？"と大橋が最終ドライバーとなったハーバートが表彰台にやってこないのを気にした。

実は、ゴールしたとたんにハーバートは気力を喪失して、立てないほどだった。脱水状態で両目の下には大きなクマができており、まるで強烈なパンチを浴びたようになっていた。メカニックの助けをかりてコクピットから降り、そのままドクタールームに直行した。ハーバートはドクターからしばらく横になって休むようにいわれた。とても歩ける状態ではなく、表彰台にのぼる体力が残っていなかった。しかし、ドライビング中は、最後の力をふりしぼり、自分に課せられた任務をまっとうしたのである。

大橋は、79年からこの年までルマンに監督として12回チャレンジしている。そして、いまルマンのサルテサーキットの表彰台に、優勝チームの監督として、大群集の歓呼に応えて、手を振っていた。サングラスの内側の目はうるんでいた。そしてその直後に会心の笑みをもらした。

マツダが、ロータリーエンジンという未知の技術にチャレンジすると知って、マツダに入社した小早川は、ロータ

ゴールラインで優勝を祝うマツダのスタッフたち。

午後4時、コースに観客がなだれ込んできた。

表彰式につめかける観衆たち。

メインポールに上がった日の丸。

リーエンジンを搭載したスポーツカーのRX7の主査としてその開発を続け、いままたロータリーエンジンのレーシングカー、マツダ787Bで優勝して表彰台に立ち、"オレほどの幸せ者はいない"と感じていた。

押し出されるように一緒に表彰台のすみに立つことになった三浦は、自分が場違いなところにいるような気がしたが、この時の大いなる感激は生涯忘れないだろうと思った。15万人といわれる観衆のすべての目が、こちらを向いている。片隅とはいえ表彰台に自分がいることが信じられず、文字どおり雲の上を歩くような気分になっていた。まるで大スペクタクル映画の主人公になったようだった。

その大群集の中に交って、マツダスピードでテクニカルマネージャーとして、大橋を支えた松浦国夫が表彰台を見上げていた。90年のリタイアの悔しさを思い出したとたんに、目に涙がうかんだ。やることをきちっとやれば、結果が出るもんなんだと思いながら、人に押されるのに身体をまかせた。

カーマネージャーの杉野も、表彰式を見にきていた。大レースでの優勝は初めての経験で、どうしていいかわからない心境だった。24時間一睡もせずにがんばったが、疲れている自覚はなかった。しかし、この後のチームの内輪のお祝いでシャンペンをちょっと飲んだら、すぐに疲れがどっと出て、立ち上がるのもしんどくなった。

＊

当初の予定より日程が遅れて開催されたため、ちょうどマツダの株主総会と91年ルマンは重なった。そのために、今回は取締役以上のお偉ら方は来ていなかった。

本来ならマツダの古田徳昌社長は、この年のルマン24時間レースに行くつもりでいた。81年から連続して10年以上マツダ・ロータリーが出場しているからだろうか、FIA

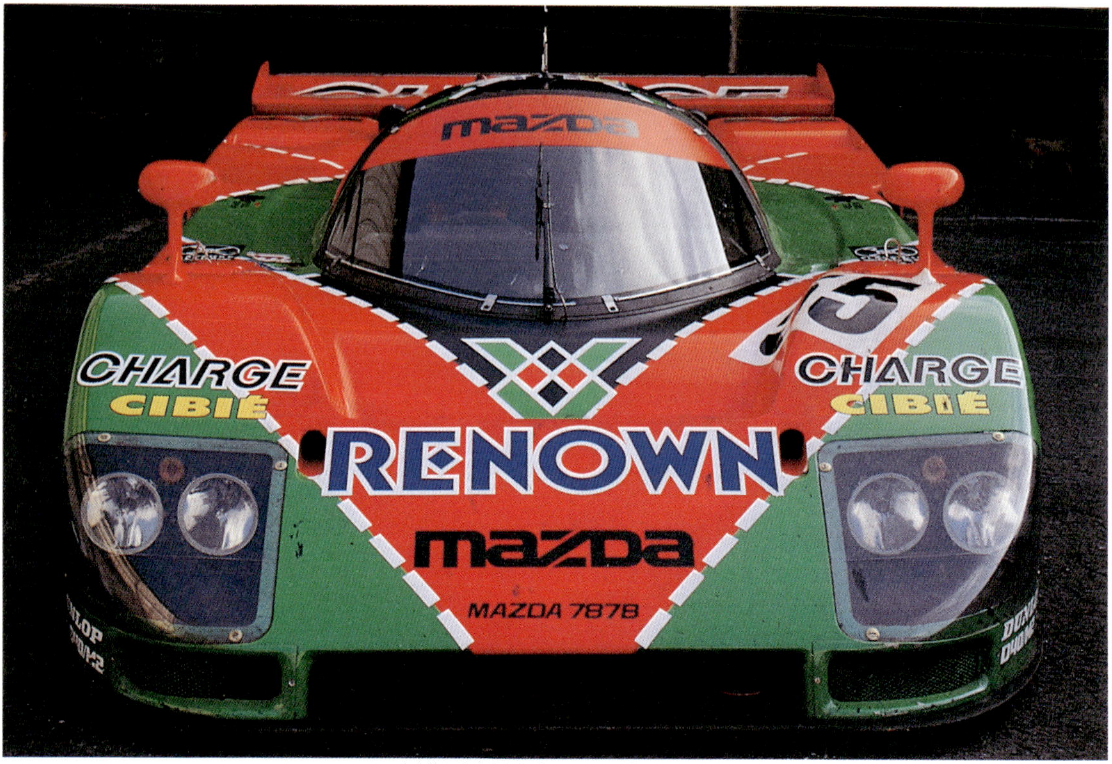

空力的に追求されたボディのマツダ787B。

マツダ787Bのコクピット。

59e 24Heures du Mans '91

ノントラブルで走り切ったマツダ787B・55号車。
夕焼けの中，ダンロップブリッジを行くマシン。

表彰式、上段中央左がバイドラー、右がガショー。下段は左から森丘、小早川、イクス、大橋、その隣りがウォーキンショー。

(国際自動車連盟)の方から、59回を迎えるこの国際イベントの名誉会長として来てほしいという要請があったのである。そのためルマンウィークの間は予定を入れていなかったが、株主総会の日程がずれ、名誉会長の役を断らざるを得なくなった。

東京での株主総会を終え、日曜のうちに広島へ移動し、月曜は朝から出社するつもりだった。日本とフランスの時差は7時間、日本時間では6月22日の土曜日午後11時にスタートすることになる。古田は、ルマンでのマツダ車の成績が気になっていた。前年にもまして91年ルマンには集中して取り組み、かなり良い結果が得られそうだったからだ。

東京の自宅で、日曜の朝方までテレビの放映を見続けた。昼間は寝ていたが、その間にも電話で途中経過の報告が入り、次第に順位を上げているのを知った。夕方、広島へ向かうために羽田空港に着いた時は3位になったという連絡を受けた。これは上出来だと思いながら広島行きの飛行機に乗った。ところが、広島に着いたら、メルセデスが脱落して1位になったという。古田は、これはえらいことになったと、嬉しいと同時にやきもきする気持ちだった。

広島の自宅に着いても落ちつかない。10時半ごろになると、広報部長から電話が入り、優勝のコメントをどうするか相談した。しかし、話しながら、まだ30分もあるのに、優勝した気になっていていいんだろうかと思ったりした。現地でレースを見ている人と同じように、ゴールまでの残り時間がすごく長く感じられた。

11時になってすぐに、55号車が優勝し、残り2台も上位入賞したという朗報がもたらされた。それを待っていたように、古田の自宅の電話が忙しく鳴り出した。新聞や雑誌から、優勝コメントを求める声が相次いだのである。1時間ほど遅れて放映したテレビでは、あとゴールまで1時間です、といいながらレースの模様を映していた。優勝したのがわかっているにもかかわらず、アナウンサーの"もう少しです、マツダは優勝を飾ることができるでしょうか?"という声をきくと、ドキドキしたという。さっそく現地へ祝いの電報をうった。

翌日、出社した古田社長のところに、最初にもたらされたお祝い電報はイギリスのジャガー社からのものだった。"自分たちが成し遂げようとしていたルマンでの優勝ができなかっただけに、あなたがたの勝利に大いなる祝意を表したい"というものだった。なるほど、モータースポーツというのは純粋なところのあるもので、さすがはスマートだと古田はジャガーの態度に感心した。

世界の自動車メーカーからのお祝いが次々と寄せられ、新聞などにも大々的に採り上げられた。ルマンで優勝するのは大変な名誉なんだと改めて思った。

日本のロータリーエンジンの生みの親ともいうべきマツダの山本健一会長も、自宅でルマン優勝の報に接した。多くのメーカーが興味を示したものの、マツダだけが世界で唯一、ロータリーエンジンの開発と実用化を続けた。それを推進し、支えたのが山本である。ロータリーエンジンの発明者であるドイツのフェリックス・バンケル博士亡きあと、山本はロータリーエンジンのゴッドファーザーともいうべき存在である。そのロータリーエンジンのレーシングカーで、ルマン24時間レースに優勝したのだ。しかも日本車として初めてのことだ。

山本の脳裡には、ロータリーエンジン開発の苦難、そしてその後の排気規制、オイルショックと続く危機など、この28年間のことが走馬燈のようにかけめぐった。テレビのルマン放映を見ているうちに、感激は高まり、涙がにじんできたという。

テレビで優勝して大群集に囲まれるマツダのマシンを見ながら、山本は夫人と2人で祝杯を上げた。

厳しいエンジニアであると同時に人一倍ロマンチスト

である山本会長は，優勝したことの意義とその心境をまとめたメモを記し，関係者に配布した。その一部を以下に引用してみよう。

『今回の制覇で，私の思いは一入のものがあるが，私の喜びはルマンの歴史の中で初めて「日の丸」を掲げることができたということではない。私の真情は次の通りである。

エンジンの異端児とも云えるロータリーエンジンで，そして多くの自動車会社が諦めて去って行った中で，マツダだけが執念を持ち続けていたロータリーエンジンによって，1923年以来，レシプロエンジンだけのルマンの歴史の中に新しい歴史を創った。これは単なるレースの勝利とは異なった大きな意義を持つ。

しかも，ルマンレースの規則変更により来年からは3.5ℓのレシプロエンジン以外のエンジンは参加不可能であり，今年がロータリーエンジン出走の最後の年であったことも劇的であった。

ロータリーエンジン執念のルマン挑戦の美学は有終の美をもって終った。感無量である。

日本のマスコミの一部が日欧摩擦等，とかくのことを書いているが，これは今回のロータリーエンジンによるルマン制覇を経済面を重点にとらえた的はずれのものだ。これはロータリーエンジンとルマンの歴史的，あるいはロータリーエンジンの技術史的意義を理解していないところからきている。フランスを含め，ヨーロッパのマスコミが好意的に祝福していることを，私は自然に受け止めることができる。

優勝後，私は対日ベルギー特命全権大使ノートン氏から祝電を受けとったが，そのファックスに「私の同胞のガショーがマツダの成功へ貢献できたことが嬉しい」とあった。

今回のルマンの勝利には，ヨーロッパ各国の人々の献身的協力があった。まさに今回のマツダのロータリーエンジンの勝利は，国際的協力の結果であったといえる。ヨーロッパの人たちも喜んでくれるはずである。

（中略）

ところで，今回の優勝で内外のロータリーエンジン車愛用の方々から祝福のレターを受け取ったが，考えてみると今迄の意地と執念の28年と云っても，実は私の心の支えであったのは，国の内外でロータリーエンジン車をご愛用頂いた多くの方々があったからであったということを，今さらのように思い知る。改めてこれらの方々に感謝を捧げたいと思う。』

ロータリーエンジンの開発が苦難の道であったように，マツダチームのルマン挑戦の歴史も苦闘の連続であった。

カテゴリー1のスパイスをパスするマツダ787B・55号車。

2台のマツダ。手前が90年仕様の787。

6位でゴールしたマツダ787B・18号車。

ピットインしたマツダ787・56号車。
真夜中のピット作業。

59e 24Heures du Mans '91

夜になった。これからが本当の勝負だ。

予選2日目の夜のピットでの光景。　　　　　　　　ピットインの時間は平均して約2分ほどですんだ。

ピット作業を終え，あと2秒でピットアウトすることに。

2. 日本のワークスチームによる先陣争い

　日本の自動車メーカーによる、ルマン制覇の競争は、かなり激しく繰り広げられていた。1983年ホンダがＦ１レースにエンジンを供給する形でカムバックしたのを皮切りに、トヨタもニッサンも80年代半ばになって重い腰を上げ、国際レースの舞台にその姿を見せることになった。時を同じくするように、ドイツの巨人、メルセデスベンツも30年ぶりにスポーツカーレースに復帰した。

　日本でもＦ１レースにかかわるメーカーがホンダ以外にも現れるようになったが、主要メーカーは、スポーツカー選手権レースの方を向いているといってよい。レース活動をするからには、Ｆ１よりその方が大義名分が立つからだ。つまり、Ｆ１はドライバーのためのレースであり、スポーツカーの方は、クルマの競争にウエイトがあることになっている。したがって、スポーツカーレースのメインイベントであるルマン24時間レースがその最大ターゲットとなる。

　メーカーがレースに参加する目的のひとつに、自社（車）のＰＲがある。そのためには、宣伝に使える"レースの優勝"がよい。伝統を誇るルマン24時間レースは日本でもその名を知られ、世界で最も権威のあるレースといわれている。Ｆ１レースでは、ホンダエンジンが既にドライバーチャンピオンのみならず、マシンに与えられるコンストラクターズカップも連続して何回も獲得しているから、いまさらこれにチャレンジしても、ホンダの後塵を拝するのがオチである。ならば、やはり"ルマン24時間レースに勝つこと"が狙いめとなる。

　ルマンにおいて80年代は、ポルシェターボの全盛時代であった。935、956、962と進化したポルシェは無敵を誇り、81年から87年まで連続して勝利をさらっている。88年にポルシェを破ったのが7ℓＮＡエンジンのジャガーであり、続く89年はカムバックしたメルセデスが勝った。次の90年は、前年からめざましい勢いでポテンシャルを上げてきたニッサンが、優勝に手が届きそうなところまでいったがリタイアして、再びジャガーのものとなった。

　他車を寄せつけない速さを示したポルシェも、80年代の後半になるとレースカーの開発に多くのエネルギーをさくことができない台所事情により、性能向上のペースは大幅に鈍った。そのため新興勢力のジャガーやメルセデスの前に影の薄い存在となっていた。

　このイギリスとドイツの両雄に対抗する勢力として、日本のメーカーチームが浮上しつつあった。

　ジャガーやメルセデスは、レースに参戦したシーズンからそのポテンシャルの高さを示し、すぐに優勝候補として名乗りを上げたのはさすがだった。レースをどう戦うか、レースとは何か、をよく知っているからだ。

　これに対し、世界的にみても大メーカーといえるトヨタとニッサンは、デビュー以来しばらくは、かなりもたもたしており、トップクラスのポテンシャルを発揮するまで時間がかかっている。最も効率の良さが要求されるレースへの取り組みが、うまくいかなかったのだろう。大組織の中でやるから小回りがきかない。動きが鈍く、ムダが多いといってよい。表現をかえていえば、レースに対する理解が足りなかったのである。

　ただし、その気になれば、日本のメーカーは勝てるだけの人間と費用をつぎ込む力量があり、高いレベルの技術をもっていることは確かだ。

　しかし、日本で最初にルマンに勝ったのは、トヨタでもなくニッサンでもなかった。ＳＷＣ（スポーツカー世界選手権）レースとほぼ同じマシンが走るＪＳＰＣ（日本スポーツプロトタイプカー選手権）レースが、日本各地のサーキットを転戦して行われている。

　このレースでは90年、91年とニッサンがチャンピオンとなったが、トヨタもこれに肉薄する力をみせ、両横綱ががっぷり四ツに組んで争っている。

　マツダはといえば、この両雄には全く歯が立たず、優勝争いに加わる活躍をみせていない。いつもトップとは何ラップも遅れ、表彰台にのぼることさえ稀である。もちろん予選でもトヨタやニッサンのマシンにかなりなタイム差をつけられて、グリッドは常に後方に位置する。主役はいつもニッサンとトヨタで、マツダは影の薄い存在といってよい。

　にもかかわらず、ＪＳＰＣレースよりずっと大きいＳＷＣシリーズの頂点ともいえるルマン24時間レースにマツダは優勝した。しかも、89年優勝のメルセデスと90年優勝のジャガーを破ってのものである。

89年ルマンのローリングが始まる。手前はマツダ767B。

どうして、こんなことが起こったのだろうか？ 91年マツダの勝利は、単に運がよいだけのフロックだったのだろうか。それとも91年のルマンには何かこれまでになく特別なことがあったのだろうか？ あるいはマツダはルマン24時間レースのために、これまでにない特別なことをしたのだろうか？

マジックショーの芸人のように、特別の仕掛けは、レースでは通用しない。チームも、ドライバーも、マシンも、コツコツと努力を続け、全体的にレベルアップを図り、そのポテンシャルを充分に発揮し、能力の高いチームが勝つという原則が破られることはない。そうでなければ、モータースポーツといえないからだ。

しかし、だからといって、トヨタやニッサンという、大メーカーが資金と技術、それに人間を使ってとり組んでいるにもかかわらず、彼らより小規模に戦っているマツダチームがルマンでの優勝を先になし遂げたことが、ただちに納得できるわけではない。くり返しになるが、国内のレースだけでなく90年のSWCレースでも、ニッサンやトヨタはマツダより優秀な成績を残している。そして、90年ルマン24時間レースでは、日本車の中ではニッサンチームがその速さをアピールし、ルマン制覇に最も近いメーカーであるという印象を与えたことも確かである。

トヨタやニッサンが出場していたら、マツダは勝てなかったのではないだろうか、という疑問をもつ人がいるに違い

ホッジス/ケネディ/デュドネ組のマツダ767B(左)。

ない。欧米では、こうした疑問を口にする人はあまりいない。こういう"もし"というのは意味を認めないからだ。つまり、出場しなければ全く権利がないわけだ。できるのは、勝者に祝意を表することだけだ。それが悔しければ、戦うしかないのだ。

それはさておき、マツダチームが勝利を手にするまでのプロセスを知ることによって、ここにあげたいくつかの疑問に対する回答を見つけていくことにしたいと思う。

その前に現在の"ルマン24時間"レースのおかれている状況について触れることにしよう。

主催はACO(Automobile Club de l'Ouest)で、1923年に市販車の耐久レースとしてスタートしている。いうまでもなく、フランスはモータースポーツの先進国である。1894

夜に入ってジャガー35号車とマツダ55号車の争いは白熱化してきた。

5位となったメルセデスと6位となったマツダ787B。

59e 24Heures du Mans '91

8位に食い込んだマツダ787・56号車。
スパイス・フォードをラップするマツダ787B・18号車。

90年ルマンを制覇したジャガーXJR12。

年のパリーボルドー間レースが公式的には世界最初のレースといわれており、1906年にグランプリレースが最初に開催されたのもフランスである。そのコースはほかでもない、このルマンである。グランプリレースだけでなく、ルマン24時間レース、モンテカルロラリー、そして近くはパリーダカールラリーと、フランス人は速さと耐久力を競うビッグイベントを生み出している。その演出もうまく、レースをお祭りとして盛り上げ、世界で注目されるものに成長させている。とてつもないことにチャレンジし、それを見る人とともに楽しむことができるイベントに仕立て上げる点では、フランス人の右に出る者はいない。世界の中心はフランスであり、人生にとって快楽こそ最も大切なものと考えるフランス人ならではのことであろう。

ルマン24時間レースはグランドスタンドのある一部を除いて、コースは公道を使って行われる。そのため2日にわたる予選は、夕方から夜にかけての時間帯になるが、土曜の夕方から24時間、公道を閉鎖してレースをするなど日本では現在でも簡単にできることだとは思われない。それを70年前からやっているのである。このレースはACOの事務局長のジョルジュ・デュランという人が企画したといわれている。

24時間連続して速さを競うことは"限界"にチャレンジすることであった。クルマもドライバーも、そのもてる能力をフルに発揮し、それまで限界と思われた壁を突破しなくては栄冠に近づくことはできなかったのである。

これは現在でも変わらないことだ。

24時間連続して超高速走行してもトラブルが出ないようにするためには、市販車のレベルでいえば、そのクルマの寿命をまっとうするだけの耐久力をもっていなくてはならないという。しかも、年ごとにレベルアップされ、技術進歩はとどまることがない。スピードを上げることと耐久性能を向上させることは両立しないのがふつうだ。しかし、それを高いレベルで両立させないと他をリードすることができない。クルマにとって、きわめて過酷なレースであるのはいうまでもない。

ルマン24時間レースが世界的イベントとして注目されるようになると、これと同じような耐久レースがいくつも行われるようになった。しかし、現在まで続けられているのはデイトナくらいのもので、ヨーロッパではルマン24時間が最長のレースとして君臨している。その伝統の重みは大変なものである。

このルマン24時間を頂点にして、6時間レースや1000キロレースという長距離レースが年間シリーズとしてチャンピオンを争われるようになった。F1のドライバーズチャンピオンシップと並び、スポーツカーのマニファクチャラーズチャンピオンシップと称された。つまり製造者に与えられる栄誉を競うレースである。それがWEC（ワールド・エンデューロ・チャンピオンシップ）シリーズとなり、それはSWC（スポーツカー世界選手権）シリーズとなった。

90年代を迎えるにあたって、この伝統のルマン24時間レースは、大きな節目を迎えた。これまでにないほどいくつもの変化が起きている。レース通の人たちはよく知っていることであるが、ここで現在のルマンの状況をまとめてみたい。

シリーズがSWCに名称変更されたのは1990年からだが、この意味は大きい。つまり、このスポーツカーによるシ

3時間近くトップを走ったニッサンR90CK。

リーズレースの大きな特徴だった、"耐久（エンデューロ）"の名が消えたからである。1レースの距離はルマンを除いてすべて430kmとなった。F1レースが300kmだから、それより130km長いだけで、スプリントレースの色彩の濃いものとなった。つまり、耐久性よりスピードが優先されるレースになったわけだ。

ルマン24時間レースと他のSWCレースの性格の差が大きくなり、同じシリーズとしては考えられない内容のものとなった。90年はもめにもめた末にルマン24時間レースはSWCシリーズからはずされ、独立したひとつのレースとして行われた。このため、シリーズチャンピオン獲得を優先したメルセデスは90年ルマンには出場していない。

この90年には、ルマンにとってもうひとつの大きな変化があった。ルマンのコースの最大の特徴といわれたユノディエールの6kmにわたるストレートに2か所のシケインが設けられたのである。これでストレートの長さは2kmが最大となった。6kmのストレートというのは、一般道路でも日本では考えられない長さである。夜のユノディエールの直線には悪魔が住んでいるといわれたものだった。時間にして約1分くらいの間を300km/hを超す速さで走り続ける。24時間という長さと、このユノディエールの長い直線が、ルマンのスケールの大きさのシンボルであった。

6kmの直線というのは危険が大きすぎるというのが、シケインを設置した理由である。これによって、エンジンの負担は少し軽くなったといえるものの、コーナーがふえたことにより、ブレーキをはじめとしてシャシーやトランスミッションなどへの過酷さが増したことになる。ドライバーにとっても、連続ハイスピード走行による恐怖から解放されたかわりに、

90年ルマンで予選10位でスタートしたトヨタ90C・V。

コーナリングの緊張とそれによる身体の酷使が強いられることになった。

もうひとつ、大きな変化は車両に関するレギュレーションの改訂である。

モータースポーツは、レースの公正と安全を確保するために規則が決められる。その規則は時代とともに変わっていく。スポーツカーレースにとってその車両規定がどうなるかは最大の関心事である。かつては市販スポーツカーのレースとして始められたが、スピードの向上と技術の発展を求め、改造が大幅に許されるようになる。やがてはプロトタイプ車（原型）といわれる一品製作のレーシングカーの出場が認められるようになり、今日みられるようなスポーツレーシングカーのレースとなった。市販車からどんどん遠いもの、つまりレース専用車になってきたのである。

それでも70年代までは、エンジン規定は排気量で制限されていた。80年代のターボエンジン車の時代になるとエ

トップとなり快調に走るマツダ787B・55号車。

夜のピットロードで何事か話す大橋(左)とイクス(中央)。

59e 24Heures du Mans '91

ジャガーとの争いに勝ったマツダ。

メインポールに上がった日の丸と両サイドのユニオンジャック。

91年ルマンにやってきたメルセデスC11。

ンジンの規定が変わった。24時間に使えるガソリン量が決められ、その範囲ではどんなエンジンでも自由に使えるようになった。つまり、排気量はいくら大きくてもよく、ターボの有無も問わない。

スポーツカーのレースである以上、スピードを競うにしても、燃費の良さも追求することによって、メーカーとしてレースに参加しながら、技術発展をめざすべきだという意味がこの規定にはこめられていた。

エンジンパワーを上げることと燃費を良くすることは両立しないことだったが、その両立をめざすのが現在求められている技術である。その意味では、実に先見性のあるすばらしい規則であった。しかも、エンジンのメカニズム選択にあたっての自由度がきわめて大きい。現にジャガーは7ℓ(V12)NAエンジンを選び、メルセデスは5ℓ(V8)ターボ、ニッサンは3.5ℓ(V8)ターボとバラエティに富んでいる。もちろんマツダはロータリーエンジンである。つまり、ルマン24時間でいえば2550ℓ以内の燃料で走り切れる範囲で、最も戦闘力のあると思われるエンジンをそれぞれの考えに従ってつくればよいのである。メーカーの技術者にとっては、きわめて魅力的なレギュレーションというべきであろう。

ところが、この規則を変えて、すべてF1と同じ3.5ℓNAエンジンだけにするという決定が下された。90年からこのルールが施行されることになったが、移行措置として90年は両車の混走が認められることになった。90年は実際に新レギュレーションに合致したマシンは、SWCシリーズ終了間際に有力チームとしてはプジョーが出ただけだった。

出走台数が少なくてはレースの興味が著しくそこなわれるから、91年も両方のマシンの出場が認められた。しかし、旧レギュレーションのマシンには大きなハンディキャップが課せられることになった。3.5ℓマシンは燃費制限がなくなったが、旧規則のマシンは従来どおりで、車両重量は100kg重くしなくてはならないと決められたのである。そうでなくても軽量な3.5ℓNAエンジン車のスピードにかなわないマシンであったから、これによってマシンの競争力は、大きく落ちる。したがって、SWCシリーズに出場し、チャンピオンをめざすには、エンジンとマシンを新たに開発する必要に迫られた。そこで、トヨタとニッサンはとても91年には間に合わないとして、この年のSWCシリーズの出場をとりやめたのである。

規則として、SWCシリーズには全戦出場の義務が課せられている。したがって、ルマン24時間レースだけに出場することは許されない。90年は、ルマンはシリーズ戦からはずれていたから、この規則は適用されなかった。それでもルマンは特別だから、91年には出場の可能性があるだろうと考えて、ニッサンは準備していたようだが、結局出場は認められなかった。トヨタは当初から出場を断念していた。

SWCシリーズで好成績を収めるためには、F1に近いスプリントレース用のマシンに仕上げた方が有利である。430km走れるだけのときすまされた性能のマシンでよい。しかし、同じシリーズのひとつであるルマン24時間レースでは、そんなマシンではとても走り切れるものではない。わかりやすくいえば、陸上の短距離選手がマラソンに出場するわけにいかないのと同じだ。そこで、ジャガーやメルセデスは、ルマンだけには90年に使用した旧タイプのマシンを改良して出場することになった。同じシリーズでありながら、異なる性格のマシンで戦わなくてはならないのである。

マツダはどうしたか。10年以上も連続出場してきたルマン24時間レースである。それを途切れさせるわけにはいかない。いや、それだけではない。91年は許されるようになったものの、92年からは3.5ℓNAエンジン車のみのレースとなるはずだった。したがって、ロータリーエンジンで出場できるのは91年が最後となるはず。いくらなんでもトヨタやニッサンのようにやめるわけにはいかない。

そこで、ルマン以外のSWCシリーズは、フランスのレーシングチームの"オレカ"に委託してレース出場し、マツダチームはルマンに全力投球することにしたのである。もとよりSWCシリーズレースではF1エンジンと同じようなパワフルで、軽量なマシンに仕上がっているジャガーやメルセ

90年ルマンの準備中——。

91年富士1000キロを走るマツダ787B。

デスにかなうわけはない。ルマン24時間レースにターゲットを絞り、そのためのデータどりや協力体制を確立するために"オレカ"チームと契約したわけだが、限られた予算を効率よく使おうとするマツダチームの知恵でもあった。

このように、ルマン24時間レース挑戦を最大の目標にしているマツダチームは、極言すれば他のすべてのレースの成績を犠牲にしてルマンに照準を合わせているのである。たとえば、ルマンに先立つ5月3日の富士1000キロレースは、マツダチームにとっては、かっこうのルマン用マシンのテストの場であった。このレースでの成績より、テストとしてのデータ収集の方が重要な意味をもっていたのである。

こうしたやり方が、91年までのマツダチームの大きな特徴である。考えてみれば、これはつらいことでもある。レースを見にきた人たちの前で、速く走れるところを見せたいという気持ちはレースをやっている以上強いはずだ。しかし、それをガマンしなくてはならない。

予選のラップタイムや、レース中の順位でチームの力量が評価されるのはいうまでもない。チーム側もその評価を黙って受け入れるしかない。心の中で"いまに見ていろ"というだけである。

実は、ロータリーエンジンでレースをすることは、そういうハンディキャップを背負うことでもあったのである。くわしくは次章以降にゆずりたいが、マツダチームがルマン24時間レースに勝った理由を追求する時、そのキーワードは"ロータリーエンジン"ということになる。

その意味は、他のすべての自動車メーカーが見向きもしなくなったロータリーエンジンの実用化を進め、現在もそれを生かしているという、誠にもって得がたいロマンとチャレンジ精神のシンボルであること。さらには、ロータリーエ

24時間走り終えたロータリーエンジン！

ンジンであるがゆえのレースでのハンディキャップを克服するために、並々ならぬ努力が払われたことである。

極言すれば、ロータリーエンジンを自動車メーカーとして開発し続けることは、ドンキホーテ的チャレンジである。その意味でマツダは、全世界のメーカーの中にあって、独特の存在である。

そのロータリーエンジンを使って、ルマン24時間に出場し続けているマツダスピードも、あるいは同じようにドンキホーテ的な面をもつといえるかもしれない。

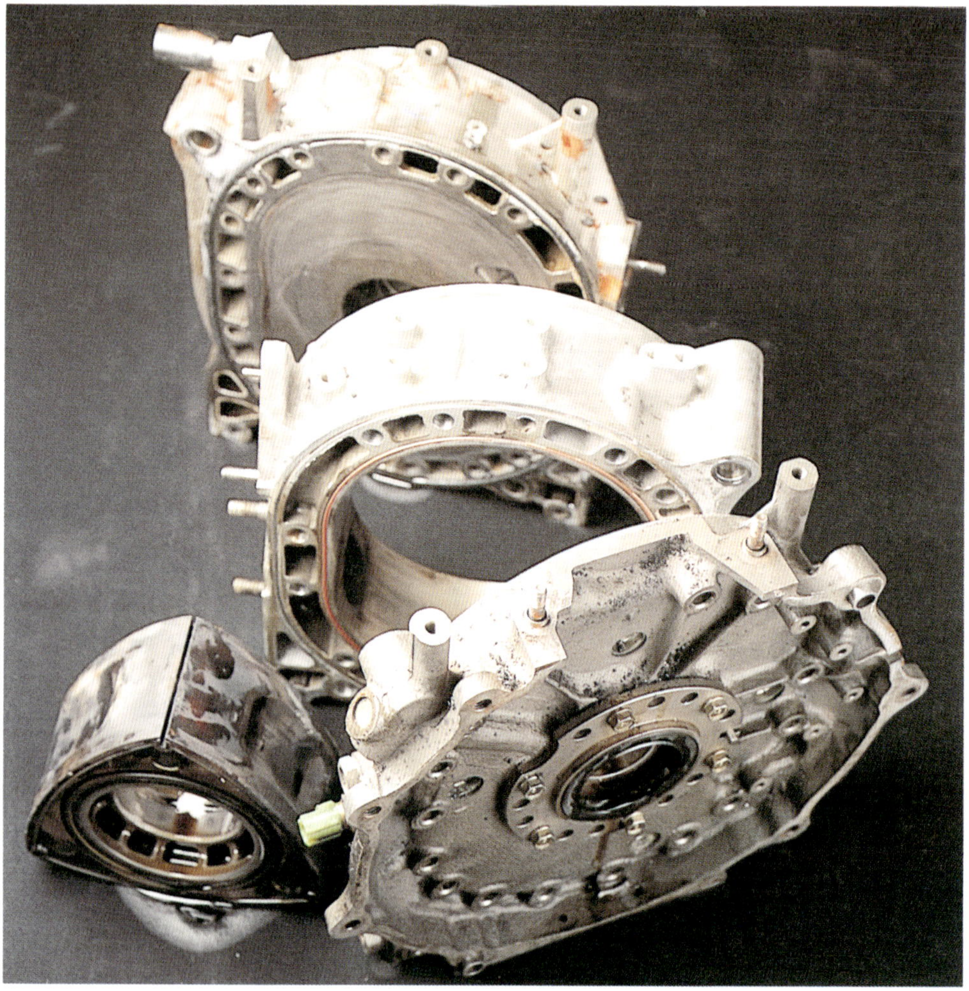

ユニークなマツダのロータリーエンジン。

3. ロータリーエンジンとマツダのレース活動

『もしロータリーエンジンをやっていなかったら、今日のマツダはなかったかもしれない。未知の技術への挑戦で、その壁は厚く、困難の連続だった。その苦しさは尋常ではなかったが、我々がやっていることは、過去に誰もやっていなかったことで、エンジニアとしてこんな魅力的な仕事はなかった。ロータリーエンジンを実用化した唯一のメーカーとして、その気になってやればできないことはないという自信をもつことができた。こうした経験をもった人たちが現在各部署で活躍し、マツダを支え、発展させる力となっている。これはマツダの大きな財産である』

こう語るのは、90年7月まで商品企画推進本部部長だった達富康夫である。彼は次章でくわしく述べる91年ルマン初制覇のための体制をつくった人物として知られ、ロータリーエンジン設計に18年間たずさわった経験を持っている。

ロータリーエンジンはドイツのバンケル博士によって発明され、それが同じドイツの自動車メーカーのNSU社で開発され、その技術がミュンヘンで発表されたのが1960年のことだった。メルセデスベンツやGM、ロールスロイスなど各国の自動車メーカーの多くがこの技術に興味を示した。その中で最も熱心だったのがマツダ(当時の社名は東洋工業)である。

30年ほど前というと、日本からの自動車の輸出もまだ盛んでなく、乗用車の生産も現在と比較すれば10分の1以下の時代である。自動車の貿易自由化が迫り、日本の自動車産業が生き残りをかけて、試練に立たされていた頃である。通産省では自動車メーカーの数を絞り、力をつけさせることを骨子とする「日本自動車特別振興法」をつくり、メーカーの合併・吸収を促進させようとした。トヨタ、ニッサンなどと比較すると規模の小さいマツダは、手をこまねいていては独自の企業として生き残れないかもしれない。そんな恐れがあった。野球でいえば、9回ウラに強力な"代打"を送って、逆転サヨナラホームランを打つ必要があると、当時の松田恒次社長は考えたのであろう。その秘策としてロータリーエンジンの開発に賭けたのであった。

自動車エンジンの主流は圧倒的にレシプロである。これは往復運動を回転運動にかえてエネルギーをとり出すために、振動が大きく、構造も複雑である。一方のロータリーエンジンは、ハウジングの中でローターが回転することによって、吸入、圧縮、燃焼、排気の4行程を行う。そのため振動も少なく、部品点数も少ない。同じパワーを出すのに軽量コンパクトですむ。利点はいくつもあった。もしかすると、自動車エンジンの大革命が起こるかもしれない——。

レシプロエンジンは、1886年カール・ベンツとゴットリープ・ダイムラーによって自動車用として実用化され、それから世界中の自動車メーカーが磨きに磨き、その技術は完成されたものになっている。

それに対抗して、苦労してライセンス契約を結んだマツダで、ロータリーの実用化のための挑戦が始められた。回転運動するといっても、吸入した混合気を圧縮するために、ローターハウジングの形状は円ではなく、"まゆ"型となり、ローターは偏心運動する。そして、各行程を支障なく行わせるためにシールする技術はとてつもなく大変なことだった。

このあたりの開発陣の悪戦苦闘ぶりに関しては、これまでにその多くが語られている。

自動車の使われ方の大きな特徴は、停止から高速走行まで、その条件がきわめて複雑に変化することだ。エンジンもそれに順応して、実用回転域が大きいことが大切である。この点、レシプロエンジンはその要求に実によく応えられる性質をもっている。これに対して、ガスタービンやモーターなど回転運動するものは、一定の回転で運動させなくては効率が悪い。

乱暴な表現をすれば、ロータリーエンジンは、タービン的な要素をもったガソリンエンジンである。レシプロとモーターの中間的であるといえよう。その意味では、コンパクトさを生かし、高回転で走るスポーツカー向きといえるだろう。

しかし、マツダでは実用性を重視し、そのために吸入方式をかえるなど、これまた大変な努力が続けられた。

開発がスタートして6年後、1967年5月に2ローター・ロータリーエンジンのコスモスポーツがデビューした。

3ローター・ロータリーエンジンの生産工程（市販用）。

切削加工されるローター。このローターリセスが燃焼室を構成する。レース用と市販のローターの寸法は同じである。

1967年発売のコスモスポーツ。

数々の困難を克服し，性能はもちろん耐久性・信頼性にも自信がもてるものになっていた。

コスモスポーツのデビューはセンセーショナルだった。この革新的なロータリーの技術の実用化に惜しみない拍手を送る人たちが多かった反面，その耐久性に疑問をなげかける声も決して小さくなかった。こうした批判に応えるためには，耐久性のあることを実証しなくてはならない。それも早急にだ。

その効果的な方法はレースに出場することだ。そこでマツダでは，当時最も過酷なドイツのニュルブルクリンクサーキットで行われる84時間（3日半）耐久レースに目をつけた。これは，もともとリエージュ・ソフィア・リエージュというヨーロッパ大陸を横断・往復する超長距離ラリーがもとになっているイベントであった。ベルギーのリエージュをスタートして，フランス，イタリア，ユーゴスラビア，そしてブルガリアの首都ソフィアで折り返し，再びリエージュまでの5000kmを走るものである。このラリーには1961，62年にプリンスが，63年にはホンダS600が出場し，日本のモータースポーツ史の重要な1ページを占めている。このイベントがラリー中の事故やオーガナイズの大変さで中止され，それにかわるものとして誕生したのが，この"マラソン・デ・ラ・ルート"とも呼ばれるイベントである。当時22.8kmという世界最長のサーキットで3日半にわたって高速走行を続けるものすごいもので，いまでは，これほどのものはひとつもない。

このレースに出場するためのロータリーエンジンのチューニングを手がけたのが松浦国夫である。1963年に鈴鹿で第1回日本グランプリレースが行われて以来，日本でもレースに対する関心が高まり，マツダもキャロルやファミ

リアでレースにワークス出場していた。しかし，レシプロエンジンのチューニングは，自分では新しいと思っていても，誰かが既にやっていることなのかもしれない。そこにいくと，ロータリーエンジンのチューニングは，間違いなく自分たち以外にやっていない。マツダ以外にロータリーエンジンでレースをやるところなどひとつもない。エンジニアとしてはこんな魅力的なことはなかった。

チューニングするにあたって，まず松浦は無負荷でアクセル全開にして，どこまで回転が上がるか試してみた。エンジンが壊れても危険がないように，金網のオリをつくってその中に自分が入り，ミッションにつながず，ロータリーエンジン単体で回してみた。8000rpmまでいったところでエンジンがストップした。

ばらしてみると，ローターが割れたり，ハウジングにクラックが入ったり，ローターギアが折れたりしていた。いずれも本質的な部分でのトラブルだった。ロータリーエンジンは高回転が可能というのがうたい文句であったが，案外これはむずかしいことだと思わざるを得なかった。

松浦に課せられた使命は，84時間レースでエンジント

67年マラソン・デ・ラ・ルートに出場したコスモスポーツ。

68年のレース用10Aエンジン。

ラブルを出してはならないことだ。耐久性のあることを証明するために出場するからには、トラブルを起こしてリタイアしたのでは元も子もない。完走するのが絶対的な課題であった。走行距離は多目にみても1万kmくらいであったが、上司からは10万kmもつエンジンにするようにいわれた。

レース出場が決定したのがコスモスポーツを発売した5月、レースは8月21日で、わずか3か月の準備期間しかなかった。"先が見えないことをやっていたが、若かったからものおじしなかった。このニュルブルクリンクの84時間レースが、ぼくのレースの原点です"と松浦は語っている。吸入ポートに工夫をこらし、ウェーバーキャブレターを付けた491cc 2ローター10A型エンジンは、130ps/7000rpmと耐久性を重視したものだった。

これ以前にレシプロエンジン車でマツダではシンガポールやマカオのレースに遠征した経験を生かし、スペアパーツも山ほど持ってドイツのニュルブルクリンクに乗り込んだ。しかし、その規模はポルシェやBMW、ランチア、アルファロメオといったヨーロッパの手なれたワークスチームの比ではなかった。特にポルシェは地元のせいもあるのだろうが、工作機械まで持ちこみ、工具類にしても全くマツダとは違っていた。彼らがシステマティックにレースにとり組んでいる姿をみて、松浦はこのようにやらなくてはいけないんだなと思ったという。

出場する2台のコスモは外人ドライバー3名、古我信生/片倉正美/片山義美という日本人クルーの2台だった。3日目になって1,2位のポルシェ、3位のランチアを追い、4,5位を走っていたが、あと3時間というところで日本人クルーのコスモがリアドライブシャフトの折損でリタイア。しかし、もう1台が総合4位に入賞した。ヨーロッパのレースに初挑戦であったことを考えれば大変立派な成績である。

コスモスポーツは、現在のクルマの分け方でいうと立派な"スペシャリティカー"であるが、その発売の直後にロータリーエンジンはファミリアやルーチェ、カペラ、サバンナといったマツダの主力車種にも積まれ、乗用車用エンジンとして売り出されることになった。

レースの方でも翌69年のマラソン・デ・ラ・ルート84時間ではファミリアロータリークーペが総合5位、さらに69,70年のスパフランコルシャン24時間レースではいずれも総合5位の成績を挙げている。

これらの耐久レースには、松浦がロータリーエンジンの責任者として参加した。エースドライバーの片山義美は日本の"怪童"として現地でも評判となった。もちろん、ロータリーエンジン車の耐久性の高さは驚異の目でみられた。

実際、この頃はホンダがF1レースに参加している以外に、ヨーロッパのレースに日本のメーカーが出場することはほとんどなかったから、このマツダの耐久レースへの遠征とその成績は、非常に華々しいものだった。

71年からマツダのレース活動の主力は国内に移される。当時、無敵を誇っていたDOHC 4バルブ2ℓエンジンを積むスカイラインGTRの牙城に果敢に挑んだのである。このロータリー対GTRの戦いは、日本のレース史のひとつのハイライトともいうべきもので、今でも語り草となっている。この対決で、サバンナRX3を主体とするロータリー車は、スカイラインGTRに対して圧倒的優位を保つようになる。マツダワークス対ニッサンワークスの争いは、実際にかなり壮絶なものであった。

しかし、ロータリーエンジン車によるマツダワークスの華々しい活躍は長続きしなかった。1973年に起こったオイ

国内レース通算100勝目のサバンナRX3。

1978年発売の初代サバンナRX7。

ルショックによって、レースどころではなくなったのである。

その前に、ロータリーエンジンには深刻な問題が起こっていた。60年代の後半からクローズアップされてきた排気問題である。排気ガスで問題とされるCO_2、NO_X、HCのうち、ロータリーエンジンはNO_Xが少ないがHCはレシプロに比較してかなり多く排出される。つまり、排気規制をクリアするにはかなり問題があり、マツダの技術陣が必死にこれにとり組んでいた。

一方、ロータリーエンジンの開発を進めていたいくつかのメーカーは、マツダに完全に先を越され、興味を失うところが多くなってきていた。マツダのように新興勢力として道を切りひらくメーカーは冒険をあえてする必要があるが、確固たる地位を築いているメーカーは保守的になるのもうなずける。そこへ排気問題が起こった。マツダがレースで活躍し、次々とロータリーエンジンを搭載した乗用車を売り出しているところだった。ロータリーエンジン車は排気規制をクリアできないという主張がどこからともなく拡がり、ロータリーエンジンがクリーンでないイメージが植えつけられようとしていた。出るクギは打たれるのである。

排気対策として今日定着した触媒方式はまだ実用化されておらず、マツダはサーマルリアクター方式で排気規制をクリアすることができた。これは排気ガス中の燃え残りのHCに空気を加えて再燃焼させるシステムである。燃費が良くないのはロータリーエンジンの泣きどころだった。オイルショック以前は、スムーズに高回転まで回るスポーティーなエンジンとして、燃費の悪さはその代償と考えられていた。ところが、オイルショックで事情は一変した。

マツダの経営は苦しくなった。当時東京支社は東京駅から歩いて3分ほどの八重洲の一等地にあったが、資金繰りのため売却され、広島本社の技術者や事務系の社員の多くがセールスマンとして販売店に出向した。

マツダの危機はロータリーエンジンの危機でもあった。一般乗用車はレシプロエンジンが主体となり、ロータリーエンジンはマツダのエンジンラインアップから消えかねない状況だった。しかし、苦しい中でもロータリーエンジンの燃費向上とその性能向上の努力が続けられた。

富士GCレースでも、ロータリーエンジンを搭載したマシンが活躍していた。

ロータリーエンジンが甦ったのは、1978年にデビューしたサバンナRX7に積まれた時であろう。オイルショック以降、スポーツカーは世界的に少なくなっており、日本ではほとんどないに等しかった。その中にあって、マツダはロータリーエンジンの本格的スポーツカーを開発したのである。そのコンパクトさを最大限に生かして、フロントミッドに積み、スポーツカーの命ともいうべき重量配分のバランスのとれたクルマに仕上げた。もともとロータリーエンジンは、山本会長がいうように〝エンジンとしてはゼネラリストではなく、スペシャリスト〟である。したがって、スポーツカーに積むことによって、ロータリーエンジンが自動車用として落ちつくところに落ちついたことになる。

ファミリアのヒットが重なり、マツダの危機は回避され、経営状態も良くなった。それでもマツダが、自動車レースに本格的にとり組むまでには、それからかなりの年月が必要だった。

＊

マツダ本社がルマン24時間レースどころではなかった時から、ロータリーエンジンを積んだマシンはルマンを走っている。これらは、いずれもレースのエンスージアストたちが、ロータリーエンジンに目をつけて自分たちの力でチ

ャレンジしたものである。もちろん,細々とロータリーエンジンのチューニングを続けてきた広島本社の松浦たちがバックアップしていたのはいうまでもない。

ここで,マツダスピードとその前身であるマツダオート東京の活動についてみてみたい。

68年,コスモロータリーでのマラソン・デ・ラ・ルートに出場した古我信生は,日本のモータースポーツの大先達である。JAF(日本自動車連盟)傘下のレースクラブであるO.C.C.(オストリッチ・カー・クラブ)を主宰しており,プリンスとホンダが出場したリエージュ・ソフィア・リエージュにも自ら出場していた。マツダチームのレース・マネージャーである大橋孝至,マツダスピード事業部長でありドライバーでもある寺田陽次朗は,ともに古我のO.C.C.に所属してレース活動をしていた。そんな関係があって,マツダオート東京がモータースポーツ相談室を開設するにあたって,大橋と寺田が契約し,常駐することになった。

マツダの販売店であるオート東京の伊藤暢英社長は,レースに理解を示し,大橋を中心にディーラーチームとして活動を続けさせた。アメリカやヨーロッパではディーラーが中心となってレースをするのは珍しいことではないが,日本ではメーカーの意向を気にしてか,あまり活動は活発ではない。それに販売に直接的に結びつかないことに資金を使うことはあまり考えない風潮がある。"遊び心"より実質的利益を追求するからかもしれない。その点,マツダオート東京は異色であった。

ここで大橋がルマンを体験するのは1974年のことである。ルマンチャレンジに情熱を燃やすシグマオートモーティブとジョイントしたのである。シグマはもともとトヨタ色が強いチームであったが,トヨタにはルマン用の適当なエンジンがなく,ロータリーエンジンに目をつけたのが,そのきっかけだった。大橋はこの時チームマネージャーとして活動したが,これがルマンに自らのチームで出場しようと決心させる動機となった。それが実現するのは1979年のことであるから,5年間準備したことになる。

その前年にデビューしたサバンナRX7をルマン用に仕立てての出場である。もちろん,オート東京からの資金では足りず,大橋はスポンサー探しに東奔西走した。広島のマツダ本社にロータリーエンジンに関する援助を要請したが,期待したほどの協力は得られなかった。彼らが出場することに,否定的な見解を述べる人さえいた。

こうして大橋は"大志をいだいて大陸へ"わたった。日本からは総勢10人だった。しかし,完走はおろか,予選さ

74年ロータリーエンジン搭載のシグマMC74。

え通過しなかった。1トン近い車体で285psしかなく,ポテンシャルが高くないマシンであったことも確かだが,レースへのとり組みそのものに問題があった。現地での作業の最中,隣りのチームに誘われて昼食に行ったのはいいが,フランス人の食事は2時間も3時間もかかる。途中で席を立つわけにはいかなかった。万事計画どおりにいかない。宿もあまりきれいでない民宿で,シャワーも水しか出ず,床はミシミシして快適ではなかった。

これ以前にマツダオート東京チームは,デイトナ24時間レースに出場していたが,アメリカとヨーロッパではまるで生活の仕方が異なり,ルマンでは思ったようにクルマの準備をすることができなかった。そのせいだけではないだろうが,予選走行でそろそろタイムアタックしようとした際に,エンジンがブローしてしまった。57位のタイムだったので,上位55台のうち2台がキャンセルすればスタートできるという。決勝当日は朝からコース入口で待機していたが,結局出られなかった。

日本の耐久レースでは800kmとか1000kmをノントラブルで走っており,大橋はなんとか完走できるかもしれないと思っていただけに,この結果をもって日本に帰るのはつらかった。いちディーラーでありながらルマンに出場するという決断をしてくれた伊藤社長もルマンまで来てくれていたが,大橋はいたたまれない気持ちだった。

ところが,伊藤の反応は意外だった。大橋はいきなりどなられた。"バカヤロー,最初から予選通過できると思うのは,思い上がりだ,そんな甘いもんじゃないことを知っただけでも価値があるんだ"と。

この遠征から大橋が学んだことは多かった。レースへの情熱だけで,食事など抜かしても根性で乗りきるつもりでいたが,ルマンはそんななまやさしいものではなかった。マシンのポテンシャルを上げることが第一であるが,レー

スにとり組む姿勢，とくに現地での体制も同じように，しっかりしたものにする必要がある。そうでなければ，ルマンにチャレンジすべきではない。日の丸のハチ巻きに竹ヤリの精神は，ルマン24時間レースそのものに受け入れられない全く異質の精神的土壌をもっているのだ。それは"文化"の違いでもあるが，レースの本質ともかかわる認識の違いであった。俗にいう"カルチャーショック"でもあった。

体制をつくるため，80年は欠場し，2度目のチャレンジは81年だった。現地での体制を整えるためにTWRチームと契約し，2台で出場することにした。このチームを主宰するのが，いまをときめくトム・ウォーキンショーである。当時はローバー2000やRX7でツーリングカーレースに出場しており，マツダファミリアでラリー活動もしていた。そんな関係があり，ヨーロッパのレース界にくわしいウォーキンショーと組むことによって，ルマンへのチャレンジ体制を効率よく確立させるのが大橋の狙いであった。

はじめのうちウォーキンショーは，ルマンには興味を示さなかったが，大橋の熱心な要請で引き受けることになった。その後ウォーキンショーがジャガーチームの監督となり，ルマンを2度にわたって制覇するのはご存じのとおりだが，大橋は"マツダチームに加わることでルマンとの関係ができ，こうして優勝できたのはすばらしい"といいながら，ジャガーの勝利を祝福した。いまや二人は好敵手であり，レースを通じた友人でもある。

81年のRX7は耐久性を備え，エンジンもマツダ本社のバックアップを受け，300psまでアップしていた。予選は51位で通過した。これで第一目標は突破で，チームメンバーどうしが握手してまわったほど喜んだ。しかし，決勝レースは1台が2時間，もう1台が24時間の3分の1近く走ったところでリタイアした。デフとギアボックスのトラブルだった。

そして，82年にようやく完走を果たす。前年と同じような体制であったが，確実に力をつけてきた。ルマンの前にシルバーストーン1000キロレースに出場し，そこで出たトラブルを対策して，ルマンに備えることができた。ルマンのことが少しわかりかけてきたといえるだろう。しかし，マシンのポテンシャルは高くなく，予選を通過するのがギリギリというのが実情だった。

この年，1台は13時間42分で燃料系統のトラブルによりリタイアしたものの，寺田陽次朗／従野孝司／A.モハットのRX7が総合14位となった。ゴールした瞬間にチームメンバーは感激の涙にくれた。ルマンで完走することがいかに大変なことであるか，身に染みていたのだった。

ここまでのRX7シルエットフォーミュラによる3年間が彼らのルマン挑戦の第1期ということができる。チームを率いて戦った大橋も，初の完走で嬉しかったものの，これでようやくルマン挑戦が本格的にスタートするという認識だった。最初はあまり暖かくされなかったものの，マツダ本社のバックアップも次第に得られるようになってきていた。

次の83年から85年までが，彼らのルマン挑戦の第2期となる。84年からは，エントラント名がマツダオート東京からマツダスピードに変わっている。マツダオート東京のモータースポーツ部門を前身とするマツダスピードが設立されたのである。レースの実戦参加をはじめ，スポーツキットやレース用グッズの開発や販売などが主な業務内容である。同じような会社が，ニッサンでいえばニスモ（NISMO）である。こちらは84年に設立されている。

マツダスピードが設立されたことは，彼らのルマン挑戦がマツダ本社に正式に認知されたことを意味しているといえるだろう。

出場マシンも83年からは，それまでのRX7にかわって，83年はCジュニア（84，85年はC2クラス）のレーシングカーとなった。燃費規制のある排気量無制限のマシンがC1クラスで，総合優勝を狙うクラス。マツダはジュニア

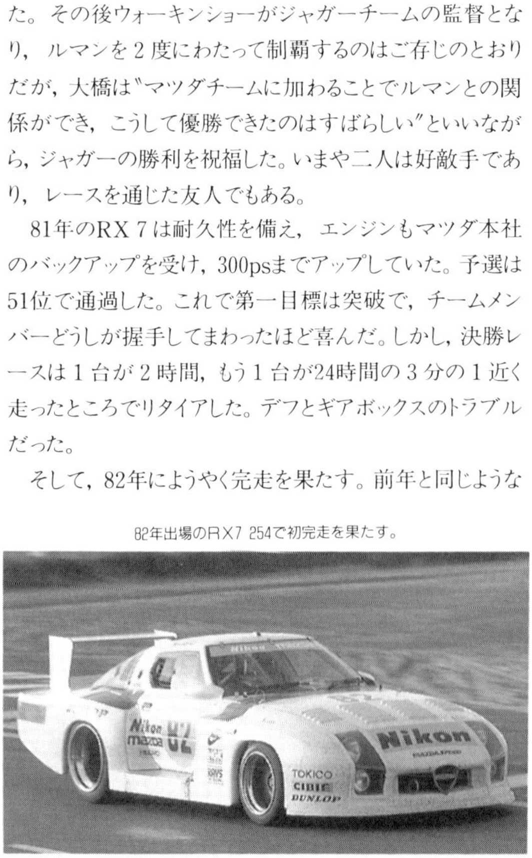

82年出場のRX7 254で初完走を果たす。

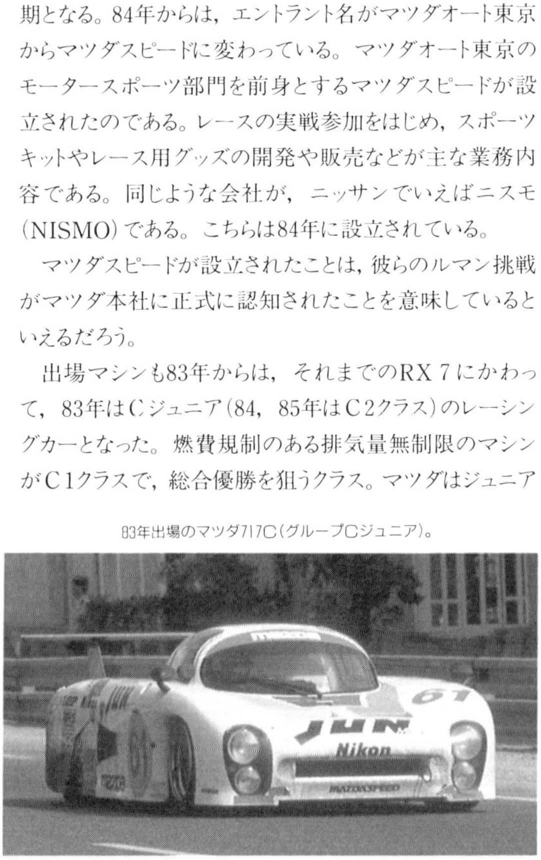

83年出場のマツダ717C（グループCジュニア）。

38

84年出場のマツダ727C（C2クラス）。

85年出場のマツダ737C（C2クラス）。

クラスにチャレンジすることになる。2ローターの13Bエンジンしかないのだから、これは当然の選択である。マシンは日本人による設計で、製作も日本で行われた。

ルマンを速く走るためには、空気抵抗を小さくして最高速を稼ぐことが最も大切であるという前提でマシンが設計された。いかにCD値を下げるかを追求した。その結果、マシンのスタイルは丸味をおびたものになった。しかし、ダウンフォースを得ることを考えていなかったマシンは、直進性が良くなく、コーナリングスピードも高くなかった。ルマンで走ってみると、思ったほどラップタイムは良くなかった。ドライバーもアクセル全開にするタイミングを遅らせざるを得ない。

チーフエンジニアである田知本によれば〝速く走ることができなかったから、マシンへのストレスがかからず、完走することができた〟という。片山義美／寺田陽次朗／従野孝司といった日本人クルーのマシンは総合12位、クラス優勝だった。もう1台の外人クルーのマシンも総合18位となった。2台完走は初めてのことである。

しかし、84年は前年の反省の上に立って、ダウンフォースを大きくするボディに変更された。この結果、予選のタイムは大幅に向上した。しかし、レースではコーナリングスピードが速くなったことによって、マシンの耐久性不足が露呈し、サスペンショントラブルに見舞われ、ピットストップの時間が長かった。どうにか完走したものの、前年の成績を上回ることはできなかった。

85年も事態はあまり変わらなかった。耐久レース用につくられていないヒューランドのギアボックスは、常にトラブルの可能性をかかえており、日本で製作するためのレース用部品の調達も思うにまかせず、ハンディキャップは大きかった。

大橋は、ステップアップを図る準備をひそかに進めていた。開発が待たれていた3ローターの13Gエンジンが使えるようになり、86年から新しくIMSA-GTPクラスのマシンで戦うことにした。本場イギリスで設計し、そこで入手できる部品を積極的に使う方針を立てた。

そのために目をつけたのが、イギリスのフリーデザイナーのナイジェル・ストラウドであった。ストラウドに関しては後でくわしく触れることになるが、この86年に設計したマシン設計の基本は、91年まで変わっていない。

このストラウド設計のマシンで戦うことになった86年からが、マツダチームのルマン挑戦の第3期ということができる。

3ローター13Gエンジンの出力は450psとなり、85年までに比較するとかなりな戦闘力の向上である。マツダ本社の支援体制も本格的なものになってきた。

マツダ本社にモータースポーツ主査が誕生したのも86年のことである。車両開発と同じようにプロジェクトリーダーを指名し、その下でレース活動に取り組むことになった。その責任者がモータースポーツ主査である。マツダスピードの要請を受け、ロータリーエンジン開発を中心に、ルマン挑戦に力が入れられた。

ウイークポイントだったトランスミッションもポルシェのギアを使用し、ケースはマツダ製となった。これでミッションに関するトラブルはなくなったといってよい。予選のタイムも大幅に向上した。しかし、パワーが上がり、ミッションの容量アップにより、メインドライブシャフト（インプットシャフト）に負担がかかった。ルマン前の富士1000キロレースでは何でもなかったものの、ルマンでは4時間足らずの間に日本人ドライバーの乗るマシンが、インプットシャフトのトラブルでリタイアした。シャフトの真ん中がねじれて折れて

戦闘力を大幅に増した86年型757。

しまったのである。
　レーシングカーの性能をフルに発揮するためには全体のバランスが大切である。ひとつでも弱いところがあれば、トラブルはそこに集中する。この年のインプットシャフトがそれであった。同じトラブルがもう1台にでる恐れは十分にある。そこでエンジン回転を下げ、大事をとってゆっくり走ることにしたが、6時間ほど余分に走れただけだった。
　この折れたインプットシャフトは、マツダ本社に送られて解析された。その結果、強度を高めるために行われた焼き入れの不良であることが判明した。トラブルの発生したシャフトをカットして顕微鏡で細かく調べることは、マツダスピードの体制ではできない。したがって、こうしたトラブルの対策は、シャフトの径を太くしたり、形状を変えて、テストしてみるしか方法はない。つまり、本当に効率の良い性能向上という点で、ツメが甘くならざるを得ないのである。設計した部品の品質精度が高ければ、わざわざ太くしないですむわけだ。マツダ本社とマツダスピードの連携プレーが生きた例である。
　もちろん、これで87年はドライブシャフトのトラブルはなかった。さらに車両重量の軽量化を図り、信頼性を増す努力がなされた。
　日本人ドライバーのマシンはエンジントラブルでリタイ

87年総合7位となったマツダ757。

アしたものの、ケネディ／ギャルビン／デュドネ組の757が総合で7位に入った。日本車としてはもちろん、マツダとしてもこれまでの最高位だった。まるで優勝したかのように喜ぶクルーもいた。
　88、89年は振り返ってみると、その前の2年のくり返しとなった。88年は3ローター450psから4ローター550psとパワーアップが図られ、エンジンマウントに工夫をこらし、シャシーの剛性が上げられたが、やはりウイークポイントがトラブルとなって現われた。予選タイムはかなり良くなっていたが、決勝レースでは排気系のトラブルなどでピットインの時間が長く、24時間走り切ったものの成績はいずれも振るわなかった。
　89年は、このウイークポイントを克服し、3台ともトラブルがほとんどなく完走した。7位、9位、12位だった。4ローター・ロータリーエンジンのパワーは630psと大幅に向上し、そのポテンシャルは着実に上がってきていた。マツダ本社のレースへのとり組みは、エンジンのパワーアップに比例するように、年々力を入れる度合いが大きくなってきた。
　ルマンに81年から連続出場してきているマツダの存在は、ルマン24時間の中にあって、確固たるものになった。しかし、5ℓターボエンジンで登場したメルセデスや、SOHCエンジンながら7ℓという大排気量を誇るジャガーなどに比較すると、マツダロータリーエンジンは非力といわざるを得なかった。したがって、彼我のマシンのポテンシャルを考えれば、89年の成績は大成功であると評価できるものだった。
　しかし、初めてルマン24時間レースを現地でつぶさに見た、商品本部長の達富康夫は、ルマンにおけるマツダチームの状況に大いに不満だった。完走することが最優先のレースぶりが気に入らなかったのである。〝2軍戦に勝って喜んでいていいのだろうか〟というのが達富の素直な感想だった。

88年型767は2台とも4ローター・ロータリーエンジンとなった。

4. 勝つための体制づくりに着手

"決断"と"行動力"が達富康夫を支えているようだ。ロータリーエンジンを開発したマツダのチャレンジ精神を体現している人物のひとりといってもよい。ロータリーエンジンの設計などの後に、パワートレーン設計部長となった。高度なクルマづくりには、エンジンだけでなくトランスミッションなどのパワー伝達装置まで一体化して考えなければならないと、エンジン設計という名前をマツダの中から消し、パワートレーン設計部としたのも達富である。トヨタより数年早かった。

その達富が商品本部長となったのが86年のことだ。これで、マツダのモータースポーツに対するとり組みが大きく変わった。商品本部長はトヨタでいえば製品企画室長にあたり、車両開発の総責任者として主査をたばねる重責である。モータースポーツ用の車両についても、市販車開発と同じように主査をつくり、責任者を頂点として推進する方針を、商品本部長就任早々に達富は打ち出した。従来はモータースポーツ委員会があり、必要に応じてそれぞれの部署に担当を設けてやっており、その総括は広報部がしていた。そのせいか、レースをやるのは"好きものが自分たちの楽しみのためにやっている"と冷やかに見る人もいた。

日本のモータースポーツが盛んになっていくのを見て、マツダのレースへのとり組みが遅れているのを達富は感じていたのである。マツダのファンをつくるためにも、技術陣の活性化のためにも、モータースポーツに関する部門のポジショニングを上げる必要があった。本腰を入れるための体制づくりとして、まず主査制度を導入したのである。それまで広報部でモータースポーツを担当していた藤山哲男が商品本部のモータースポーツ主査となった。大幅に強化されたわけではなかったが、ロータリーエンジンのレース用開発が進み、マツダスピードのパワー向上要求に応えられる素地ができた。ルマンを中心とするレースだけでなく、ファミリアによるラリー活動も強化された。

モータースポーツ部門の最高責任者として、達富が初めてルマンに行ったのが89年のことである。それまでにヨーロッパのツーリングレースなどを見ていたが、ルマンのスケールの大きさは、実際に見てみるとさすがであると思わざるを得なかったという。フランスだけでなく、イギリスやドイツからも多くのジャーナリストがやってきており、日本人もたくさんいる。大観衆も含めて、すべての人がレースの中にとけ込み楽しんでいた。

89年ルマンで総合9位となったマツダ767B・202号車。

決勝レースは8500rpmで走るが、燃費もきつく後半はペースを落とさざるを得なかった。

しかし、マツダの戦い方をみていて、達富はおもしろくなかった。皆が一生懸命やっているのはわかるが、どうもピンとこなかった。予選からニッサンチームの速さが目立ち、優勝を狙う意気込みが感じられた。それにひきかえ、マツダは良くいえば"マイペース"であるが、見ている人たちにアピールする戦い方ではなかった。決勝レースでも、トップグループとはラップタイムに差があり、上位を走るマシンが脱落するのを待っている——。

たまりかねた達富は"もっとエンジン回転を上げたらどうだ"とレースマネージャーをしている松浦に提案した。"わかりました"というものの、一向にペースは上がらない。予選では9000rpmまで回していたが、決勝は8500rpmで抑えている。9000rpmまで上げたのでは、24時間もたない可能性が大きい。いくら達富でも、ルマンのピットにきてまで強権を発動するわけにはいかなかった。

たしかにマツダチームは、現地にとけ込み、ルマン24時間の常連チームとして市民権を得ていた。日本人ばかりでかたまることもなく、ヨーロッパ各国の人たちが協力し、一体となっている。

しかし、達富はマツダのサバイバルレースのやり方が気に入らなかった。リタイアしたもののニッサンは勝つためのチャレンジをした印象があった。

マツダは7位、9位、12位と出場した3台とも完走した。マツダチームの多くの人たちは、この成績で喜んでいる。IMSA-GTPクラスでの優勝であるというが、その意味はあまりあるとは思えなかった。完走を考えるあまり、安全マージンをとりすぎているのではないだろうか。レースを見ている人たちに、これでよくやったと思われるだろうか。それより、リタイアすることを恐れずにもっとハイペースで走るべきではないだろうか。

達富には、かつてロータリーエンジン開発にとり組んだ時のように、マツダがレースにチャレンジしているようには思えないことが不満だった。レースこそチャレンジすべき対象であるというのに——。

レース終了後、恒例になっているマツダのプレゼントで記者会見が行われた。大橋監督や出場ドライバーの話があり、記者からの質問に移った。ある記者が、"たしかにロータリーエンジン車は耐久性があることは、今日の成績でよくわかった。しかし、マツダはルマンに勝つためにGTPクラスではなくCクラスでやるべきでないだろうか？"という質問をした。達富が考えていることを、そのまま記者の方がいった感じだった。マイクをつかんだ達富は"勝

つレースをするつもりです。来年は必ずCクラスでやります"と元気よく答えた。記者は大きくうなずいたものの，マツダ関係者は"あんなこといって大丈夫なのか"という表情をした。こういう場合，責任者たるものは曖昧なニュアンスの返事をするのがふつうである。しかし，達富は単刀直入に思ったとおり表現し，悠然とかまえていた。

その晩，ホテルでチームの慰労パーティが行われた。アルコールが入ったところで，達富はドライバーのディビット・ケネディに尋ねた。"優勝するにはあと何馬力必要だと君は思うか？"と。達富の顔をみながら，一瞬考えた後にケネディは答えた。"あと100馬力です。"

間髪を入れず達富は"よしわかった。必ず実現させてやろう"といった。まわりにいた人たちが驚いて顔を見合わせていた。アルコールの勢いもあったが，もちろんその場だけで終わらせるつもりはなかった。

担当者がコツコツと努力を重ねてパワーアップを図ってきているところで，さらに100psも1年間で上げるという約束をするのは現実的ではない。しかも，4ローターの13Jになってから，燃費が悪化してかなり苦しい戦いを強いられていたのである。与えられた燃料で24時間走り切るために，後半はかなりエンジン回転を落として走らざるを得ないのが実情だった。パワーを上げれば燃費を良くすることがさらにむずかしくなるのはいうまでもない。

もちろん，エンジン設計をやっていた達富がそんなことを知らないはずはない。100psのパワーアップが実現可能なものかどうか議論する前に，達富は"チャレンジ精神はどこへ行ったのだ？"といいたかったのである。

レース中に，マツダ車がコーナーでシフトダウンするたびに"バズーカー砲のように"アフターファイアーをエギゾーストマフラーから派手に出していた。素人目には迫力あるように見えるが，達富の目からすれば全くのムダだった。マフラーの中で燃やしているのは，本来燃焼室の中で燃やすべき生ガスである。エネルギーとして生かしていないわけだ。これをなくすだけでもパワーも燃費も良くなるではないか——。

レースを見ながら達富は，まだエンジンに関する改善がいろいろあると思っていた。初期のロータリーエンジン開発と同じように，不可能と思われる壁を，技術と情熱の力で突破していかなくてはならない——。

*

日本に帰って，達富はさっそく90年ルマンの優勝を狙うためにどうしたらよいか考え，行動に移した。

"勝つ"ための牽引力となった達富康夫。

マツダスピードの大橋レース・マネージャーと時間をかけて話し合った。

主張が強い大橋は，必ずしもマツダ本社の人たちに良く思われているわけではなかった。自分たちが好きなレースをするために，マツダを最大限に利用しているのではないかという声もあった。欧米では利用されようがされまいが，価値あることをやっていれば，それで評価されるのだが，日本はそういうわけにはいかない土壌がある。しかし，これまで大橋をみてきた達富は，レースへの情熱と経験，それにすぐれた判断力をもっていることを知り，大橋がやりやすいようにすることが先決だと思っていた。つまり，必ずしもしっくりといかなかったマツダ本社とマツダスピードの関係を，良好なものにするつもりだった。

達富と大橋の間でキタンのない意見交換が行われた。もともとロータリーエンジンの耐久性を実証するためにマツダはレース活動を始めた。その伝統がいわず語らずのうちに生きており，完走することが，何より重要であるという考えがあった。マツダスピードでは，供給されるロータリーエンジンのパワーの限界のなかで，それなりのチャレンジをしてきたのであるが，翌年につなげるためにマツダ本社の意向を無視するわけにはいかない側面があった。

2人の間で，いい成績を挙げることが目標ではなく，優勝を狙える実力を身につける，そのためにジャンプするつもりで行動することが改めて確認された。レースにチャレンジしている以上，目標は優勝することにあるのは，いまさらいってもはじまらないほど自明のことである。

ロータリーエンジンに関して，大橋はかねてから耐久性にマージンがありすぎることに不満だった。24時間走り切

90年用にパワーアップされたR26Bエンジン。

ったエンジンは、もう24時間走れるほどだった。それではすぐれたレーシングエンジンとはいえない。最も良くできたエンジンは、24時間走り終えて100mで壊れるものである。しかし、要求はしてもそれに応えてくれない。与えられた性能を最大限にひき出す以外に、マツダスピードではやりようがない。

これまでとは違って、マツダ本社の方で、エンジンパワーを上げるといっているのである。大橋が大歓迎なのはいうまでもない。トヨタやニッサンのターボエンジンはおよそ800馬力といわれている。ならば、それと同等のパワーにしようと、達富は大橋の前で大見得を切った。

多々ますます弁ずで、燃費さえ問題なければパワーは大きいほど良い。達富は、デカイことをいうが、実行力が伴っていることを大橋はよく知っていた。口には出さなかったが、これなら700馬力くらいにはしてくれそうだと大橋は思った。

マツダチームの力量を上げるためには、もっと速いドライバーを雇うべきだという声があるのを達富は知った。いくらいいマシンをつくっても、その性能をフルにひき出すドライバーがいなくては何もならない。この点に関しても、達富は積極的だった。F1ドライバーが良いなら、彼らと契約したらどうだという。

大橋はJAFスポーツ委員をしており、F1レースを見るチャンスがあった。そうした折りにF1ドライバーの走りをよくみて、24時間レースでマツダのハンドルを握らせるにはどんなドライバーがいいかを自然に考えていた。速いがリスキーな走りをするドライバーに託すわけにはいかない。マシンをうまくコントロールし、リズムにのって速く走るドライバーが好きだった。うまく表現できないというが、どうやら"速さ"の質の良さがどのくらいかが大橋のドライバーを評価するバロメーターのようだ。"これは"と思うドライバーのリストが、大橋の頭の中には既にあったということができる。

マツダのルマンドライバーに囲まれたJ.イクス。

もちろん，トップクラスのドライバーと契約するためには，それだけの出費を覚悟する必要がある。優勝を狙うからには，それくらいのことを引き受けるつもりが達富にあったのはいうまでもない。

　こうして，大橋はジョニー・ハーバートとベルトラン・ガショーを選び，89年にも契約していたフォルカー・バイドラーの3人のクルーに，90, 91年マツダのマシンのハンドルを託すことにしたのである。

　さらに，大橋は前から考えていたジャッキー・イクスをマツダチームのコンサルタントとして契約することについて，達富に相談した。イクスはF1レースへのデビューは，ジャン・アレジーやミハエル・シューマッハをしのぐ華々しさで脚光を浴びた経歴をもっている。フェラーリのエースドライバーとしてF1で活躍した後，フォードやポルシェなどでルマン24時間に6回の優勝を飾っている名ドライバーだった。現在はモナコGPの競技長をやっており，大橋はこれまで何回も話をする機会があった。イクスのもっているレースの知識と考えには学ぶべきことが多いと思っていた。レースのマネージャーとして経験を積んできており，それなりに成長してきたつもりだったが，大橋は人並みのペース以上に成長の度合いを早めたかった。そのためには，ルマンのことを知りぬいているイクスの知識を吸収することがきわめて有効である——。

　イクスについて大橋が感心していることのひとつに，ルマンでの彼ならではのスタートシーンでの行動がある。

　話は古くなるが，かつてのルマン24時間レースのスタートは，ピットサイドのコース上にななめ1列に並んだマシンに，コースの反対側にいるドライバーがスタート合図とともにかけ寄って乗り込むものだった。ルマン式スタートとして，耐久レースでは恒例のものであった。第1コーナーに近いところにポールポジションを獲得したマシンが並べられるものの，素早くマシンに乗り込み，シートベルトを早く締めたドライバーが先行する。なかにはシートベルトを締めずにスタートさせ，走りながら締めるドライバーもいる。コース上は混乱状態となり，非常に危険である。イクスは，このスタート方式を改めるべきだと主張した。しかしルマン式として定着しているので，主催者はこれを改めようとしなかった。そこで，イクスは抗議の意志を示すために，スタート合図のあと，ゆっくりと歩いてマシンに近づいたのである。他のすべてのドライバーが少しでも早くマシンに乗ろうと走っていたから，このイクスの行動は実に目立った。最後尾近くからスタートしたが，それでも24時間た

ルマンに6回優勝の実績をもつジャッキー・イクス。

つと，イクスは優勝ドライバーとなっていたのである。

　その後，このルマン式スタートは廃止され，ローリングスタートとなっているのは周知のとおりである。

　90年にユノディエールの6kmにわたるストレートにシケインが設置されたが，イクスは前から安全を考慮してそうすべきだと主張していた。

　レースに対して，自分のしっかりした主張をもっている人が大橋は好きだった。

　ルマン24時間レースの戦い方についても，イクスは"チャレンジしない者には，アドバンテージはない。挑戦して生き残った者にのみ栄誉が与えられる"という考えをもち，それを実践していた。大橋が，24時間レースは確かに長い距離を走るが，"ショートディスタンスがいっぱいくっついているレースなんだ"というとらえ方をする必要があると思うようになってきていた。ルマンに対する考えに変化が生じつつあったが，イクスと話し合うことによって，この新しい考え方でレースをやることに踏み切ることができた。トロトロ走って生き残っても大した価値はないのだ——。

　この点では，達富と大橋の考え方は一致したといえるだろう。達富は，F1ドライバーをチームがコントロールするためにも，イクスをコンサルタントに迎える考えに賛成だった。

＊

　達富は，90年のルマンに向けて，社内の体制づくりにも手をつけた。

　モータースポーツ主査の藤山が健康を害したこともあって，後任に小早川隆治を指名した。これはいささか異例の人事であった。というのは小早川はロータリーエンジン搭載のスポーツカーRX7の開発主査だったからだ。しかし，レースに対する情熱をもち，チャレンジ精神が旺盛な人でなくてはダメだ。となれば，2足のワラジをはくにして

新たにモータースポーツ主査となった小早川隆治。

マツダスピードに出向することになった松浦国夫。

も小早川が適任であると考えた。63年入社の小早川は、達富がロータリーエンジン設計をやっている時に実験部に所属し、しばらくコンビを組んだ仲であった。ルマンに勝つためにひと肌ぬいでもらおうというわけだ。

小早川が、達富からこの話をきいたのは、89年10月のことである。ちょうど新しいRX7のプロトタイプカーができ上がり、そのテスト走行が行われている最中のことだった。ようやくクルマの素姓が見えてきたところだ。ディーラーなどの反対があったが、小早川は思い切ってエンジンは2ローター、ホイールは16インチ、カブリオレはつくらないという開発方針を決めた。八方美人にせず、スポーツカーとしての焦点を絞り、明確なコンセプトを打ち出そうと考えたのである。開発スタッフにはアメリカのレーシングスクールに体験入学させたり、レーシングカートに乗せたりして、スポーツカーとは何なのか身をもって考えさせようとした。軽量化にも努力した。初期の段階で狙いをはっきりさせていたから、開発は順調にいっていた。

好きなレースにかかわるという誘惑を小早川は振り切ることができなかった。学生時代からラリーに出たこともあり、ドライビングすることが楽しくて仕方なかった。しかし、RX7の開発があるのでレースの細かいことまでやることはできない。そこでアシスタントとして本井伝義則がパワートレーン設計部から商品本部に移ることになった。もともと本井伝も、達富がパワートレーン設計部長だった時代に、メインは生産車の開発だったが、サイドビジネスとしてモータースポーツをやれといわれ、レース用エンジンにかかわっていた。実際に本井伝が商品本部のモータースポーツ課長として、マツダ本社のレース総括を行うようになるのは90年2月からのことだ。その前に、ロータリーエンジンの大幅パワーアップという命題に中心的にかかわらなくてはならなかったのである。

もうひとつ、ルマンにかかわる重要な人事異動があった。ロータリーエンジンのチューニングひと筋に20年以上やってきた松浦国夫である。ポテンシャルの高いマシンをつくり上げるためには、マツダ本社とマツダスピードの間に従来より太いパイプを通す必要があると考えた達富は、レースのことをよく知る松浦にマツダスピードへの出向を命じたのである。

達富がルマンから帰ってきて"800psのエンジンをつくる!"といっていることに、松浦は首をかしげていた。"そんなものできませんよ"と面と向かっていったが、達富はそんな意見に耳をかさなかった。

松浦はマツダスピードへ出向するという自分の人事はミスキャストではないかと思ったが、こうした任務を遂行できる人間は自分以外にないことも知っていた。

松浦はマツダスピードに来ることによって、これまではマツダスピードに対して"そんなにエンジンパワーは上げられませんよ"といっていたのに、逆にマツダ本社に要求を出す立場になる。エンジンを通してレーシングマシンを見ていたが、今度はマシンからエンジンを見ることになった。しかし、マツダスピードの大橋たちとは長いつき合いで、別の会社にきたという異和感はなかったという。

大橋も"天然記念物"のようなレースひと筋の松浦の加入は大歓迎であった。

5. エンジン性能向上のための悪戦苦闘

　89年ルマンが終了した時点では、90年がロータリーエンジンで出場できる最後のレースになるはずだった。実際には91年も新旧レギュレーションのマシンの混走が認められることになるが、この時点ではそこまで予想することはできなかった。したがって、最後のチャンスとなる90年ルマンに向かって、大号令がかけられた。

　ロータリーエンジンのゴッドファーザーである山本健一は、このエンジンを新しいレギュレーションのSWCシリーズレースから締め出す決定がなされたことに納得がいかなかった。ヨーロッパで生まれた技術を、日本でここまで育てたものである。どうしてこのロータリーエンジンを、レースの世界で異端視するのだろうか——。

　89年F1日本グランプリレースにやってきたFISAのバレストル会長が、その直後に幕張メッセで行われている東京モーターショーの会場を訪れた。その機会をとらえて、山本はバレストルにこのことで抗議した。世界のレースを牛耳る強者のバレストルも、山本の迫力にタジタジとなったという。ロータリーエンジンがレシプロエンジンを圧倒し、レースの面白さをそこなっているならいざ知らず、マツダは地道にルマンにチャレンジし続け、ようやくトップクラスの実力を備えようとしているところだった。それも24時間という"耐久"レースに限ってのことである。

　しかし、決められた規則をくつがえすことはできない。山本は、主張するだけのことを主張し、あとは達富を中心にマツダチームのがんばりに期待するほかなかった。

　達富は、ルマンのように伝統のある華やかなレースは出場マシンの数がそろわなければ成立しないものと思っていたから、91年もロータリーエンジンが出場できる可能性は残されていると予想していた。それはともかく、90年に向けてどのような行動がとられたか見てみよう。

　レースの体制を強力にするための人事異動などは、各部署のネゴシエーションをしなくてはならないから、即断即決というわけにはいかず、ある程度時間がかかるものだ。現に小早川が正式にモータースポーツ主査として活動を始め、松浦が広島から東京のマツダスピードに机を移すのは、90年2月になってからのことであった。

　しかし、ロータリーエンジンの大幅な性能向上活動のスタートが切られるのは早かった。100ps以上引き上げるためには、のんびりかまえているわけにはいかない。

　マツダ本社の技術陣での、ルマンのための活動としては、ロータリーエンジンの開発が中心となる。そのために"タスクチーム"が結成された。戦いを有利に進めるための特殊任務を遂行する特別編成部隊である。といってもレースのために活動する人たちを大幅にふやしたわけではない。マツダのタスク活動は、必要に応じて一時的に特殊任務にたずさわることで、それまでやっている量産車の仕事をはなれるわけではない。あくまでも"特別"で、プラスアルファーの仕事として位置づけられる。

　このタスク活動の中心となったのがパワートレーン設計部のモータースポーツ担当課長の本井伝義則である。かつて達富がエンジン開発部長だった時代にその下で働いていた関係であろうか、パワートレーン設計部長から命令された。本井伝としては、レースエンジン開発にたずさわるのは歓迎であったものの、その達成目標があまりにもむずかしいものであることに驚きをかくしきれなかった。

　エンジン出力を15%以上アップさせる上に、燃費も10%以上良くするのが目標である。エンジン技術者でない人が、何もわからずに目標を設定するのなら、そういうムチャなことをいうのもわからなくはないが、ロータリーエンジンについてよく知りぬいているはずの、ほかならぬ達富の立てた目標である。本井伝は達富に抗議した。常識的には5％とかの向上をめざし、その積み重ねで少しでもプラスアルファーを追求していくのが正道である。

タスクチームのリーダー、本井伝義則（90年ルマンにて）。

しかし、今回の目標はそうした常識を超えたところで立てられたものだ。本井伝のいうことをきいていては、何のためにタスクチームを作ったかわからなくなる。達富が、何が何でもやれといったのはいうまでもない。

達富は設計現場をはなれ、上からものを見ているから、そうした命令が下せるのだろうと、本井伝はいささかうらみに思う気持ちをいだいた。達富には、こうした常識を超えた難題にかつて挑戦し、それを克服してきた自信があるから自分たちにもやれというのだろうが――。

しかし、立てられた目標に向かって進め、という命令が出た以上、いつまでもグスグスいっているわけにはいかない。もとより技術者としてできるだけのことをやるのは望むところであると、本井伝は"やればできるはずだ"という達富の言葉を自分のものとして、タスク活動に邁進することにした。

普通ではできないことをやろうとしているのである。そのためにどうするか。

本井伝がまず思いついたのは、所属するパワートレーン設計部のスローガンである。それは"総知を結集して世界に冠たるパワートレーンをつくろう"というものだった。これでブレイクスルーする以外にない。パワートレーン設計部は、ロータリー、レシプロ、ディーゼルと大きく分かれているが、総勢300名ほどいる。そのすべての人たちに何でもいいから、ロータリーエンジンの戦闘力向上のアイディアを出してもらうことから始めた。

モータースポーツに関わりのない部署の人でもレースに興味をもっている人は多い。このアイディア募集は半ば強制的だったが、本井伝が驚くほどたくさん出された。1000件を超えるほどだった。

これをどう整理し、生かしていくかが本井伝たちの仕事である。出されたアイディアをまず項目ごとに分けることから始められた。①高出力、②燃費、③高回転、④軽量化、⑤各種抵抗軽減、⑥制御に分類された。

本井伝はレース担当部署だけでなく、各部から精鋭を集めて実務執行部隊をつくり、アイディアの選別や内容の良し悪しなどを整理した。なかにはアイディアとしてはいいが、それをモディファイして図面化しなくてはならないものもある。できるだけ欲ばって、アイディアを生かすように心がけた。

この作業は、夏期休暇も返上して行われた。こうして出てきたものに、可変吸気に関するもの、サイドハウジングの一部アルミ化、燃費改善のためのフィードバック制御シス

R26B型エンジンを搭載した90年用787マシン。

4ローターのR26Bエンジンのローターハウジングとロ-ター。

テム，さらにはローターの軽量化のアイディアなどがあった。これらのアイディアを生かすためには図面にして，ものをつくらなくてはならない。この段階では，外部でやってもらえることはできるだけ依頼し，試作部品のテストも外部のチューナーにやってもらうことにした。

本井伝たちは，このタスク活動に燃えていたが，レース用ロータリーエンジンを長い間手がけていた松浦は，こうした動きをクールに眺めていた。

もともと松浦は，達富の現実を無視した今回の強引なやり方に批判的だった。達富がドライバーの前で100ps以上のパワーアップを約束した時から，とんでもないことをいうなあと思っていた。"そんなこと，できはしませんよ"とその時だけでなく，日本に帰ってきてから松浦はくり返し主張した。このエンジンパワーアップ計画は，本井伝をはじめとしてロータリーエンジン設計でモータースポーツの主任担当である栗尾憲之が中心になってやることになる。この時，松浦は商品本部に移り，モータースポーツ主査の下でエンジンだけでなくマツダ本社のレースマネージメントの仕事をしていた。

松浦は，地道に前年のマシンを改良し，着実に性能を向上させていくべきだと考えていた。89年は4ローターで630psまでパワーを出していたものの，これも実はおっかなびっくりのものであった。それにパワーを上げると燃費の問題がこれまで以上に厳しくなる。89年でも後半は，燃料を節約するために，エンジン回転を大幅におさえて走らざるを得なかったのである。トップを狙うということになれば，24時間で走る距離がさらにふえることを想定しなくてはならない。総量2550ℓと決められているから，リッター当たりの走行距離をさらに伸ばす必要が生じてくることになる。パワーを上げた上で，燃費をそれほど大幅に良くすることは不可能に近い。

89年のレース結果を踏まえ，マシンの不具合箇所をひとつひとつつぶしていけば，間違いなくポテンシャルは上がる。

"それで優勝を狙えるのか"というのが達富だ。"それは無理でしょうが，5位ぐらいにはなれるでしょう"と松浦が答える。"いや，それでは意味がない。ロータリーエンジン最後の年だから"と達富が主張する。松浦にしてみれば，だからこそ，地道に完走をめざすべきだと考えている。優勝を狙うのはいいが，初めから完走することがおぼつかないようなマシンで出場する計画を立てるべきでないと思っている。松浦のやり方なら，人も資金も89年までとそう変わらない範囲で，さらにいい成績が望めるはずだ――。

いつまでたっても平行線だ。実際には，松浦の見通し

分解されたR26B型ロータリーエンジン。

ように，90年は完走できなかったが，達富が大号令をかけたことが91年の勝利につながったのである。あとでふり返ってみれば，松浦にも達富の強引なやり方もそれなりに理解できたが，このあたりの2人の意見の食い違いは，レースに対する考え方だけでなく，パーソナリティの違いもあるといえるのではないだろうか。

もちろん，商品本部長である達富が意見をかえようとしない以上，松浦もその意向にそって仕事を進めざるを得ない。

90年ルマン用の4ローター・ロータリーエンジンの設計図ができ上がった。それを見た松浦は，首をひねらざるを得なかった。スペックでは，目標の100psアップを達成できることになっている。そのためにエンジンの最高回転は10000rpmを想定している。エンジンの搭載性を無視して，エンジンまわりには制御系やら可変吸気のための装置やらがたくさん付けられている。レースではシンプル・イズ・ベストと思っている松浦には"何ともぶざいくなもの"と見えた。

第一，10000rpmの回転に耐えられるトランスミッションなどこの世にないのだ。それを大変な資金を注ぎ込んでつくるわけにいかないのはいうまでもない。人と資金が問題だけでなく，それをものにするまでにとんでもない時間がかかる。マツダ全体でそんな余裕があるはずがない。いくら性能があるエンジンができても，それを搭載したマシンが，その性能をフルに発揮できなくてはなにもならない。レーシングマシンに要求されるのは，総合バランスの上に立ったポテンシャルの高さである。

エンジンの最高回転を9000rpmにして，開発が進められることになった。それでも課題は山のようにあった。

具体的にエンジンがどう改良されたかを，エンジン実験の観点からみてみることにしよう。

まず89年仕様の4ローターエンジンの解析から始められた。実験研究グループの中西徹は，量産ロータリーエンジンをやっていたが，89年8月からレース用エンジン開発を担当することになった。最初は燃焼状況を調べた。圧力センサーを入れて圧力を計測することによって，着火してからの燃焼スピードを調べる。その結果，火炎伝播が遅く未燃焼ガスの一部がそのまま排気管から逃げてしまっている。この逃げたガスが，89年ルマンで達富が見たバックファイアーとなってマフラーから吹き出しているのである。仕事になっていないガス量が案外多いことがわかった。

ご存じのように，ガソリンエンジンは，燃焼室で圧縮された混合気が瞬間的に燃えて膨張することによるエネルギーをとり出している。つまり，多くの混合気をできるだけ短い時間で効率良く燃やすことが大切である。そのためにレシプロエンジンでは，燃焼室の形状に工夫がこらされる。理想の燃焼室は球形をし，その中心で点火することであるが，レシプロエンジンでは，いかにしてそれに近い形にするか考えられる。これがレーシングエンジン性能のキーポイントである。

しかし，ロータリーエンジンの場合は，燃焼室の形状を変えることはほとんどできない。"まゆ形"をしたトロコイド面と，三角形のローターで形成される燃焼室は，偏平なものにならざるを得ない。つまり，急速燃焼させるには，もともと不利な形をしているのである。そのために燃え残りが出てしまう。それをなくすためにどうするか。

この対策として，従来からプラグを2本にしていた。2か所から火を付けることによって，燃焼を早めることができる。これでもまだ燃え残りが出るとすれば，プラグをもう1本ふやすのが有効ではないだろうか。吸入して圧縮された混合気が最も燃えやすいところを見つけて，3か所にプラグを配置する——。

といってしまえば簡単だが，そのためにはローターハウ

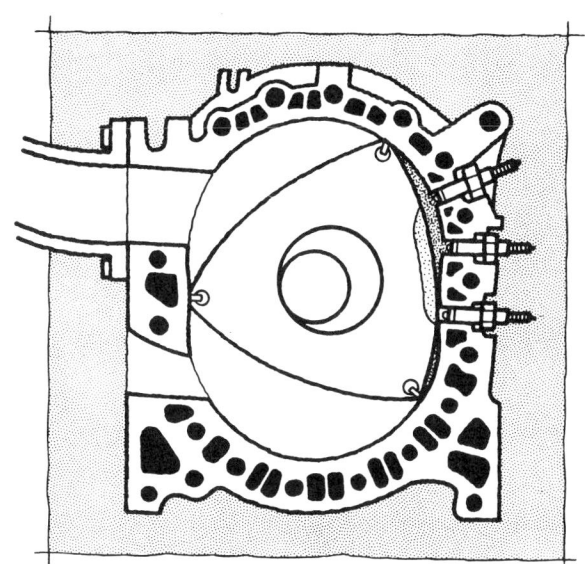

ロータリーエンジンの燃焼室と3プラグ。

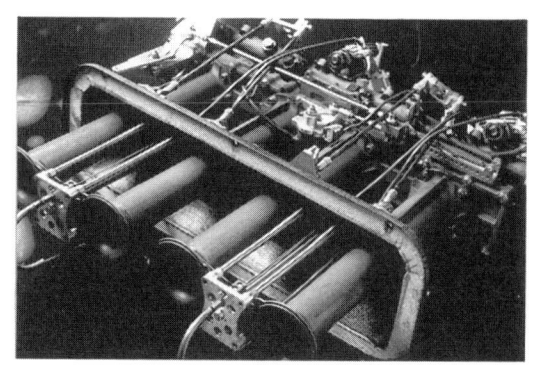

R26Bエンジンに採用された可変吸気システム(91年用)。

ジングにプラグ用のホールを3つ空けることになる。このホールからガスがもれないように加工する必要がある。

ほかにもムダをなくして燃費を良くする方法はないだろうか。そこで目をつけたのが、ガソリンを噴射する位置である。噴射ノズルから勢いよく流れ出るガソリンは、吸気管の中で空気と混じって燃焼室へ送られる。よく空気と混ぜられた方が燃焼が良くなる。

そのためには、燃焼室からある程度はなれた位置にしておけば、燃焼室へ行くまでの間に空気とよく混ざる。しかし、これにも欠点がある。ガソリンの一部が吸気管の内壁にへばりつき、それが気化されずに少しずつ燃焼室にへばりつきながら流れていく。そのため燃料カットした際にもガスが流れてしまう。超音波でこのガソリンを微粒化することなども考えられたが、その装置を付けて複雑にするのは得策ではない。

噴射ノズルの位置をもっと燃焼室に近づけても空気との混じり具合が悪くならないようにする方がいい。ということで、噴射ノズルの角度や位置、それに噴射タイミングとの組み合わせをいろいろかえて実験した。噴射位置が近くなれば、アクセルを踏み込んでからエンジン回転が上がるまでのレスポンスも良くなる。最適なところを見つけるには、かなり実験をつめて行わなくてはならない。

もちろん、実験項目はこのほかにもたくさんあり、細かいデータがとられ、それをもとにどうすべきか検討され、図面に反映されていく。

90年用エンジンの特徴のひとつは、可変吸気システムである。マツダはこのシステムを量産車用エンジンでも積極的に採用し、低速域から高速域までの安定した性能確保をめざしている。吸気管の長さは、エンジン回転によってその最適値が違う。高回転で短く、低回転では長い方がいい。エンジン回転が高くなれば、吸入される時間が短くなるから、その間に大量の空気をとり入れるには、吸気管が長くては追いつかないわけだ。

そこで、エンジン回転に合わせて、吸気管が伸び縮みすれば効率が良い。問題はこの装置を付けることによって、トラブルの確率が高まったり、重量がふえることだ。それさえなければ、ドライバビリティを良くするのに実に有効な手段である。

おそらく、この可変吸気システムに関しては、マツダが世界で最も進んでいるといっていいのではないだろうか。ホンダがこのシステムをF1用エンジンにとり入れたのは91年シーズン半ばのことである。マツダは89年から2段階切り換えによる可変システムを採用しており、90年はそれをさらにきめ細かく可変にした。

こうして、90年エンジンがつくられていった。

しかし、松浦の顔色はあまりさえなかった。どうにか700psには手がとどきそうなパワーにはなっているものの、エンジンマネージメントがやたらと複雑になり、可変吸気システムの採用などによって、エンジン全体としては、かなり大きくスペースをとらざるを得ないようになっていた。

つまり、マシンの方をかなり改造しなくては、このエンジンが乗らないのである。やはり、松浦が考えていたロータリーエンジンのレース用開発の方向とは異なるものになっていた。ロータリーエンジンは部品点数が少なく、そのコンパクトさが大きな利点である。それを生かすことが第一であるはずだ――。

*

ここで，次に進む前に，ルマン用を中心とするレース用ロータリーエンジンの大雑把な開発プロセスをたどってみたい(その技術的解説は別項にくわしい)。

　前述したとおり，松浦はマツダがレースに出場するようになった時から，ずっとロータリーエンジンのチューニングアップをやってきた。ゼロからスタートしたといっていい。それだけにロータリーエンジンに対する愛着は非常に強いものがある。

　マツダのモータースポーツ関係の仕事は，長い間独立した部署ではなかった。担当が決められているだけで，最初は数人のグループで，松浦はそのリーダーであった。その後，徐々に体制は強化されていくが，量産の方が優先されるのは当然のことで，松浦がやっている間，モータースポーツのプロパーは最大でも10人足らずであった。

　仕事は，ルマン用エンジンの開発だけではない。スポーツキットの開発やメンテナンスをはじめ，マツダが関係するロータリーエンジンのレースのすべてだった。松浦は，過去・現在・未来の仕事のバランスをとろうとしていた。〝過去〟というのは発売されているスポーツキットの不具合対策，〝現在〟は当面の出場するレース用エンジンの組み上げ，そして〝未来〟はエンジンの長期的展望の上に立った開発だった。性能向上のためには〝未来〟の仕事を多くしたかったが，小人数なのでどうしても過去と現在の仕事に追われた。だから，マツダスピードの大橋の方から，〝もっとパワーを〟といわれてもなかなかそれに応えられなかったのである。

　大橋たちのルマンチャレンジの初期段階では，まだパワーを上げる技術がなかったという。エンジン回転を上げても，それに比例してパワーは大きくならず，エンジンの寿命が短くなるだけだった。フリクションロスはそれほど大きくないのだが，吸入や燃焼効率が良くないことが大きな壁であった。

　吸入ポートの形状や位置の追求，燃焼と点火タイミングの検討など考えられることはいろいろ試みた。

　いつも問題になるのは，エンジン本体にかかわるものだった。ローターはいってみれば鋳鉄のかたまりで，5kgほどの重さだった。これが偏心運動をしながらグルグルまわるのだ。

　このトロコイド運動するためのギアの嚙み合いは，理論的にはストレスがかからないはずだが，回転を上げると負荷が大きくなってギアが割れてしまう。アンバランスになることが避けられず，共振と同じ現象が起こるようだ。もうひとつの問題はアペックスシールだった。回転を上げると，シール性が悪くなることが避けられない。

　松浦によれば，〝諸悪の根元はローターの重さにある〟ということになる。しかし，ローターの軽量化は容易ではない。ロータリーエンジンの売りものである耐久性を落とすことはできない。いつも問題はここに行きついたという。

　したがって，80年代前半，特に2ローター時代は，レースエンジンといっても市販エンジンにちょっとしたチューニングを施した程度というのが実情であった。81，82年は燃料供給装置もウェーバーキャブを使用しており，インジェクションになるのは83年のことであるが，84，85年は再びウエーバーキャブにもどり，86年からインジェクションが用いられていた。ルマン24時間になると，信頼性を確保するまでに時間がかかったのである。

　松浦の構想では，パワーアップを図る最も有効な手段は，3ローターにすることだった。この開発になるべく早く手をつけたかったが，その前にロータリーターボの開発を優先するようにいわれた。80年代に入って，ターボエンジンがパワフルなものの代名詞のようにいわれ，猫も杓子もターボの方へなびいていた。

　松浦は量産ならいざ知らず，燃焼がきびしいレース用ロータリーエンジンをターボ化することには反対だった。ターボで圧縮した空気をムリやり押し込むことは，燃焼室をこれまで以上にいじめることになる。ノンターボの状態でも，燃焼を良くするために四苦八苦しているのであるから，ターボにすれば，さらに苦しいことになる──。

　しかし，量産車にロータリーターボを積む計画が進行し，まわり道であったが，松浦はレース用でもこれにとり組んだ。案のじょう，過給圧も絶対値で1.8kg・cm²がやっとだった。とはいえ，この時に苦労した技術が後に燃焼室を強化するのに役立ったという。

　ロータリーターボをやっていなければ，3ローターエンジンの開発・熟成はもうワンテンポ早まったはずだ。実際にルマンにマツダのマシンが，3ローターを積んで出場するのは86年のことである。

　2ローターと3ローターでは次元が異なる技術が要求される。2ローターなら，ローターを回転させるためのエキセントリックシャフト(出力軸)は一本ですむが，3ローターになると2本をつながなくてはならなくなる。ロータリーエンジンは，ローターの内蔵されるローターハウジングをサイドハウジングがサンドイッチして構成される。出力軸はクランクシャフトほどではないが，複雑な形状をしており，あ

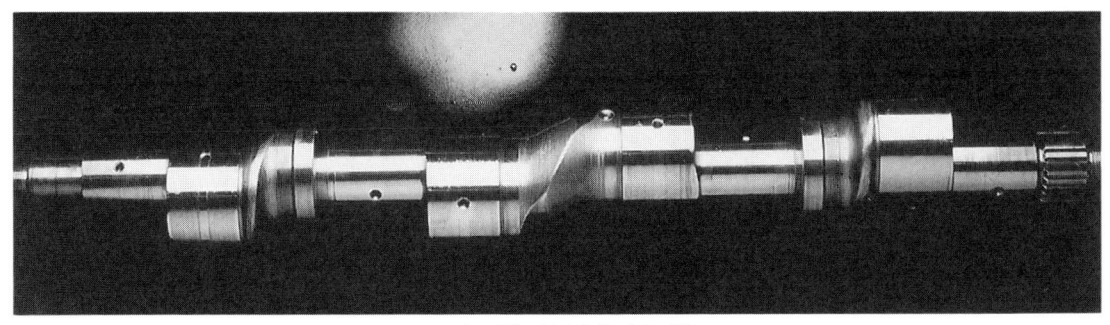

4ローター用のエキセントリックシャフト。

とから通すことができない。レシプロエンジンのコンロッドの大端部が2分割されているのと同じである。

　出力軸は両サイドからテーパー状にして連結されることになるが、芯が完全に出ていないと、3つのローターの回転バランスが悪くなってしまう。これは何がなんでも避けなくてはならない。その工作が実にむずかしい。ちょっとでも狂っていれば、ベアリングが焼きついてしまう。バランスをとるむずかしさはクランクシャフトの比ではない。芯を正確に出し、シャフトをフロート状態にして、はじめて正確に3ローターとして機能する。

　この技術が確立されれば、4ローターをつくるのは比較的やさしいという。2ローターをふたつつなげばよいからだ。しかも、3ローターよりバランスがとれていて具合がいい。ただし、エンジンがそれだけ大きくなるから工作精度が要求されるのはいうまでもない。

　もうひとつ3ローターで苦労したのは、ローターとトロコイド面の最小部のクリアランスの問題だった。2ローターの場合は0.4mm程度のクリアランスでよかったが、3ローターになるとシャフトの剛性が小さくなった分、ローターの振れが大きくなる。そのためにクリアランスを大きくしなくて

88年用マツダ767に搭載された13J改型4ローターエンジン。

はならない。しかし、当然ながら、燃焼に悪影響を及ぼすことになる。3ローターではクリアランスは0.8〜0.9mmとなった。このため、2ローターで300psとして、1ローター分が150ps、3ローターになったからといってその3倍の450psになるというほど簡単なものではない。

　エキセントリックシャフトの振れを小さくするには、ローターを軽くするとよい。やはり、ローターの重さがここでもネックとなるのだ。その軽量化は最も緊急であり、永遠の課題であった。不断の努力が続けられ、少しずつ肉が削られ、軽くなっていった。

　90年に向けて、100psアップの至上命令が下ったとき、いっそ5ローターにしたらどうだと主張する者もいた。パワーは上がるかもしれないが、エンジンは大きく重くなり、しかも燃費は決定的に悪くなる。それでもパワーを上げて20時間でリタイアしてもいいではないか、という開き直った意見だった。いくら達富でも、そんな乱暴な意見を採用するわけにはいかない。

　曲がりなりにも4ローターのロータリーエンジンを完成したところで、松浦は20年以上にわたってたずさわったレース用ロータリーエンジンの仕事からはなれて、商品本部へ移ったのである。といっても依然としてレース担当で、エンジンだけでなく、クルマ全体をみる立場になっただけだ。

　そして、89年ルマン24時間の後の、達富の大号令が下り、住みなれた広島から、東京のマツダスピードに単身赴任することになり、マツダスピードで90年用ルマンのクルマづくりに参加することになった。エンジンは複雑となり、日程的にも大きく遅れていた。これでは90年ルマンを完走するのはむずかしいと思ったが、はりきってマシンづくりにとり組むマツダスピードのスタッフに、それを口にすることはできなかった。ボディ／シャシーの改造も大幅なものだから、作業も大変だった。

6. マツダスピードのサムライたちのルマン

　ここで舞台はマシンを実際に製作するマツダスピードに移ることになるが，その前にこの記録のためにお話をうかがったマツダスピードの人たちの簡単な紹介とそれぞれのルマン体験の一端を記したいと思う。

　まず大橋孝至チーム監督から。現在はマツダスピードの常務取締役として日常的には，同社の重要な地位をしめ，レース活動の責任者として八面六臂の活躍をしている。いうまでもなく，ルマンチャレンジは大橋の強い意志と行動力がなければ実現していないものである。

　彼が最初にルマンに参加したのは1974年。日本の自動車メーカーは，排気規制問題などにとり組むため国内レースはツーリングカーで参加する程度で，1969年までのトヨタ7とニッサンR381・382の対決といった華々しいレース活動は影をひそめていた。ルマンは遠い存在だったが，シグマオートモーティブがマシンをつくり，それとジョイントする形でマツダオート東京が12Aロータリーエンジンを担当することになった。プライベート参加といってよいものだった。

　この時に大橋は，自分たちがいかに"井の中の蛙"であるかを強烈に知ることになった。日本では全く経験したことのない長い6kmの直線が大きな壁となってたちはだかった。空気の取り入れ口に石などをよけるための金網を付けると，それが吸入口の中に吸い込まれてしまう。他のマシンは300km/hのスピードで走っている中をようやく260km/hのトップスピードで走ると，遠心力でタイヤが発熱しバーストしてしまうのである。

　24時間レースにチャレンジしているのに，3周も走れない。この時は，さすがの大橋も心の底からわき上がってくる絶望感をおさえることができなかった。日本からわざわざレースをしにきているのに，満足に走れない。この6kmのストレートには魔物がすんでいるといわれるが，まさにその魔物のえじきになったわけだ。

　日本のレースではそれなりの成績を挙げていたから，ルマンに来てもどうにかなるだろうと思っていたのが，いかに甘かったか――。

　この体験で，実戦テストの大切さが身にしみたという。これでシッポをまくどころか，逆にこの体験をばねにして，自分たちを寄せつけなかったルマンをもっと身近かなものにしてやろうとファイトを燃やした。

　これ以降，大橋の中では"ルマン"に出場し，自分たちがルマンになくてはならない存在になろうという野望が，すべての行動の支配原理となったようだ。

　大橋は，その後ルマンに出場するための組織づくりを着々と進めていくが，"組織"とはどうあるべきかを考えるきっかけになったのが，1976年夏の甲子園の高校野球で東京代表の初出場・桜美林高校が全国制覇したのを見たことだった。桜美林にはスーパースターがおらずレギュラーが一丸となって決勝戦まで戦った。コツコツと努力して，毎試合かろうじて勝ちを奪う。それを続けて，ついに優勝した。派手さは全くないが，チームのまとまりがあり，組織で勝ったように見えた。"これだな，このやり方でいくことにしよう"と大橋はこの時思ったという。

　それぞれが自分の与えられた仕事をきちんとやることによって，全体がひとつの方向に向かって大きな力となる，そんな組織にするのが大橋の狙いとなり，それを着実に実行していったのである。

　大橋とコンビを組んでずっと行動をともにしてきたのが寺田陽次朗だ。現在はマツダスピードの事業部長であると同時に，ルマンではドライバーとして活躍しているのはご存じのとおりである。かつては大橋と2人でドライバーとしてロータリー車に乗って耐久レースに出場していたが，

大橋孝至チームマネージャー(88年ルマン)。

89年ルマン・サルテサーキットの夜。

大橋がマネージャー業に専念するようになってからも寺田はハンドルを握り続けており，ドライバー歴25年という大ベテランである。今でも週に3回以上のトレーニングを欠かさず体調の維持を図っている。

日常的には大橋をサポートしながら，企画やスポンサー交渉などの業務をこなし，ルマン出場にあたっては，マツダスピードのレース組織運営を統括している。たとえば，91年はピットやパドックが新装されたので，主催者と交渉してチーム活動がスムーズにいくように，マツダのテント村の設営の指揮をとっている。予選・決勝レースをスムーズに運ぶために，ピット裏にあるパドックに，部品の置き場やドライバーが休息するキャンピングカーを配置したり，食事の手配など細かいことまで気を配る。マツダのテント村がチームのピットとはなれていては仕事がやりづらい。そうならないように事前に手を打ち，予定どおり設営する準備は寺田の仕事である。

ルマン最多出場の寺田陽次朗。

何しろマツダチームは総勢120名であるから，その食事の世話だけでも大仕事である。日本からコメやミソなどは持っていくものの，現地で食料を調達し，調理しなくてはならない。食事担当だけでも9名いる。ドライバーやメカニックなどチームのメンバーが気持ちよくレースにエネルギーを向けられるような配慮がきめこまかくなされている。これも一朝一夕にできたのではなく，10年以上にわたって連続出場しながら積み上げてきたノウハウでもある。

数年前までは，レースウィークになっても寺田はドライバーとして準備しながら，合い間にこうしたオーガナイズの仕事をこなしていた。さすがに，このところは，レースが近づくとレーシングドライバーに専念するようになっている。それだけ組織運営がしっかりしてきたからであろう。

寺田が最も印象に残っているルマンは82年だ。チームとして3年目のチャレンジで，何とか24時間近く走り続けたが，最後になってガス欠症状が出た。このまま走ったらチェッカーフラッグを受けられない可能性が大きいと判断した寺田は，コースの端にマシンを寄せて待機した。チェッカーを受けなければ完走とは見なされない。ピットではいくら待っても寺田のマシンが現れないので，絶望感が大きくなってきていた。5分，10分と時間がすぎ，寺田は時計を見てマシンをスタートさせた。ゴールラインを走り抜け，チェッカーフラッグが振られた。

マツダのピットでは落胆が大きかっただけに，初めての完走で，その喜びは一層なものだった。全員が目に涙をうかべていた。いちディーラーの力でルマンに挑戦させる英断を下したマツダオート東京の伊藤社長が"おい寺田，

田知本守(右)と大橋孝至は長いコンビだ。

男が素直に泣けるのは戦争とスポーツだけだぞ〟といった。伊藤はゼロ戦パイロットの生き残りであった。
　この時の初完走が91年の優勝以上に感動的だったというのが田知本守である。彼はマツダスピードの前身のマツダオート東京時代からレース担当としてマシンの整備やキット開発の仕事をやっている。もともとサービス部に所属し、レース用の整備を手伝ったりしていたが、モータースポーツ課ができてからは専業となり、ディーラーチームとして出場する大橋や寺田のサバンナRX3やロータリーカペラのチューニングを手がけた。マツダワークスチームの片山義美、従野孝司らに負けまいとがんばった。
　ルマンにも大橋や寺田とともに、79年から連続して遠征している。田知本にいわせると、〝79年は車検を無事にとおって握手、81年は予選を通過して握手、そして82年は完走して涙…〟という体験をしている。ジャコバン広場で行う車検は実に細かく時間をかけて行われ、ちょっとでも違反があるとパスさせてくれない。修理してまた車検場へもっていく。はじめはこれを何回もくり返した。ルマンというのは車検をとおるのさえ大変なことだった。
　79年は、田知本はエンジニアでありメカニックであった。予選を通過できなかったので決勝当日はやることがなく、コースサイドにできたメリーゴーランドに乗ったりしたが、そんな経験はこの年だけだという。82年はマツダ本社から松浦国夫がテクニカルマネージャーとして参加し、田知本は一緒にマシン製作やメンテナンスを行ったが、83年からはテクニカルマネージャーとして活躍した。
　89年はマツダスピードの商品企画を強化しようと田知本がその担当になり、レースから一時的にはなれた。しかし、90年秋から再び技術部にもどり、マツダ本社との調整役となり、91年ルマンには食事やホテルの世話などを中心としたコーディネーターとして参加した。おにぎりにもっと塩味をきかせろとか、これはまずいとかいうのも田知本の役だった。
　83年マツダスピードが設立してすぐに入社した三浦正人が、初めてルマンに行ったのは84年だった。大橋チームマネージャーのアシスタントとしてであるが、早くいえば雑用係である。
　ルマンに着いてすぐ、まだレース前の誰もいないスタンドに大橋につれていかれた。ルーカスの看板があり、そこに1955年のメルセデスが観客席に飛び込み大惨事となったメモリアルがあると大橋が説明してくれた。人も車もない静けさが、逆にルマンの過去のドラマを浮き上がらせる効果があった。パドックはきれいでなく、路面も荒れていたが、ここが数々のドラマの舞台になったんだと、伝統のもつ迫力をひしひしと感じた。仕事は、クルマにステッカーをはったり、ホテルの部屋のわり振り、食事の用意など大橋にいわれることをやった。
　言葉もわからないのに、あれを探してこいとかピットに電話線をひっぱってこいとかいわれ、三浦は右往左往しながら忙しく働いた。やることはいくらでもあった。予選が終わるのは夜12時だが、それからあと片付けをしたり、日本へ連絡をとったりするので、ホテルに帰って寝るのは毎日午

91年夜のピット作業。

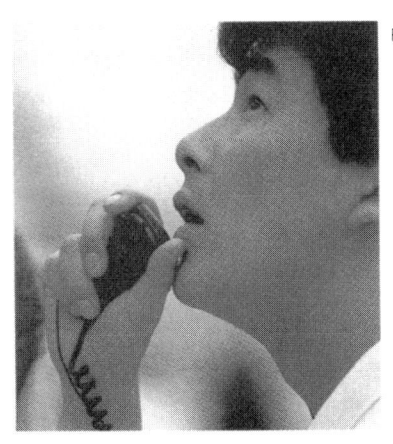

PR担当の三浦正人。

91年ルマンではカーマネージャーとして活躍した杉野芳彦。

前3時，4時である。それでも朝早く起きて仕事をしなくてはならない。決勝レースが始まるまでにクタクタになっていた。

レース中，24時間一睡もしない三浦は，レースが終わって身も心もボロボロという感じだった。常に携帯していた四角いバッグに腰かけたとたんに，気がゆるんで眠ってしまった。わずかの間であったが，気がつくと頭の中はまっ白だった。ルマンというのはとんでもなく疲れるものだ，と思った。これでやっていけるのだろうかと不安になったというが，それ以降毎年行き，87年からはPR担当となっている。

91年優勝車のカーマネージャーである杉野芳彦が，マツダスピードに入社したのは85年秋のことだ。一般車の整備を2年ほどやった後に，レースに参加したくて，富士スピードウエイのすぐそばのレースメンテナンスの会社である近藤ガレージに入った。メカニック4人ほどで，F2レースからGCレースや耐久ツーリングカーレースなどやっていたので忙しく働き，メカニックとしての腕を磨いた。一般車と違ってレーシングマシンは一品製品で，組み立てには精密さが要求される。ちょっとした組み付けのミスでもトラブルが出る。杉野は，こうしたシビアでしっかりと丁寧に仕事をするのが好きだった。

84年，京都にある童夢チームが自ら製作したマシンでルマンに出場することになり，近藤ガレージでメンテナンスを受けもつことになった。これが杉野のルマン初体験である。さすがにルマンはすごいレースだと思ったが，チームの体制はプライベートだったので，ポルシェなどワークスチームの体制とは段違いだった。予選でクラッシュして決勝レースには出られなかった。プライベートにしても体制をきちんとしてやるべきだと思った。ちょっと来てチャレンジするようなレースではないという印象だった。

杉野がマツダスピードに入らないかと田知本に誘われたのは，近藤ガレージをやめ，鉄工所に勤めていた時だった。近藤ガレージで2ローター・ターボエンジン車の開発テストをしていた関係でマツダスピードと知り合った。やはりレースの仕事をしたかったので85年に入社した。

86年にマツダスピードのメカニックとしてルマンに行った杉野は，童夢とあまりに体制が違うのに驚いた。食事やホテルなど，こんなゼイタクをしていいんだろうかと思うほどだった。87年は日本人ドライバーのマシンのチーフメカニックとなり，それ以降，マツダスピードでのマシン製作を中心的にやっている。チーフとなったので，自分流のつくり方でやれるようになり，杉野は納得のできるマシンに仕上げるよう惜しまず働いた。

89年のマシンは杉野の自信作である。設計はもちろんナイジェル・ストラウドであるが，日本側の設計も強化され，次第にマシンづくりがスムーズに行くようになった。86年ごろは，大雑把な図面をもとに現場でつじつまを合わせて製作していかなければならなかった。

89年用マシンは，どこが壊れてもすぐにパーツを素早く交換できる自信が杉野にはあった。マシン全体もシンプルになり，工作性も良くなった。それに，耐久レースなので部品の交換を考え，ボルトでとめるよりワンタッチではずれる金具でとめるところを多くした。このあたりは，ジャガーはよく考えられており，前から杉野は感心していたが，ようやくマツダもそのレベルに達した。マシンの総合性能としては，トップクラスでないのが杉野は不満だった。しかし，89年は壊れるところがないはずで，完走できると思っていた。そのとおり3台とも完走した。

日本側のマシン設計の中心となったのが菅野純博である。

学校を卒業してから輪転用印刷機の設計などをやって

デザイナーとして活躍する菅野純博。

"キヨ"の愛称で呼ばれる大川清隆。

いたが、友人がラリーをやっていて、それにかかわるようになり、クルマの整備に興味をもった。はじめは趣味でやっていたが、やがて菅野はラリーショップで働くことになった。ここでメカニックとしてやっている時に、イギリスRACラリーにサバンナRX7で日本人ラリードライバーが出場することになり、その関係でマツダオート東京と知り合った。その後、規制でラリー車の改造がむずかしくなり、菅野は先端技術の設計や製作を行う"東京R&D"に入った。日本の70年代の代表的レーシングカーのいくつかを設計した小野昌朗(73年シグマのルマン用マシンも彼の設計)がおり、レーシングカーの仕事もあるといわれたが、レーシングカーの設計業務にたずさわりたかった菅野の望みは、なかなかかなえられそうもなかった。そんな折りに、83年にマツダスピードを設立するのを機に好きなレースをやらないかと、誘われるままに入社した。

レーシングカーの設計業務があるのを知ったのはラリーショップにいる時だったが、工学部を出ているとはいえ経験も知識もなく、マツダスピードでメカニックをやりながら独学した。もともと論理的にものごとを考えていくのが好きで、ものをつくるのに必要な図面を少しずつ画いていった。日本のレース界は経験的に仕事を進めるのが一般的で、こうした図面を残すようなレーシングチームは案外少ない。菅野はその仕事をふやしていき、84年には自らサスペンション部品のひとつであるアップライトを設計し、85年ごろからは設計の仕事が中心となった。

86年からナイジェル・ストラウドの設計したシャシーでルマンにチャレンジすることになり、菅野がボディのデザインを担当した。ストラウドとは綿密な打ち合せをしたつもりだったが、ボディとシャシーの結合部分をどうするかなど、細かいことで問題が出た。サスペンションの結合部やギアボックスの取り付け、シャシーなど両方がオーバーラップする部分は結構ある。はじめのうちは、ギクシャクしたが、

ストラウドの考えがわかり、コミュニケーションが良くなるにつれ、スムーズにいくようになってきた。87年用マシンは前年のものをモディファイして、完走できた。菅野も少しずつ自信をもって設計業務にたずさわるようになってきていた。

菅野の経歴も異色だが、イギリスでレース経験をつんだ大川清隆は、さらに特殊な経歴をもっている。

27才までフリーターをしていた大川は、79年にレーシングメカニックを志してイギリスに渡った。60年代イタリアに行った伊藤義敦や、その後F1メカニックとなった中谷龍二、津川哲夫などにあこがれ、就職のあてもないままロンドンに着いた。

イギリスのオートスポーツ誌にのっている住所録をたよりにあちこち手紙を書いたり訪ねたりしたが、経験のない日本人を雇うところはなかなか見つからなかった。ようやく見つかった働き口は"アングリア・カーズ"というF3チームだった。このチームは日本人デザイナーを雇った経験のあるGRDというコンストラクターにいたニック・ジョーダンが主宰しており、彼が日本人の勤勉さを知っていたからであろう。それにニック・ジョーダン自身もスコットランドから出てきて苦労していたので、大川の心境がわかったらしい。彼の家に宿泊し、レースカーを運ぶトラックの掃除から始めた。2年くらいは雑用ばかりだったが、その間に英語もおぼえ、メカニックとして修業をつんだ。下っ端でこきつかわれたが、目標があったのでつらくなかったという。

F3やF2マシンのメカニックとなり、実力をつけていった。大川がマツダスピードの大橋とはじめて接触をもったのはリチャード・ロイド率いるキャノンポルシェ・チームでメカニックをやっている時だった。マツダスピードがヨーロッパの前線基地として契約していたのがアラン・ドッキングのチームで、これがキャノン・ポルシェと同じくシルバーストーンサーキットの敷地内にあった。いってみれば隣り組どおしである。

予選前のピットロードとガレージ。

　大橋は，メカニックとして修業を十分につみ，ヨーロッパのレース界の状況にくわしい大川にマツダのルマンチャレンジのスタッフとして加わってほしかった。ちょうど大川も30才をすぎ，方向を模索しているところだった。ナイジェル・ストラウド設計のマシンづくりという新しいプロジェクトがスタートしており，大川はそのコーディネーターとして打ってつけであった。

　当時の日本のレース界は，チーム監督，ドライバー，メカニックが中心で，エンジニアやコーディネーターの必要性が認識されていなかった。スーパーメカニックがマシンに関してはすべてとり仕切ることが多かった。マシンはイギリスから購入するので，日本人デザイナーが育つ余地もあまりない。もちろん，マツダスピードがそうしたレベルでレースをやるわけではない。本場イギリスのデザイナーにマシン設計を依頼し，ヨーロッパの優れた部品を使い，ヨーロッパのレーシングチームの良い点を取り入れようとしていた。大橋の申し出は大川にとってはちょうどよい機会だった。

　大川が入社したのは85年暮れだった。6年ぶりの日本である。こうして，菅野と相談しながら，ストラウドの設計に忠実なマシンに仕上げる努力をした。日本やイギリスでパーツの手配をしたり，ときにはメカニックとともに熔接をやったり，ストラウドとファックスのやりとりをしたり——。

　イギリスから図面がきても，設計者は日本にいるわけではないから，どうつくるかわからないことがある。そこで仕事が止まってしまっては困るのだ。それにレースの本場であるイギリスには日本にない部品がいろいろとある。ストラウドは当然のこととして，そうしたものを使うことを前提に設計する。航空機用の頭の小さいナットやボディをとめるカムロック（ファスナー）など，大川は日本では手に入りづらいパーツを，帰るときにたくさん運んできた。

　91年ルマンでは，大川は監督とチーフメカニックをつなぐ役目である監督のアシスタントとなった。レースエンジニアもかねており，監督が戦略を決めるための情報を伝えたり，逆にメカニックにマシンのセットの指示を出したりする。これまで日本にはないポジションである。

　こうした，マツダスピードのサムライたちと一緒に仕事をするために，前述したように90年2月に松浦が広島からやってきた——。

　マツダスピードの取締役技術部長となった松浦は，マツダチームの中では最も早くルマンのサルテサーキットの土を踏んでいた。1970年のことだ。シェブロンというスポーツカーに，ロータリーエンジンを積んで出場するイギリス人チームのサポートのためである。松浦はミッドシップレーシングカーにさわるのは初めてで，ロータリーエンジンを搭載するのに苦労しただけでなく，車検も手間ヒマがかかり，必ずしもルマンの印象はよくなかった。ストレートがばかみたいに長く，エンジンはベンチでの性能が出ていないようだった。シェブロンは4時間ほどでリタイア。2度とルマンに来たくないと思ったという。

　松浦のレースキャリアはルマンより3倍半も長いニュルブルクリンクのマラソン・デ・ラ・ルートで始められているせいか，ルマン24時間がスケールの大きいレースには思えなかったという。

　次に松浦がルマンに来るのは82年のこと，オート東京のチャレンジのサポートであったが，マツダ本社がルマンに肩入れするにつれて，松浦のルマンとの関わりは深くなってきたわけだ。

7. ロータリー独特の問題とマシン設計

マツダの総意を結集し，パワーアップされた4ローターR126B型ロータリーエンジンができ上がり，それを積むマシンの製作が始まった。前年までの基本的設計を生かし，それを大幅に改造することになっている。

パワーアップに伴うシャシー剛性の向上が図られた。従来はメインモノコックがアルミハニカムだったものを，カーボン・ファイバー・コンポジットに変えられた。そして，重量バランスやエンジンまわりのレイアウトの関係で，ラジエターがサイドからフロントに移されたのが大きな変更である。そのほか細かい改良点はたくさんあるが，勝つための体制づくりと大幅なマシンの仕様変更により，マシンの製作開始は例年より1か月半ほど遅れていた。

このマツダ787と呼ばれる90年用レーシングカーの設計は，イギリス人のナイジェル・ストラウドによって行われたのは前述したとおりである。彼の設計で最初につくられた86年用マツダ757からその設計基本はずっと引きつがれている。日本ではあまり知られていない，このナイジェル・ストラウドというデザイナーは，どんな人なのだろうか。

マツダチームは，83年からレーシングカーであるグループCジュニアでルマンを戦うようになったが，大橋はもっとポテンシャルのあるマシンでチャレンジしたかった。そのために，ヨーロッパのデザイナーにマシンの設計をたのむつもりになっていた。誰に依頼するのが最も良いか，2年間にわたって調べ，考え，ナイジェル・ストラウドを選んだのである。

レーシングカーの分野で歴史のあるイギリスは，マシンをつくるにしても分業化が進んでいる。いろいろな部品が手に入りやすいだけでなく，熔接や旋盤などの仕事も専門家がいて，すぐれた仕事をする。それぞれの分野が独立して成り立っているのだ。その中にあって，レーシングカーのデザイナーはマシンの基本性能を決める大切な役割を受け持ち，大きな権限をもって仕事をするのがふつうである。そのかわり，レースで良い成績を得られるようなマシンにする責任を負わなくてはならない。

権限と責任があるということは，それだけ才能を要求される仕事だ。優秀なデザイナーは主張が強く，わがままな人が多い。自分のペースで自分の思ったとおりにことを運ぼうとしがちである。

大橋が求めているデザイナーは，優秀であっても，こちらのペースでことが進められる人でなくてはならない。設計してもらっても，マシンの製作は日本でやるつもりだったし，パワーユニットはコンベンショナルなレシプロエンジンではなく，他に例のないロータリーエンジンである。

そんな関係で，はじめは大橋のメモには15人ほどのデザイナーのリストが記されていたが，多くの名前が交渉する前から消されていった。たとえば，マクラーレンやフェラーリを設計したキャリアをもつジョン・バーナードは，当代

N.ストラウド設計の86年用マツダ757。

一流のデザイナーである。しかし，天下のフェラーリを相手にしてもイギリスをはなれずに，自分の主張が入れられないとすぐにやめてしまう。それでは困るのだ。第一，マツダスピードの限られた予算の中では，名の売れたトップクラスのデザイナーにはたのみにくい事情もあった。

ルマン24時間レースに連続して出場することを前提にすれば，自分の設計思想をしっかりもっていることが大切である。毎年大幅な設計変更を加えずに，マシンを熟成することに時間をかけ，トラブルの発生する確率を小さくしたい――。

次々と新しいアイディアを盛り込んで，前年と異なるマシンを設計するようなデザイナーでは，チームの方が振りまわされるだけで，耐久レースには向いていない。たとえば奇才といわれ技術的には興味あるマシンを次々にデザインしたゴードン・マーレイでは，たとえ契約金で折り合ってもマツダスピードの要求にかなうデザイナーではない。要するに冒険するような人でないことが望ましい。

マツダスピードの要求することを理解し，どうしたら全体としてポテンシャルを上げることができるか一緒に考えてくれるような人がよい。名の知れたデザイナーの中で，そうした大橋の狙いにかないそうなのは，フランス人のジェラール・ドュカルージュくらいだった。ロータスチームでF1マシンのデザインをやり，ルノーF1やスポーツカーの設計をしている。経歴としては申し分ない。しかし，実際は交渉しなかったので，ドュカルージュがマツダのルマンチャレンジに興味を示したかどうかは不明だ。

大橋の狙いに合ったデザイナーとして絞られたのが，いうまでもなくナイジェル・ストラウドである。大橋は直接本人とコンタクトをとった。

もともとストラウドはマーチチームのレーシングメカニックとして出発し，デザイナーとして独立した経歴のもち主だ。70年代に活躍したヘスケスF1チームではチーフメカニックから，やがてエンジニアとなっている。さらに80年代のはじめロータスチームに2年在籍した後，フリーのデザイナーとなっている。

独立してからの代表的な仕事としてはルマン用のキャノン・ポルシェのモディファイをしている。ポルシェはワークスでレーシング活動をすると同時に，マシンをプライベートチームにも売っている。購入したチームでは，少しでも速くしようと工夫をこらす。コンストラクターの少ないドイツでは，エンジンの性能にばかり目がいき，シャシーがウイークポイントである。現にポルシェ956・962シリーズでもそのモ

86年からマツダのマシンを設計しているナイジェル・ストラウド。

ノコックの剛性があまり高くない。イギリスのレース界ではF1マシンの情報が豊富だ。そこで，キャノン・ポルシェではストラウドに，ポルシェのシャシーデザインを依頼し，アルミハニカムのシャシーをつくったのである。もちろん，空力に関して配慮され，ダウンフォースを得られるマシンで，それに見合うサスペンションとなる。このほかにもストラウドはインディカーやIMSAのスポーツカー，レース用部品などのデザインをしている。

ストラウドは自分の名前が売れることよりも，自分が考えたとおりのものをつくっていくのが好きなタイプで，何よりも納得できる仕事をしたいと思っており，デザイナーとしては純粋さをもつ珍しい人物であった。

議論好きで，大橋がマツダの考えを述べると，ストラウドは次々と質問してくる。大橋が，ロータリーエンジンの特徴を説明すると，大いに興味を示した。もともと革新的技術に関心の強いストラウドは，ロータリーエンジンのもつレース用としての，現在のハンディキャップに不満をもつどころか，その方がチャレンジしがいのあるという態度だった。ようやく3ローターエンジンを積むことになったが，4ローターの開発が行われている。将来はこれを積む計画だ。したがって，いまは450psしかないが，将来は700psのパワーになることが想定されるので，それに耐えられるマシンを最初から設計してほしいと大橋は考えていた。

苦労してメカニックから上がってきたストラウドは，少ない予算でやりくりしながらレースに挑むチームを敬遠するようなタイプではなかった。むしろ，そうした障害をどう乗り越えるか話し合い，解決策をみつけ，具体的に手をうっていくことが彼のスタイルであった。

ときには，あれもいいがこれもいいと，それぞれの利点や欠点をいろいろ並べ，はてしなく議論するような態度に，大橋はつき合い切れない気持ちになることもないではな

88年タイプのマツダ767(イラスト・寿福隆志)。

ったが、ストラウドをデザイナーとして選んだことが正しかったと現在でも思っている。"最高に満足している"ということだ。

こうした、日本ではあまり知られていない才能を見つけ出し、自陣にひき入れることに成功した大橋の眼力は高く評価されるだろう。

現にキャノン・ポルシェでメカニックとして働いていた大川清隆は、マツダスピードに入社してから、ストラウドをデザイナーとして選んだと聞いて喜んだ。キャノン・ポルシェのメカニックをしていた大川は、もちろんストラウドとは面識があり、その人柄をよく知っており、デザイナーとして大いに期待していた。

そのストラウドが設計したマシンは、86年から使われているが、91年までは基本部分は変わっていない。6年間たっても古めかしくならないのは大変なことである。レーシングカーはどうあるべきか、自分の考えを明確にもっていると同時に、奇をてらったところが全くなく、基本に忠実につくられているからだ。

*

レシプロエンジンと異なり、レーシングカーに搭載するにあたって、ロータリーエンジンには独特の問題がいくつかある。マシンを設計するにあたって、これをきちんと理解した上でポテンシャルのあるものにしなくてはならない。それについてここで考えてみよう。

まず、絶対馬力の不足がある。100年以上の歴史をもつレシプロエンジンに対して、マツダの一部門でしか開発・研究が行われていないという技術開発のハンディキャップがある。市販スポーツカー用には十分な性能であっても、レース用となると、ロータリーエンジンのパワーはもの足りないものである。3ローターから4ローターにすることによって、90年にはようやく700psが達成されたが、それにしてもトップクラスのターボエンジンカーに比較すると100ps以上のハンディキャップである。

レシプロエンジンでは、レーシングエンジンを設計するに当たって、気筒数やその配列、ボア・ストロークに関しては自由に検討することから始まる。しかし、マツダのロータリーエンジンの場合は、現状ではその自由度があまりないといってよい。ローターの大きさは設備の関係で変更することができないからだ。つまり、パワーを生み出す根本である燃焼室の形状をあれこれ変えることがむずかしいのである。そのためにプラグを2本から3本にするなど苦心しているわけだが、これは大きな制約である。あるいはローターをもうひとまわり小さくして、エンジン回転を上げることが有効かもしれない。しかし、現状ではそうしたトライはむずかしい。言葉をかえていえば、量産用につくられたエンジンの基本構造を変えずに、レース用にチューニングす

62

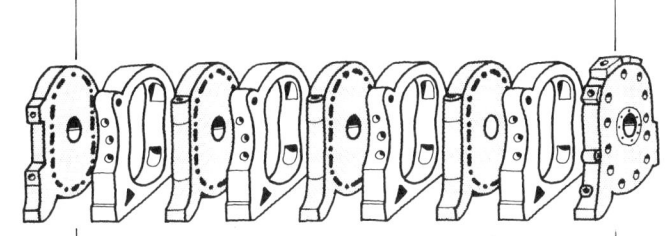

ロータリーエンジンはストレスメンバーとして使うことがむずかしい。

る以外にいまのところ手はないのである。したがって、4ローターで700psまで発生させているのは、技術的にすごいレベルのことをしているといってよいのではなかろうか。

次に大きな問題は、エンジンがシャシーのストレスメンバーとして使えないことである。1968年に登場したコスワースDFVエンジンから、エンジン部分のシャシーを省略することによって軽量化を図るのが、レーシングカーの常識になっている。しかし、ローターハウジングとサイドハウジングなど、乱暴なたとえだが、食パンを何枚も合わせたような形状となるロータリーエンジンは、ひねられる力には弱い構造である。ねじり剛性が弱く、ストレスがかかるとオイル漏れを生じるだけでなく、場合によっては根本的トラブルが発生しかねない。やさしく丁寧に扱ってやらなくてはならない。つまり、シャシーにしっかりと固定しなくてはならず、シャシーのレイアウト上不利になる。

エンジンの発生する熱の問題も大きい。レシプロに比較すると放熱量が大きく冷却がきびしい。そのためラジエターやオイルクーラーなどを大きくしなくてはならない。重くなるだけでなく、その搭載スペースも考えなくてはならないサイドに積まれたオイルクーラーの大きさをレシプロ車と比較してみれば、一目瞭然である。

これは同時にエンジンまわりの熱対策がきびしいことを意味する。リアボディまわりには、サスペンションやドライブシャフトなどがところ狭しと配置されるが、それをうまく処理してアンダーカウルに空気の通るトンネルをつくって、ダウンフォースを発生させるようにしなくてはならない。

ここらあたりをどうレイアウトするかが設計の重要なカギとなる。ロータリーエンジンはその構造上、エンジン上方から空気を吸入し、下方から排気する。V型エンジンなら吸排気とも同じように比較的高いところにある。しかもロータリーエンジンは右側から吸入して右側へ出る。レシプロでいえばクロスフローでなく、ターンフローと同じになる。この

排気管の熱をどう逃がすかも大きな問題である。熱がこもると、さまざまな悪さをするのはご存じのとおりである。

こうしたことをよく理解した上で、ナイジェル・ストラウドはマシンの設計を始めた。理にかなったそのデザイン手法は、ヨーロッパのレース界では高く評価されている。モノコックはアルミのハニカムでつくられるが、カーボンファイバーが部分的に使われ、その部分が少しずつふえていき、90年にはメインモノコックがカーボンファイバー製になった。つまり、最初からカーボンを使うことを想定してデザインされていたのである。

肝心のエンジンは、マウント金具でメインモノコックと結ばれるが、デファレンシャル部から前方へサブフレームを取り付け、エンジンにストレスがかからないようにデザインされた。初めのうちは、それでもエンジンのねじりが生じた。マツダ本社の方からは、"できればラバーマウントしてほしい"という要求まで出た。デザイナーにしてみれば"我々は乗用車をつくっているのではない"といいたかっただろうが、このサブフレームは次第に強化されていった。特に3ローター・ロータリーエンジンでは全長も短いのでまだよかったが、4ローターとなると大きな問題となる。サイドハウジングの厚さを小さくして、エンジン全長を短くする努力がなされたものの、それまで以上にエンジンをしっかりガードする必要があった。

エンジン上部にエンジンをガードするシアプレートが設けられた。

フロントのダンパーユニットは上下のアームでフローティングされている。

リアのダンパーユニットとスタビライザー。

そこで思いついたのがシアプレートの採用である。エンジンの剛性を保つためには、オイルパンや前後のカバーを強くすることが有効である。これと同じ考えに立って、エンジン上部にプレートを付けようという発想である。リアカウルをあけても、マツダのマシンの場合は、エンジン本体は脇からわずかに見える程度になっている。また、プレートの上には太いサブフレームのパイプが何本も走っていて、エンジンを守っているのがわかる。

ストラウドの設計したマツダのマシンのモノコックの構造は、きわめてシンプルなものとなっており、アルミハニカムを使っていた頃から、要所要所はいい材料が用いられている。このやり方は、工作性が良く、図面を日本へ送って、日本で製作するという方式をとることまで配慮されているといってよい。このあたりの気の使い方は、さすが苦労人のデザイナーの面目躍如である。

サスペンションは、レーシングカーとしてのダウンフォース獲得を考えたレイアウトになっている。特にフロントのダンパーユニットはシャシーとは結ばれておらず、フルフローティングタイプのプルロッド方式となっている。一般には、アームからの入力を受けるダンパーユニットは、もう一方がシャシーのブラケットと固定されるが、これは上下のアームでフローティングされている。走行中にダウンフォースが働いて、マシンがしずんでからの動きが安定することが狙いである。レーシングバイクではよく見られるプログレッシブレートのスプリングになっている。このタイプのフロントサスペンションはグループCカーとしては初めてのものであるといってよい。リアはロッキングアーム式のインボードタイプである。

もうひとつの大きな特徴はトレッドが小さいことである。空気抵抗を徹底して小さくするために全幅をおさえている。

前方に立って、他のグループCカーと見比べてみるとマツダ車は驚くほどコンパクトである。常用域でのパワー／トルクがターボエンジンのマシンより小さいのをカバーするために前面投影面積を小さくして空気抵抗の減少をめざす以外にない。ルマンのように直線路が長いコースでは、これはきわめて重要なことである。しかも、これは、燃費を良くすることにも貢献する。

しかし、トレッドを狭くするとコーナーでの踏んばりがきかない。つまり、操縦性が悪くなるわけだ。それをサスペンションの機能を最大限に発揮させ、ダウンフォースを得ることでカバーする。効率を優先させて、全体のバランスをうまくとることによって、ポテンシャルを上げようとする狙いである。

大橋を中心とするマツダスピードの考えに合わせた合理的な設計である。

この思想を生かすためには、ボディ形状がきわめて重要である。空気抵抗の小さい形状にするとともにダウンフォースを大きくする努力をしなくてはならない。しかし、あちらを立てればこちらが立たずで、きわめてむずかしい。これは風洞テストを行って仕様をきめていく必要がある。データをつみ重ねて毎年少しずつ良くしていく。たとえば、リアのウイングの位置は年々低くなってきている。高い方が空気抵抗が大きいのはいうまでもないが、だからといって低くしたのでは、リアタイヤの駆動力が小さくなって速く走ることができないばかりか、安定性も悪くなる。そうならない努力が実らないかぎり、低くすることはできないのである。

こうして、ナイジェル・ストラウドの設計したマシンは年々モディファイされていった。

90年用のマツダ787の設計コンセプトは、"ロータリーエンジンの宿命を認識し、希望的観測なしに設計する"と

89年タイプのマツダ767Bはサイドラジエター(写真左89年、右が90年型マシン)。

いうことであった。従来からの方針に変わりはないが、細部にわたってトラブルが出ないものにしようというわけだ。

前述したようにカーボンファイバーのモノコックにすることとフロントラジエターにすることの改造のほかに、ロータリー特有の膨大な放熱量に対処するためにダクトのレイアウトが見直された。うまく空気をとり入れ、熱のある部分を冷却して、暖まった空気をスムーズに逃がす方法を見つけることである。これは常に大きな課題であるが、サイドにあったラジエターを前へもっていったので、ボディサイドのレイアウトを効率よくする必要がある。

具体的には、左サイドには大量オイルクーラーが2分割されておさまり、右サイド上部には吸入ダクトを取り付け、下部には排気管とつながるサイレンサーが配置されることになった。排気音量を小さくするために、サイレンサーは大型のものとならざるを得ず、これが高温となるからそのための冷却ダクトを設けなくてはならない。このあたりもロータリーエンジンならではの苦労である。

さらに、エンジン出力を上げたことによって、燃費の心配は小さくなっていなかった。リミットに近いエンジン回転で走る時間が長いと、制限量で24時間走ることはむずかしい。車両サイドでできる省燃費対策が必要であった。

やれることは軽量化とCD値の低減である。アルミハニカムをカーボンモノコックにすることによって、かなり軽量化されるが、エンジンマネージメントシステムが複雑にな

フロントラジエターになった90年用787。

90年用787のフロントとリアのアッパーカウル。

り,エンジンを守るためのシャシーの剛性確保のためふえる部分もある。しかし,性能を落とさずに細部にわたって軽量化の努力がなされたのはいうまでもない。

90年はCD値を下げることが重要となり,ダウンフォースの獲得よりこれを優先することにならざるを得なかった。ドライビングでいうと,コーナリング性能をある程度犠牲にし,ストレートを重視するセッティングの方向に振ったことになる。

こうした設計の煮詰めが行われている時点では,90年ルマンのコースにシケインが設置されるかどうかはまだ不明だった。燃費の問題を無視するわけにはいかないマツダ陣営では,ユノディエールの長いストレートはそのまま存在する方に賭けたのである。

しかし,ご存じのようにこれはウラ目に出た。

　　　　　　　　　＊

杉野たちが,90年ルマンに向けて,"787"の製作を開始したのは2月半ばのことだった。例年1月のはじめにはモノコックがイギリスから届いたことを考えると,かなり遅れている。基本思想は変わらないとはいえ,大幅な変更がなされたために設計に時間がかかったからでもある。それに,ストラウドにマツダ側の状況を知らせ,準備するまでにも時間を費やしていた。

杉野はF1で使われているカーボンファイバーのモノコックの到着を楽しみにしていた。軽くて剛性があるという,いいことずくめの材料である。マシンがクラッシュしてもドライバーを守ってくれるものだ。

しかし,待ちかねたカーボンモノコックが到着し,よく見て杉野はがっかりした。急いでつくったせいか,精度が悪く,あちこちが波打っていた。それまでのアルミハニカムの形状とムリやり同じにものにしたためかもしれない。ブラケットが付くところは削ったりして平らにしないと取り付ける作業にかかるわけにはいかない。アルミならボルトでとめればすぐだが,カーボンではそうはいかない。この修正に10日ほど費やしてしまった。そうでなくとも日程はどんどん苦しくなってきている。各部のレイアウトも大きく変わっているので,作業には例年より手間どる。寝る時間を短くして製作するよりほかなかった。でき上がったのは,4月になってからのことだった。

4月8日には鈴鹿でSWC第1戦がある。これには前年のマシンで出場することになるが,その準備をして,レースに参加しなくてはならない。杉野たちは,殺人的スケジュールをこなさざるを得なかった。

90年用マシンの最初のテストが,4月下旬にポルトガルのエストリルサーキットで行われた。これは昼間8時間ずつ3日にわけて走ることによって,ルマンと同じ24時間の距離をかせぎ,そこで浮かび上がった問題をルマンまでに解決することにしたのである。

細かいことでは,処理しなくてはならないことがたくさんあったが,根本的なトラブルが出なかった。何とか24時間走れ切れたので,とりあえずは安堵した。

この90年用"787"は,5月5日に行われる富士1000キロレースに,テストをかねて出場する予定であった。しかし,雨で中止されてしまったのだ。静岡県小山町にあるこのサーキットは,山の気まぐれな天気で,雨と霧のためレースができるような状態でなくなることがよくある。この中止は痛かった。1000km走って,トラブルが出ればその対策をし,ルマンに向けてのセッティングの方向を見つけることができるはずだったのだ――。

レースへの参加やテスト走行など,ルマンを前にした走り込みが足りなかった。実際のレースと同じ状況で耐久力を確かめなくては,マシンの完成度をチェックすることはできない。新しいアイデアが盛りこまれているだけに,トラブルの確率は間違いなく大きくなっているはずだ。

ラジエターをフロントにもってきたために,その熱がコクピットにまで伝わり,ドライバーの快適性は著しく悪くなった。キャビンのベンチレーションについても気をつかうべきだったが,そんな余裕はなかった。その前にやることがたくさんあった。ガマンしてもらうより仕方ない。次の年への課題として残すしかない。

人間は熱ければクレームをつける。しかし,マシン各部のパーツたちは,どんなに熱くなっても何もいわない。ただ壊れるだけである。口をきいてくれたらどんなに助かることだろう――。

8. 90年ルマンの　リタイアとその反省

　90年ルマン24時間はSWCシリーズからはずされ、コースにシケインが設置されて行われた。このルマンには、これまでにないほど多くの日本人がサーキット内を闊歩していた。トヨタとニッサンが力を入れて挑み、マツダを含めて、日本車の出走は全部で11台と過去最高を記録した。メルセデスの欠場で優勝争いは日本車対ジャガーという構図となった。

　トヨタは7回目、ニッサンは5回目のルマン連続チャレンジで、ようやく両ワークスチームともトップ争いをする実力をみせていた。特にニッサンの速さは目をみはるものだった。3.5ℓV8ターボエンジンは完成の域に達し、日本車初の優勝を我がものにしようとはりきっていた。

　予選でもニッサンはポールポジションを獲得して、本命とみられるジャガーをおさえた。3、4、5位もニッサン車が占めた。これにひきかえ、マツダはガショー、ハーバート、バイドラーという速さは第一級のドライバーを揃えて意欲のあるところを見せたものの、予選のタイムもトップのニッサン車には16秒ほど遅れていた。達富や大橋のこの1年間の意気込みとそのポテンシャルアップの努力を知らない人には、マツダ・ロータリーはやはり完走ねらいだと思われた。

　大橋は、新たにガショーとハーバートを選び契約した。しかし、ガショーとヨハンソンとはふだんから仲がよくなく、ほとんど口をきかないことを心配していた。チームワークに影響はないだろうか――。

　しかし、イクスは全く心配ないという。レースではあくまでも速く着実に走ることがドライバー選択の基準である。逆にその方がお互いに意識して相手よりいいところを見せようとするだろうという。

　松浦はテクニカルマネージャーとして、マツダスピードに出向してから初のルマンである。だからといって特にい

つもと変わることはなかったが、熱害によるハブベアリングのトラブルや、原因のよくつかめない突発的なオーバーヒート、燃料のパーコレーションなど心配をたくさんかかえており、その対策でルマンにやってきても頭が痛かった。根本的な対策をとることができないから、どうしても応急手当しかできない。トラブルが再発する可能性は決して小さくなかった。

　案のじょう、マツダ車はいいところがなかった。外人ドライバーたちに託した2台の787マシンは、ともに4時間も走らないうちにトラブルでリタイアした。1台は燃料ポンプ用のワイヤーハーネスが焼けてしまうという、いってみればつまらないトラブルだった。実戦的テストをもっと行っていれば、その時点で出たはずのトラブルであるといえるだろう。1年間の苦心が、こんなことでも水泡に帰してしまうのである。

　もう一台の方は、エンジンそのもののトラブルという決定的なものだった。これはローターハウジングのトロコイド面へのセラミック溶射が剥離したことが原因だった。これは50回のベンチテストで1度起こっただけで、まず問題はないと思われていたのである。歩どまり2％であるが、それでもレースではトラブルとなって現われることがあるのだ。

ナロートレッドのコンパクトなマツダ787。

速さをみせたニッサンR90CK。

貫禄をみせたジャガーXJR12。

3台出場したトヨタ90CV。

　これにひきかえ、ニッサン車はレースでも一時トップを走る快走をみせつけた。ジャガーより速いラップタイムをマークし、優勝争いの主役を演じた。ただし、採用したカーボンブレーキの摩耗が激しく、偏摩耗によるブレーキの効きが悪くなったりするトラブルまでかかえ、しばしばカーボンのディスクやパッドをピットで交換する作業をくり返し、大きなタイムロスとなった。

　結局はトップを走ったニッサン車がリタイアし、耐久レースの戦い方を知っているトム・ウォーキンショー率いるジャガーが88年についで2度目の優勝を飾った。しかし、ニッサン車は1台が5位に入賞、それまでのマツダがもっていたルマン7位という日本車の最高成績をぬりかえた。トヨタ車も6位に入った。マツダ車の中では、前年のマシン767Bがトラブルをかかえながらも完走して20位に入った。もちろん、これで喜べるはずはない。

　惨敗といってよい結果だった。

　多くの人たちが、悔しい思いをした。その中で大橋はわりとサバサバした心境だった。"完走して5位"になるという従来のやり方をとらないと決めた以上、こうした結果になる予想はついた。むしろ、やるだけのことをやったから、次につなげることを考えるだけだった。ストラウドのデザインしたマシンがデビューした86年もそうだった。3ローターとなり、マシンの性能向上が著しかったから、トラブルが出

てもそれなりの達成感があり、スッキリした気分だったという。マツダのポテンシャルが間違いなく上がったことは、他のチームの人たちやジャーナリストが気がつかなくても、自ら確認できたことで大橋は納得していた。

　しかし、マツダチームでは、ロータリー最後のルマンに賭けてレースに臨んだだけに、落胆ムードが支配的だった。ただし、このチャレンジの仕掛け人ともいうべき達富は、大橋に近い感想をいだいていた。反省するとすれば、本当に会社全体が一丸となってエネルギーを結集できず、ロジカルな方法でマシンを仕上げることができなかったことだった。この結果に達富は、決して悲観していなかった。

　レース終了後のチームの打ち上げパーティーでは、ドライバー連中には"よくやってくれた、この次はもっといいクルマをつくるからよろしく頼む"と元気よくいったものだった。

＊

　ルマンが終わって、大橋はイクスと2人でイタリアのミラノ郊外のコモ湖のほとりで、2日にわたって話をする機会をもった。別にマツダのレースの反省と翌年の展望についてディスカッションするわけではない。イクスが自分が戦ってきたレースのことをあれこれ話す。たとえば、ルマン24時間レースでは、チームやドライバーの好みで、1スティントでドライバー交換が行われることがあったり、2スティン

ユノディエールの直線につくられたシケイン。

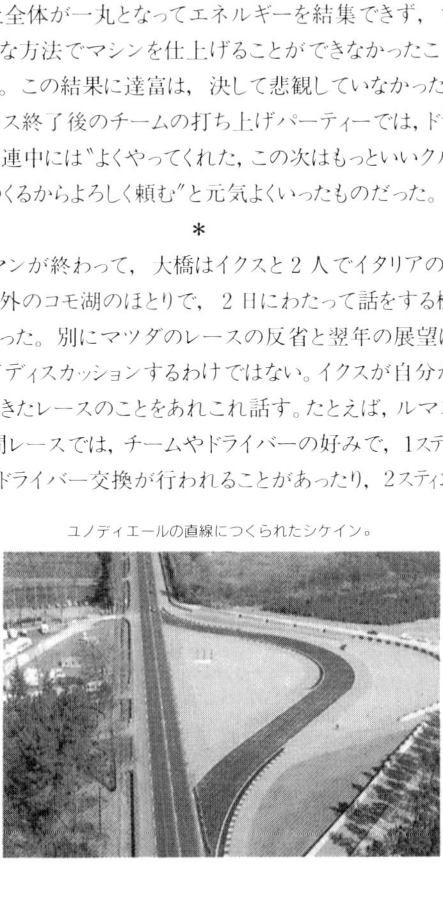

68

90年ルマンにマツダは意欲をもって臨んだ——。

エンジントラブルでリタイアしたマツダ787・201号車。

マツダ767B・203号車のみ完走を果たす。

ワイヤーハーネスのトラブルでリタイアしたマツダ787・202号車。

トだったりする。イクスは1スティントの時はどうか，2スティントの時はどういう心境だったか話す。一度4スティント続けて走ったことがあるが，この時はクルマから降りたら，しばらくは植物人間のような状態になったという。

イクスは，大橋に向かって，"こうすべきだ"といういい方はしない。意見をきかれれば，自分はこう思うとか，こんなことが考えられるとかいう。あくまでもアドバイザーに徹している。それでいて，ハーバートが予選走行で乱暴な走りをしたりすると，きちんと注意する。

走ること，そしてレースが好きなのであろう。時間はとぶが，91年SWC最終戦の九州オートポリスに行った時のことだ。サーキットからの帰り道，熊本の山道を走りながら，イクスが大橋に，この道はミレミリアみたいだ，ここはタルガフローリオだなと，楽しそうに話す。日本とイタリアには似たような地形のところがあるのだろう。ホテルが近くなるのに気づいたイクスは，もう少し道をさがしてみようと，ホテルと反対の山道の方へクルマを進めていったりする。

イクスと話しながら大橋は，レースの監督はどうあるべきか，どうドライバーやチームメンバーに接するべきかを自然に考えていたのだろう。そして，きたるべき91年のルマンをどうするかを——。

正式にターボやロータリーなど一般のNAレシプロエンジンでないエンジンのマシンが91年も走れるようになる決定がなされるのは，90年の終わりちかくであるが，混走で走れる見通しは確実なものとなっていた。3.5ℓF1と同じ規定のエンジンを積んだマシンをルマン用に開発するところはない。となれば，マツダのライバルとなるのはジャガー，メルセデス，ニッサンあたりということになるだろう。

"勝つための体制"をつくろうとしたが，90年はその途中でレースになだれ込まざるを得なかった。だから，もう一度チャレンジしたい気持ちの人がほとんどだった。

達富は90年7月に商品本部の本部長から購買本部長に転出したが，彼の意を体して主査の小早川が行動を起こすことになった。90年2月からモータースポーツ主査として活動を始めたものの，マツダ本社の主要な内容はパワートレーン関係で，小早川はどちらかというとそれを見守り，相談にのる程度だった。しかし，90年ルマンが終わって，これまで以上にしっかりした体制で臨む必要性を感じていた。具体的には，エンジンだけでなく総合的にマツダ本社の技術をルマン用マシンの完成に向けて，フルに活用すべきだと考えた。

90年7月に広島で反省会が開かれた。その席上で出された方向は，全体のマネージメントを確立すること，レースのマスタープランをきっちりつくること，マツダ本社とマ

69

反省点の多かった90年のルマン。

ツダスピードのコミュニケーションをさらに良くすること，などだった。

実際に小早川が，もう1年ルマンのための開発支援体制を組んでやりたいと経営会議に提案し，それが認められたのは9月になってからのことである。その上で，パワートレーンだけでなく，シャシー設計部を含めたタスクフォースチームの活動がスタートする。

90年9月といえば，ロータリーエンジンのスポーツカーであるRX7の試作車による走行テストが佳境に入っている時であった。

レースにどうとり組み体制を整えるかを決定する機関として，マネージメント会議がもたれることになった。これは月1回のペースで，マシンの開発やテストの進捗状況を確認し，ルマンへ向けての戦い方を決める，マツダチームの意志決定機関である。いってみれば，マツダ本社とマツダスピードが一体となって進めるために集団指導制をとろうというものである。欧米のレースチームは，たとえワークス活動であっても，責任をもたされた個人が決定することがふつうだが，このあたりは日本的な組織論にもとづくやり方なのであろう。

構成メンバーはマツダ本社から主査の小早川隆治，国内宣伝部長の岡野宏治，それにマツダスピード社長の森丘幸広，それに大橋と松浦の3人，それにマツダのエースドライバーとして長年にわたって活躍し90年に現役を引退した片山義美がテクニカルアドバイザーとして加わり，それに小早川の下でモータースポーツ課長の本井伝で構成される。

小早川は，ルマン用マシンの開発も，量産のRX7のそれと同じようにコンセプトを明確にし，それぞれの開発部隊のベクトルがうまく合うように，チームとして効率よく作用

するようにしたかった。そのために，まず〝勝つためのシナリオづくり〟を行うことにした。それを作成したのが本井伝である。

具体的には，24時間で何周するのかの目標値を設定したことだ。それが決まればピットインする時間の合計を想定することによって，レース中の平均ラップタイムを計算することができる。そのタイムを24時間にわたってキープするために，マシンはどうしなくてはならないか，燃費はどうあるべきかなど，細部にわたって追求することになる。

この目標値は，前年の優勝チームの周回数や過去のデータをもとに検討した結果，〝365周〟とはじき出された。90年ジャガーより6周，距離にして80キロほど余分に走ることになり，同じ距離とすれば約20分速いペースで走ることになる。これはライバルとなるジャガーやメルセデスが通常の性能向上レベルであると想定した場合で，実際にはどの程度ポテンシャルを上げてくるかは不明である。それを意識して高望みするわけにはいかず，あくまでもマツダチームとして到達可能な目標でなくてはならない。それでも他チームが飛躍的に性能を上げてくれば，脱帽することにしようと決めたのだった。

そのために何をしなくてはならないか。

マシンの性能に関しては，大きく2点にわけて向上を図ることになった。

そのひとつはコーナリング性能の向上である。90年は空気抵抗を減少させ，ストレート重視だったが，シケインが設置されてダウンフォースの不足が強調され，コーナーでのスピードがあまり速くならなかった。ラップタイムの向上には，コーナリング重視のセットにする必要がある。そのためにはシャシーの剛性アップ，カーボンブレーキの採用，空力ボディの追求，エンジンの中低速トルクアップなどが重点項目としてあげられた。

もうひとつは信頼性・耐久性の向上である。ロータリーエンジンに関しては，これ以上のパワーアップによる負担をかけるより，熟成させて信頼性の向上を図る方が得策である。同時に燃費向上のためにもエンジンマネージメントをさらに煮詰めていくことにする。また，90年のSWCやJSPCレース出場によりトラブルを洗い出し，その対策を積極的にとる。これらのレースの成績そのものは二の次でいいことも確認された。

シャシーに関しても，マツダ本社の量産車のための解析技術をフルに活用し，トラブルの出ないようなマシンづくりをすることになった。

70

実際には，マシンの各部の改善項目が細かに列挙され，そのすべてにわたって実行していくことになる。

以上のマシン性能向上を支援するシステムとして，サーキットシミュレーションの充実と，テレメーターシステムの精度アップが図られることになった。90年にも使われたが，信頼性向上のためには，もっと積極的に使用すべきであるということになったが，これもマツダ本社の車両開発部隊と横浜研究所の積極的協力が不可欠であった。

もちろん，シャシー／ボディに関しては，90年用の787を新しくデザインすることではなく，そこで現われた問題点を検討し，その改良を図り，レース前に十分なテストができる時間的余裕があるようなスケジュールで進行する計画を立てた。

何がよくないかがわかれば，どうしたらよいかは明瞭となり，計画も立てやすい。

小早川・本井伝を中心とするマツダ本社のとり組みとマツダスピードの大橋・松浦のマシン開発への姿勢に大筋で食い違いがなかった。

*

91年ロータリーエンジンのモータースポーツ担当グループのチーフが栗尾から若い船本準一にかわった。そこで，ロータリーエンジン設計ひと筋にやってきたパワートレーン設計の田所朝雄次長がバックアップすることになった。田所はロータリーエンジン開発初期の"悪魔の爪跡"といわれたアペックスシール対策や排気対策，さらには6PI，ターボ，スーパーインジェクションなどロータリーの新技術の開発に中心的にかかわった技術者である。

量産用エンジンと同じように，ロータリーの信頼性向上をめざして，設計時点から商品をつくり込む思想で図面をかき，部品をつくることにした。特に新しい技術を用いたところは，図面の意図が製作行程でしっかりと守られているかチェックする。それでもベンチテストをすればトラブルがでるかもしれないのだ。90年ルマンで発生したローターハウジングのセラミック溶射の剝離に関しても，テスト結果では問題ないとされていたのだが，本番ではだめだった。溶射にムラがあったのかもしれない。そこで溶射の仕方を変えたらどんな特性になるか調べる。さらに前年で不具合が出たところで，新たに仕様を変えたところを重点的にチェックする。不確定要素のある部分を徹底的につぶしていく必要があった。

また，ローターハウジングそのものに鋳造による巣が発生するものがある。鋳巣のない完全な部品を使うためのチェックを徹底して行った。90年はCTスキャナーによるチェックだけだったが，完璧を期すためにX線による手法を導入した。この方が広範囲に見られるからだが，開発・実戦用に用意された40基のエンジンのためのX線撮影に要したフィルムは膨大な数にのぼったという。

さらに，鋳造法も改善され，レース中にクラックが入ったローターも改良が加えられている。

また，性能向上のために2分割セラミックのアペックスシールの採用が検討された。この採用でシール性が良くなるのはわかっていたが，テストで一度だけトラブルが起こったので，採用するかどうか決めかねていた。トロコイドの内壁もセラミック溶射されたものであるから，アペックスシールとセラミック同士が接触することになる。両者のなじみ性が問題となる。そこで，アペックスシールのセラミックの成分をわずかであるが摩耗しやすいものにして，この"なじみ性"を良くすることを狙った。この成分の違いがどう影響するかテストし，最も良いものを選ぶことが必要だった。このテスト作業のため，ベンチからエンジンを降ろし，分解してチェックし，組み立てをしてベンチに搭載するのに，わずか3日ですませ，テストをくり返した。セラミックは端部の形状が悪いとそこから割れてしまうので，入念に製作し，数μ単位の欠陥までチェックした。

実際にこの2分割セラミックアペックスシールを採用することが決まったのは，4月の終わり近くのことだった。

田所のやり方は，これまでの量産ロータリーエンジン開発と同じ考え方で，レースという待ったなしの場のために

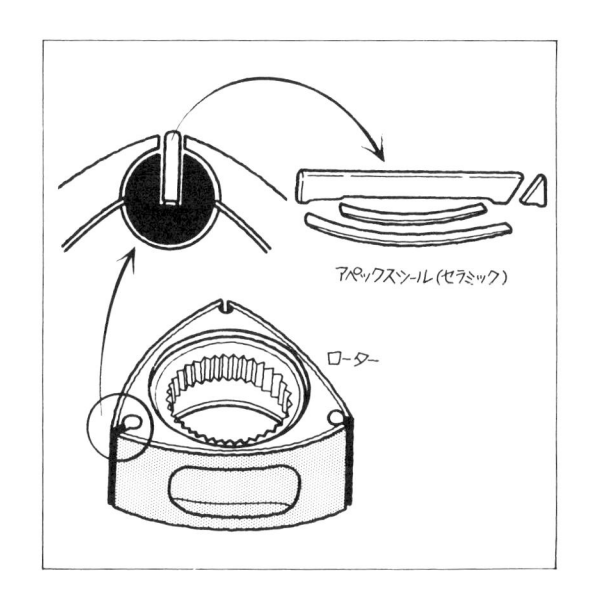

パワーアップされたR26Bエンジンを搭載。

効率よく性能向上させる努力が払われた。レースでの勝ち負けより，目標性能を達成した上で完走できるエンジンをつくることが課せられた任務であると思っていた。

そのためには，まずマシンに積まれるまでに，充分に耐久性のあるエンジンに仕上げるつもりだった。

したがって，こうしてつくられたエンジンのベンチテストが重要となる。単に定常運転で回すのではなく，ルマンで実際に走る状態をシミュレートして，コーナーなどでクルマにかかるショックまで入力してテストする。そのモードをいろいろかえてやる。1度のテストは24時間の1.5倍の時間エンジンをまわす。それでトラブルが出ないものにしていく。

こうして，ベンチテストがくり返されても，実際にマシンに積まれて走ると，エンジンの使われ方が微妙に違う。シミュレートはいくら精密にやっても実際の走行の場合とは異なる部分があるのはやむを得ない。実車テストとの差を小さくすることが，現在求められている課題であるが，信頼性が確保されているかどうかのチェックは，最終的には実走テストで行うしかない。

燃費をどうするかは，依然として大きな問題であった。可変吸気システムの改良やエンジンマネージメントシステムの充実などで，パワーを落とさずに燃費向上を図る努力が続けられたが，数パーセント改善するのも並大抵のことではない。

エンジン実験の中西などが中心となり，空燃比のベストマッチングの模索が行われた。空燃費やミッションのギア比などのセットは，90年まではドライバー中心に決められたが，それでは燃費を良くすることはできないので，サーキットシミュレーションによる検証が行われた。ドライバーのいうことをきくと，最もパワーの出る空燃費，つまり濃いセット(いわゆるパワーセット)になるが，ルマンはF1レースと違ってある意味ではエコノミーランである。したがって，

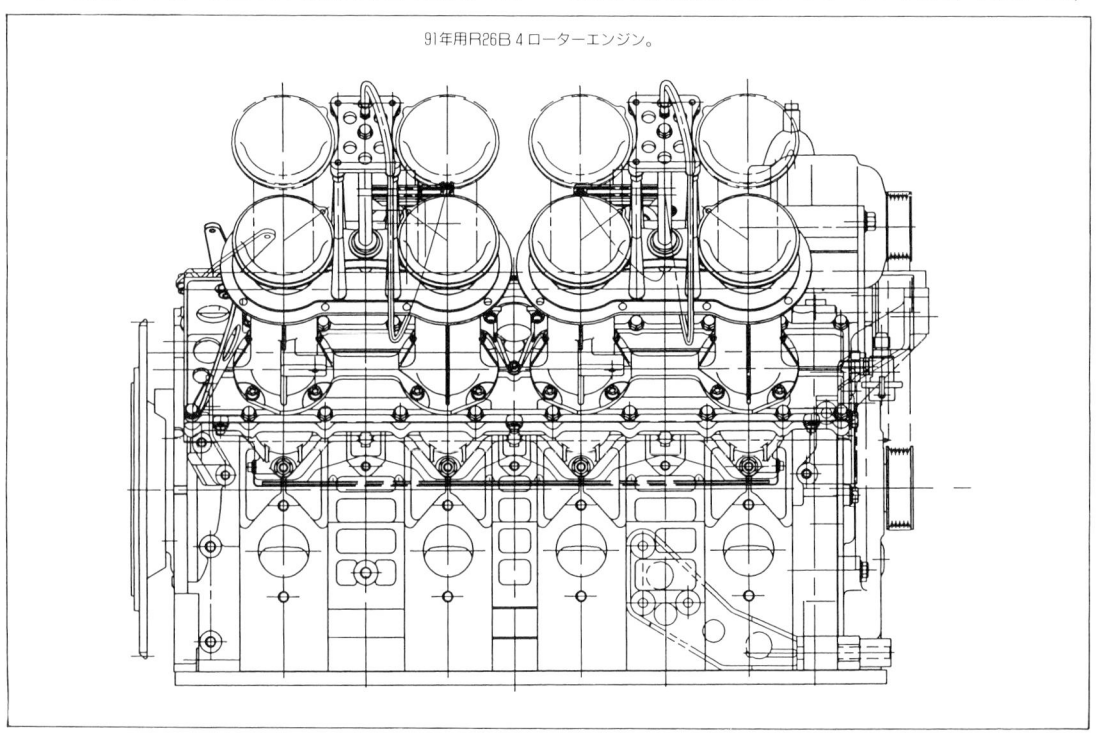

91年用R26B 4ローターエンジン。

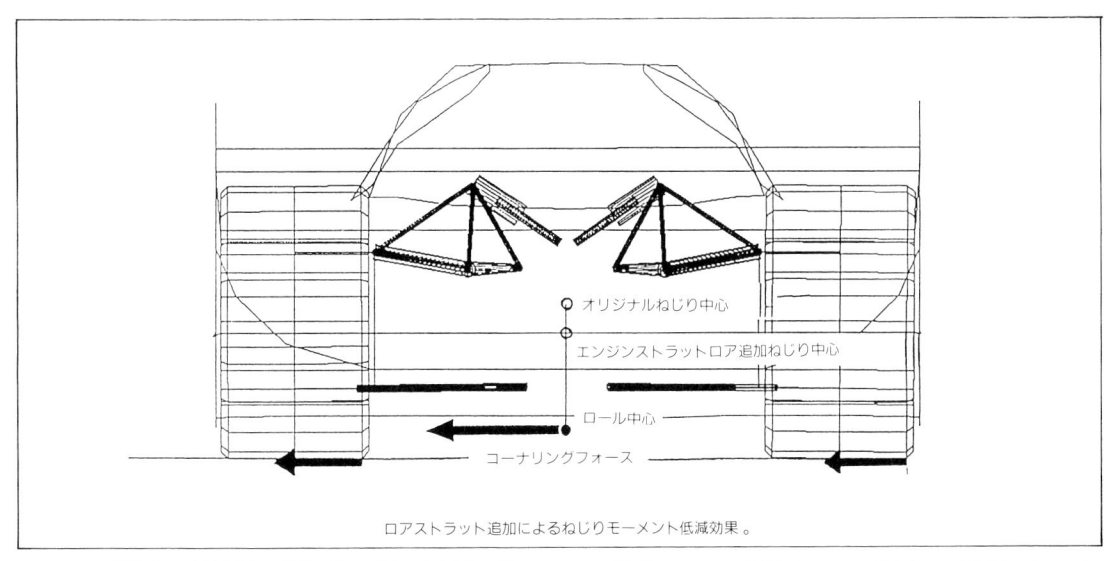

ロアストラット追加によるねじりモーメント低減効果。

パワーの落ちないギリギリに薄くできるポイントを見つけ，そこにエンジンセットを固定する考えでいくことにした。実験の結果は，空燃費14.3：1になった。これは理論空燃比よりわずかに濃い目である。これで何とかいけそうだという見通しが立てられたものの，燃費はドライバーの走り方や車両重量，空力性能などによって影響を受けるので，実走テストでさらに追求していく重要項目であった。

サーキットシミュレーションは，エンジンだけでなく，ギア比の選定や燃費とラップタイムの関係，コーナリングスピードを上げるためのセッティングなど，多方面にわたって行われるものだ。

91年ルマンへ向けてのマツダ本社の動きとして，これまでと大きく異なったのは，シャシー設計部にもタスクチームが結成されたことだ。エンジンだけでなく，マシン全体として弱い部分を洗い出し，信頼性を上げるとともに，性能向上を図るためだ。90年用787マシンを解析し，マツダスピードのマシンづくりを助ける必要がある。小早川主査は，このタスクチームのチーフに貴島孝雄を指名した。貴島は小早川の下でRX7のシャシー設計を中心になって行っている。ラリー車の足まわり設計にかかわったりしており，小早川が最も信頼している人物である。貴島の下に10数名でチームが結成されたが，いずれも専任ではなく，

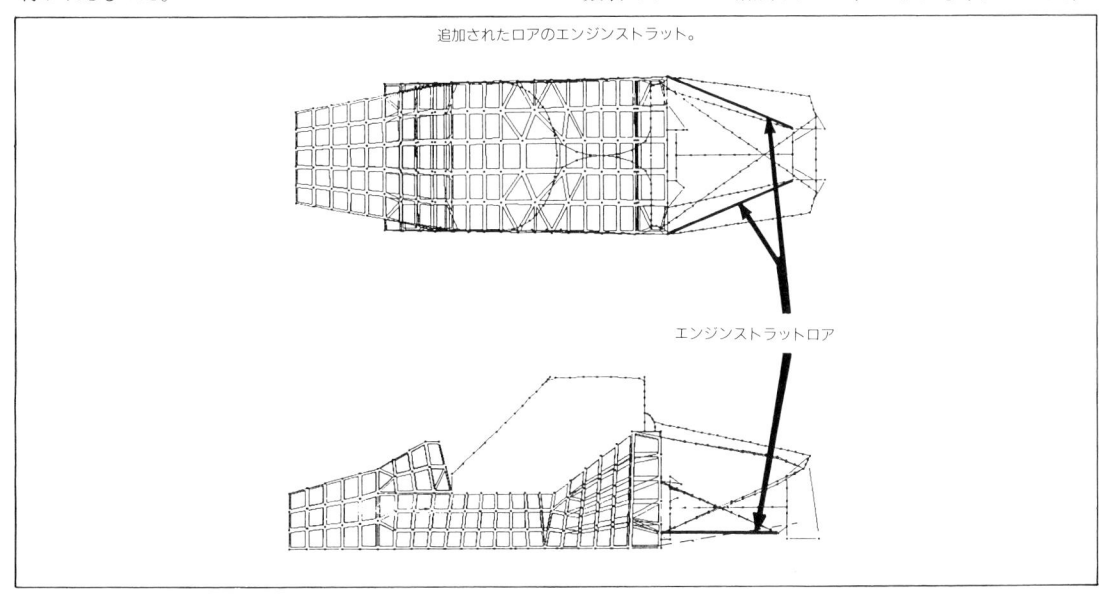

追加されたロアのエンジンストラット。

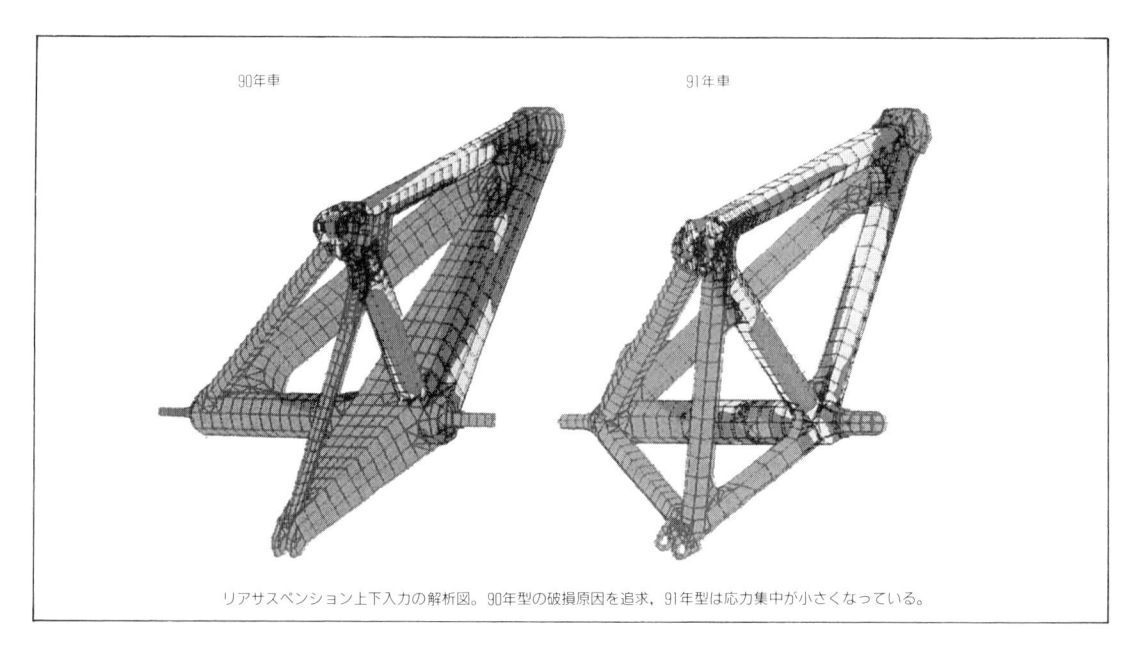

リアサスペンション上下入力の解析図。90年型の破損原因を追求，91年型は応力集中が小さくなっている。

RX7の開発などメインの仕事をもち，そのかたわらでやることになる。

　貴島はルマン出場のドライバーのデュドネから，リアまわりが不安定なためコーナーで速く走れないというのを聞いていた。アンダーステアかと思えばオーバーステアになり，マシンの挙動が落ちつかないというのだ。

　この原因はボディ剛性の弱さであろうと予測した貴島は，スタッフとともにさっそく90年用787のモノコックの解析を始めた。量産モデルの解析は手なれている連中であるが，レーシングカーのモノコックはカーボンファイバーを使っており，従来の手法をそのまま使うことができず，簡単にはいかなかった。苦労して分析すると，やはりねじり剛性に問題があることが明瞭に浮かび上がってきた。

　前述したように，ストレスメンバーとして使用できないロータリーエンジンは，がっちりしたオイルパンとシアプレートでかためられ，サブフレームが取り付けられているものの，まだ剛性が足りないのだ。エンジンをマウントしたあたりのねじれ中心が，マシンの上の方にある。つまりエンジンの下部付近の剛性が足りない。そのためサスペンション取り付け部に影響が出ている。

　そこで，マシンの下部にエンジンを支えるためのストラットを前後方向に2本通して，剛性を高めることが有効であると判断した。このデータをデザイナーであるナイジェル・ストラウドに送り，善処を求めることになった。

　ストラウドもこの部分にウイークポイントがあることは認めざるを得なかったものの，このロアストラットを通すと，アンダーカウルの空気の流れが乱れて，ダウンフォースに影響があることと，トラブル時にアンダーカウルの取りはずしに時間がかかることで，難色を示した。しかし，最終的には，このストラットをサスペンションに使用される翼型断面をした薄いパイプにして取り付けられた。作業性の悪化は，レース中トラブルが出るようでは勝つマシンにならないからと，目をつぶることにした。これにより，マシンの挙動は安定し，エンジンからのオイル漏れも全くなくなったという。

　同様にサスペンションの解析も行われた。これはルマン後の国内レースでアームの折損というトラブルが起こったためで，どこにウイークポイントがあるか入力荷重の測定が行われて，どう改善するべきかが提案された。

　また，コーナリングスピードを上げるために大きな効果のあるカーボンブレーキの採用にあたっても，タスクチームは大活躍した。カーボンの効き具合と摩耗との関係で，どのようにブレーキの温度を管理すべきか，そのデータどりと分析を行った。

　もともとロータリーエンジンは，エンジンブレーキの動きが弱いというウイークポイントをかかえており，そのためにブレーキ容量を大きくする必要があった。この泣きどころを克服することが，ルマンで好成績をおさめることにはどうしても必要であった。これについては，またくわしく触れることにしたい。

9. エアロダイナミクスの追求とカーボンブレーキ

クルマの性能を考える時，よく耳にするのが"走る""曲がる""止まる"という三要素である。ルマンのことを考えると，これに"燃費性能"と"耐久・信頼性"という要素をつけ加えた方がわかりやすい。これらがどれだけ高いレベルでバランスがとれたマシンになっているかが勝負である。耐久・信頼性だけ突出していれば，完走して上位の脱落を待つスタイルのレース展開とならざるを得ない。逆に"走る""曲がる""止まる"という能力だけが突出していれば，

91年ルマンのプジョーのようにスタートから何時間かの間だけ速く走って，玉砕戦法を採るしかない。どちらも優勝を狙うだけのポテンシャルをもっていないのである。勝つためには，これらの要素のすべてをおろそかにしてはならない。

これを具体的にマツダ787B構想として整理されたのが，下記の表1であるといえるだろう。このうち，①最高速向上と②動力性能が"走る"であり，③操安性が"曲がる"であり，④制動性・安定性が"止まる"であり，いうまでもなく⑤，⑥が"燃費"である。これを別の角度からみたものが表2の91年用マツダ787B戦闘力向上活動であり，表3の787B改善構想である。いずれもテクニカルマネージャーである松浦が中心となってまとめたものである。

これらのうち，ロータリーエンジンに関する"走る"性能と"燃費性能"それに"耐久・信頼性"については，エンジンを中心にしたものであったが，マツダ本社の活動として前章で触れたとおりである。同じく"曲がる"性能と関わるシャシー剛性の解析と，その結果としての改良項目についても述べてきた。

表1 91年用787Bのための改良項目

	改良項目	改良ポイント	ハードメニュー
①	最高速向上	低CD化，パワーアップ	ナローボディ&トレッド，フロントラジエター
②	動力性能	出力，トルク，レスポンス	新エンジン
③	操安性	シャシー剛性，高ダウンフォース	カーボンモノコック，新ボディ
④	制動性・安定性	ブレーキ容量	14インチブレーキディスク
⑤	走行燃費	エンジン，低CD化	エンジン，低CDボディ
⑥	低燃費レース推進	レースマネージメントツール	テレメーター
⑦	耐久性・信頼性	不具合対策，改善	エンジン，ギアボックス 他

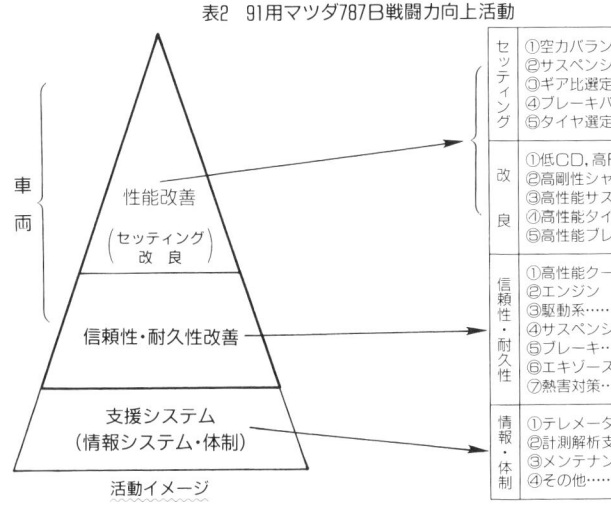

表2 91用マツダ787B戦闘力向上活動

車両
- 性能改善（セッティング改良）
- 信頼性・耐久性改善
- 支援システム（情報システム・体制）

活動イメージ

セッティング
- ①空力バランス調整(CD/DF)……車高，F・R下面ボディ，スポイラー
- ②サスペンション調整(アライメント・他)……ジオメトリー，スプリング，ダンパー，ARB，ホイール
- ③ギア比選定
- ④ブレーキバランス調整……配分，冷却，パット材
- ⑤タイヤ選定……構造，コンパウンド，サイズ，内圧

改良
- ①低CD，高FDボディ……アッパー，下面，サイド，ダクト，スポイラー
- ②高剛性シャシー……モノコック精度，エンジンマウントサポート
- ③高性能サスペンション……拡大ジオメトリー（チタンスプリング）
- ④高性能タイヤ，ホイール……サイズアップ，ノンジアンロック
- ⑤高性能ブレーキ……カーボンブレーキ

信頼性・耐久性
- ①高性能クーリングシステム……改良ラジエター，水冷オイルクーラー
- ②エンジン
- ③駆動系……強化デフ・ジョイント・ドライブシャフト
- ④サスペンション……スチールアップライト
- ⑤ブレーキ……カーボンブレーキ
- ⑥エキゾースト……強化エキゾースト&低音サイレンサー
- ⑦熱害対策……コクピット，エンジンルーム換気・熱切

情報・体制
- ①テレメーターシステム充実・活用……精度アップ，リアルタイム化，解析ソフト
- ②計測解析支援……実車，風洞，台上，机上
- ③メンテナンス品質向上……ライフ管理，メカ教育，整備基準充実
- ④その他……チーフデザイナー主導，外部委託

表3 787B改善構想

		対策要素	対策部位
1	ロータリー・ユニーク問題解決	① 熱害対策	・エンジン水・油温冷却 ・エキゾースト冷却，しゃ熱，耐クラック ・エンジンルーム換気
		② 排気音対策	・サイレンサー
		③ エンジンベイ剛性対策	・エンジンマウント
		④ 燃費対策	・エンジン&マネージメントシステム ・低CDボディ ・ブレーキ距離短縮 ・テレメータリングシステム
		⑤ 立ち上がり加速対策	・エンジン&マネージメントシステム ・バネ下軽量化 ・トラクション確保
2	787未達問題解決	① 操安性対策	・エアロダイナミクス ・18インチホイール&タイヤ ・サスペンションジオメトリー ・トータルシャシー剛性
		② 熱害対策	・コクピット
		③ パワーロス対策	・フレッシュエアダクト
		④ 耐久性対策	・パワートレーン(エンジン，駆動系)
3	革新課題	① ブレーキ性能向上 ② 情報システム	・カーボンブレーキ&スチールアップライト ・信頼性(ビーコン，センサー) ・赤外線テレメーター

　ここでは，マツダスピード側がこうしたハードメニューをどうこなしたかの例についてみてみたい。

　"曲がる"性能，つまりコーナリングスピードを上げることは，91年ルマンに向けてのマツダの重要な課題である。ラップタイムを上げるためには，最高速を上げる努力をするより，この方がはるかに効果的である。これは90年ルマンの反省に立ってのことである。

　まずやらなくてはならないのは，ボディを中心とするエアロダイナミクスの追求である。

　ロータリーエンジンを搭載するために，ボディ幅はできるだけ狭くして，CD値を小さくする努力が払われている。これは，最高速と走行燃費にとってはプラスであるが，ダウンフォースを得るためには，必ずしも有利ではない。しかし，コーナリング性能を上げるためには，まずダウンフォースを大きくすることが先決である。その上でサスペンションジオメトリーなどの検討に入る。

　エアロダイナミクスのもうひとつの課題は，エンジンをはじめとする各部のクーリング性能を上げることである。

　前述したように，放熱量がレシプロエンジンと比較して大きいロータリーエンジンでは，ラジエターやオイルクーラーなど冷却装置は大きなものにならざるを得ないが，これらを冷やすための空気のスムーズな吸入・排出が大切である。同じようにエンジンルーム内の風通しが良くないと，熱がこもって問題を起こす。いわゆる熱害である。これは耐久・信頼性に大きく関わる問題である。

　これらは，いずれも風洞実験で煮詰めていかなくてはならない。

　F1マシンをよく見るとわかるが，前後のウイングが大きい。これはダウンフォースを重視しているからだ。さらに，コーナリング性能を重視したセットにする場合は，リアウイングが立てられる。これは空気抵抗が大きくなることに目をつぶって，ダウンフォースを大きくするのである。空気抵抗がふえるマイナスをエンジンのあり余るパワーで補うことができるからだ。ところが，マツダではそんなぜいたくなことは許されない。空気抵抗の小さいボディにして，CD値をさらに小さくしながら，ダウンフォースを大きくしてコーナーでのスピードを稼ごうというのである。パワフルなレシプロエンジンのマシンと同じことをやっていたのでは勝ち目がないのだ。不可能なことを可能にするつもりでやらなくてはならない。ここでも，マツダの"ロータリーチャレンジ精神"を発揮する必要がある。

　このエアロダイナミクスの追求は，デザイナーのナイジェル・ストラウドと，マツダスピードのエンジニアである大川，それにデザイナーの菅野のトリオが中心になって行われた。

　大川にいわせると"空力ボディにするために風洞テストを中途半端にやると，クルマも中途半端なものになる。それならむしろデザイナーのカンで決めた方がいいくらい"

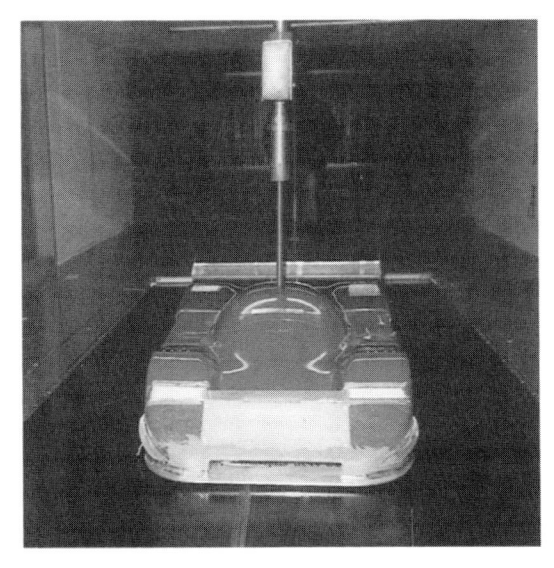

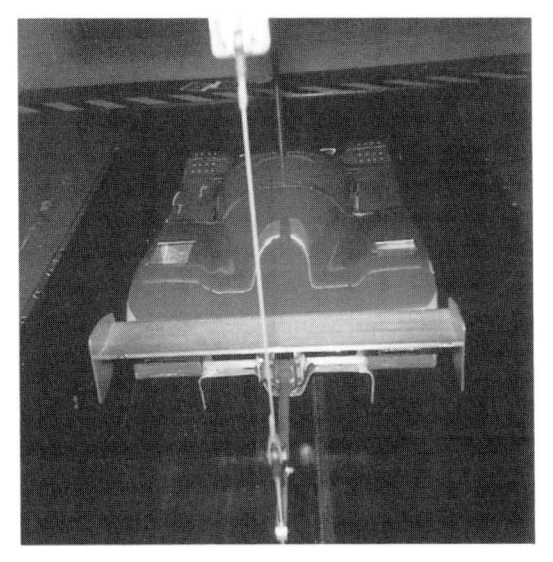

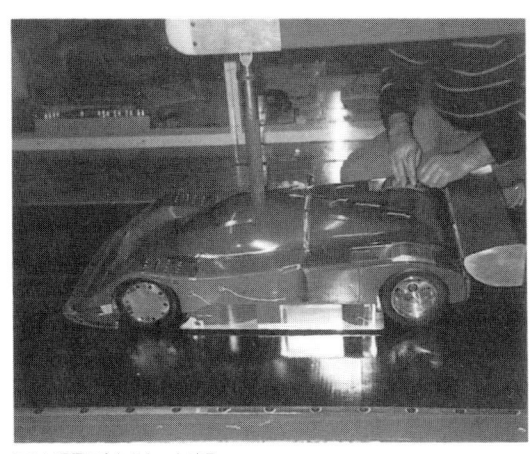

マイラの風洞にセットされた 1/4 モデル。テスト項目に合わせセットする。

である。マツダでは787Bの開発にあたっては徹底してやる方法を選んだのはいうまでもない。

　ストラウドがマツダのマシンをデザインするようになってから、イギリスのサザンプトン大学にある風洞でテストが行われていたが、89年からはマイラ（MIRA, モーター・インダストリー・リサーチ・アソシエーション）の風洞を使うことにした。

　風洞というのは、テストするマシンに風を吹きつけ、その流れ方がどうなるかのデータをとるための設備であるが、問題はいかに実車の走行状態に近いテストができるかである。停止状態での空気抵抗の大きさなどを計測しても何の役にも立たない。あくまでも走行状態でのデータが必要である。前後のサスペンションが機能し、クルマの姿勢

変化との関係で空気の流れがいかにスムーズであるか、あるいはダウンフォースがどのくらいになっているかの計測が行われなくてはならない。その点、マイラの風洞のデータは信頼のおけるものだ。このイギリスのマイラは、ロンドンから北西へ200km近く行った、コベントリー市の手前にある。

　テストのために、実寸の4分の1モデルをつくる。サスペンションがストロークするようにして、タイヤも付け、ボディはFRPでつくる。これをムービングベルトの上に置き、前方にある大きなファンから風を吹き出させる。その結果がデータとして出てくる。

　1回のテストで風を流すのは3分ほど。そのテストで何をやるか項目を決め、データが出ると次のテストのための

煙を出して空気の流れ具合を検討する。

マシンのセットを行う。たとえばリアウイングの高さと位置をどうするか，少しずつセットを変えてやる。フロント部分のダウンフォースを大きくするようにノーズを長くすると，それとバランスするリアのダウンフォースを追求する。項目はたくさんある。セットしては風を流す。テストに要する時間はおよそ15分だ。それを何回も何回もくり返しデータをとる。

菅野や大川が最も気にするのは，ダウンフォースを空気抵抗で割った値（L/D，Lは下向きのリフトでダウンフォース，Dはドラッグの意）である。つまり，L（ダウンフォース）を大きくしてもD（空気抵抗）が大きくなったのではこのL/D値は変わらない。それでは良くない。Dの値を変えないか小さくした上で，Lを大きくしなくては，L/Dが良くならない。86，87年ごろはL/Dは2.8くらいであったが，91年には4.5〜4.8くらいにひき上げられたという。

L/D値を良くするにはどうするか。

ボディ表面の空気の流れをスムーズにさせることが最も有効である。空気の流れにウズが生じるとそれが抵抗となる。それはリアウイングへの空気の流れも阻害し，ウイングの効果も弱めてしまう。ボディ表面に凹凸がなく，風の流れに逆らわない形状のボディにする。多くのレース用スポーツカーが，ポルシェによって完成されたスタイルと多かれ少なかれ似たものになっているのは，こうした追求の結果でもある。しかし，だからといって，ポルシェと同じスタイルにすれば良いわけではなく，それぞれの設計者が意図したマシンのパッケージの違いの中で，ファインチューニングを図らなくてはならない。また，ノーズ先端にスプ

ボディ表面を空気がスムーズに流れるようにする。

リアウィングはダウンフォースを稼ぐとともに空気抵抗にならないようにする。

ボディサイドから入るエアはスムーズに抜けるようにする。

リッターを出せば、空気抵抗を大きくせずにダウンフォースを大きくすることができる。同じように、ボディ下面に下から見てへこみをつけると、空気の流れる量がふえるので、空気抵抗はわずかにふえるが、ダウンフォースはそれ以上に大きくなる。つまり、ベンチュリー効果が大きくなるわけだ。

ボディのエアロダイナミクスを良くすれば、リアウィングの高さをおさえることができる。マツダではダウンフォースを大きくするために、フロントノーズを長くし、リアのウイング位置を後方にずらしている。ナローボディという制約の中で、ダウンフォースはこれ以上得られないと思われるところまでテストしたという。

また、サーキット走行でダウンフォースの前後配分を変えた場合のデータも合わせてとった。車高を前後でアジャストすることによって、ボディ下面を流れる空気の中心、いわゆるセンタープレッシャーのポイントが変化する。つまり、ボディを前傾させれば、フロントのダウンフォースが大きくなる。どのくらい前傾させれば、ダウンフォースの値は前後でどういう配分になるか、データをしっかりつかんでいれば、サーキットでの走行テストでこの調整が自信をもってできる。

アンダーカウルのトンネル部は、ダウンフォースを大きくとれるように工夫される。

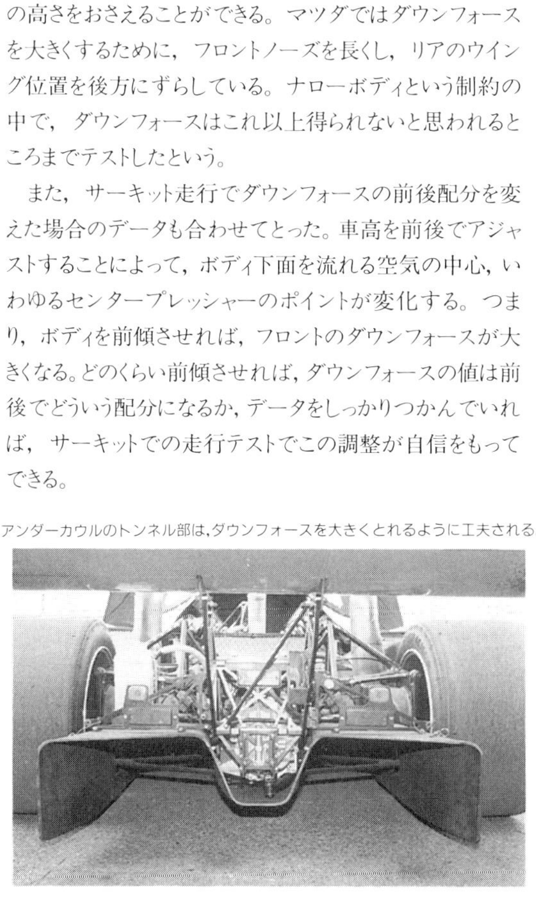

中低速コーナーでのアンダーステアを弱めるためには、サスペンションスプリングなどの調整が主となるが、高速コーナーでは空力的なアジャストで対処することが多い。このあたりは、ドライバーからマシンの状況を大川や菅野が直接聞き出すので、こうしたテストデータが役に立つ。

風洞でもうひとつ大切なテストがクーリングに関してである。

空気を取り入れるインダクションはフレッシュエアがエンジンへスムーズに流れるようにしなくてはならない。マツダ787Bでは、これが右側のサイドポットの上段にあるが、下段には大型サイレンサーがある。このサイレンサーは高温にさらされているので、ここを通る空気が熱せられる。それが上段のインダクションにも伝わり、エンジンへ送られる吸入空気が暖められてしまう。空気の温度が上がればそれだけ密度が薄くなり、エンジン性能にとってはマイナスである。

90年はエアが暖めれられるのを防ぐ対策まで手が回らなかったが、91年は菅野のアイデアで、サイレンサーの上に30mmほどの空気の通路を設けた。これはサイレンサーの熱を逃がすと同時に、インダクションへの熱伝導を防ぐ働きをする。いわばエアカーテンである。

エンジンルームに熱がこもる問題も早急に解決しなくてはならないことだった。空気がスムーズに流れるボディ形状にするために、エンジンはカウルですっぽり覆われるので、中の空気が外へ逃げにくくなる。暖められた空気は、燃料ラインでベーパーロック現象を起こす可能性がある。現に90年ルマンでは、パーコレーションによりエンジンが始動しないトラブルが出ている。

マツダ本社では、こうしたベーパーロックが起きないようにする改良を加えていたが、車両側での改善にも期待していたのはいうまでもない。シャシー側とエンジン側の両方

からせめていけば，それだけ信頼性が上がるわけだ。

このために，ストラウドや菅野は，サイドポットから入って暖められた空気が，ボディサイド上方へ流れるようなレイアウトにした。これがスムーズでないと空気抵抗となり，せっかくボディ形状を良くしてもその足をひっぱることになる。ボディ内に入った空気が，サイレンサーやオイルクーラーなどの熱を奪って，さっさと放散されてくれなくては困るのだ。

これも風洞テストでベストを追求する。それを基にして，走行テストで各部の温度を測定し，その効果の程度を調べる。実際には，エンジンルーム内の温度が90年用マシンに比較して30℃も下がったという。

マイラでのテストは，11月はじめから始められ，12月，1月，2月，そして3月と前後4回にわたって，1000項目以上のテストが行われた。これをサポートする形で，広島の三次にある量産車用の風洞を使ってマツダの技術陣によってデータどりが行われている。

こちらはフルサイズのモデルのテストである。

また，コクピット内の熱害対策も施された。ドライバーの快適性のために，足元とボディ上面からフレッシュエアが入るように，2系統のベンチレーションとなっている。マシン性能のためには，空気抵抗がふえるのでこれは好ましいことではないが，24時間にわたってマシンをコントロールするドライバーのことを無視するわけにはいかない。

求めたのは，マシンの徹底的な効率追求であった。それが達成できなければ，トップクラスの性能を発揮できない。体重200kg以上もある大型力士に対し，半分しかない軽量力士が，同じ土俵で対等に戦い，相手に勝とうとすれば，何倍もの稽古と鍛錬が要求されるのと同じである。

*

"止まる"性能は，ラップタイムを向上させるためにきわめて重要なものである。前述したようにロータリーエンジンは，エンジンブレーキの効きが悪いという欠点をかかえており，それだけブレーキ容量を大きくする必要がある。そこで考えられるのがカーボンブレーキの採用である。

F1レースでは80年代半ばごろから使用されるようになり，その効きの良さはスチールブレーキの比ではない。制動距離が短くなるだけでなく，ペダル踏力が小さくてすむ。これがスポーツカーになかなか採用されなかったのは，摩耗の問題があったからだ。車両重量が500kgのF1マシンは，レースの走行距離が300kmと短く問題ない。しかし，24時間レースとなると，その交換によるタイムロスと，ブレーキ性能の良さとどちらをとるかが問題となる。ニッサンは90年ルマンでカーボンブレーキを採用したが，5，6回も交換せざるを得ず，偏摩耗も起こしたりして，問題を残したといってよい。

マツダスピードでは，90年用マシンでもカーボンブレーキの採用の可能性を考えていた。しかし，対策すべき重要項目が山積し，手がつけられずに諦めていた。しかし，ルマンに勝とうとすれば，トライしない手はない。

カーボンブレーキ採用のために，ホイールのリム径を17インチから18インチに変更し，アップライトも新設計することになった。

リム径を大きくすれば，ブレーキまわりの冷却が楽になる。しかし，1インチ分ハイトが大きくなるので，そのままでは車高が高くなってしまう。空気抵抗を減らすためにわざわざ車幅をつめたりしているのに，背が高くなったのでは前面投影面積が大きくなって何もならない。そこで，ダン

カーボンインダストリー社製のカーボンディスクローター。

ブレンボ社製のキャリパーのパッドもカーボンファイバーである。

ロップにたのんで，タイヤの厚みを小さくして，ホイールの外径は，従来と同じにすることにした。タイヤとしては，たわみ部分が少なくなるからあまり歓迎できることではない。しかし，これができなくては，ストラウドの設計コンセプトをくずしてしまう。このハンディがあっても性能が落ちないタイヤがほしい。日本にはこのマツダの要求するサイズのタイヤをつくる設備がないので，イギリスダンロップでこの要求に合ったタイヤをつくることになった。

ホイールに内蔵されるアップライトは，従来はマグネシウム製だった。これはバネ下重量を軽くし，操縦性を良くするためであった。しかし，カーボンブレーキを採用すると，カーボンがスチール以上に高温を発することになるので，熱に弱いマグネシウムでは不安が残る。90年にはベアリングの圧入部が熱膨張でルーズになり，トラブルの兆候が出ていた。がっちりとしたものにする必要がある。そこで，カーボンブレーキ採用を前提としたスチール製のアップライトを設計することになった。これはスチールをカットし，熔接してつくる。できたものはマツダ本社に送られ，強度解析が行われている。

マグネシウムからスチールに変わることによって，アップライトは1kgほど重いものになったが，スチールからカーボンブレーキに変えれば，各ホイールにつき3kg以上の計量化が図れる。この部分の軽量化は，マシンの運動性能に好影響を与えるのはよく知られているところだ。

こうして，ブレーキディスクはフランスのカーボンインダストリー社製，パッドはイタリアのブレンボ社製のカーボンブレーキでテストが開始されることになった。

しかし，マツダスピードでは，これらブレーキ専門会社から部品を買っただけではない。設計の段階からブレンボ社やカーボンインダストリー社の技術者に，どうしたらブレーキ性能をフルに発揮させることができるか相談しながら進めた。

カーボンブレーキは高温を保っていなくては効きが良くない。しかし，だからといって冷却しなくては摩耗が激しい。それだけでなく，すぐそばにアップライトがあり，ベアリングが熱によるトラブルを起こさないようにしなくてはならない。それに，ブレーキフルードのラインも熱せられるとベーパーロックを起こしてしまう。こうした事情を勘案して，空気をどう取り入れ，どう逃がすか，ここでもそのレイアウトがきわめて重要なのである。

外見ではうかがい知れない，こうした部分にも，レーシングチームとそれをとりまく関連会社の技術者の知恵とエネ

スチール製となったリアのアップライト。

ルギーが，具体的な形になっておさまっているのである。

カーボンブレーキの採用にあたって最も問題となるのは，ブレーキの効きとディスクやパッドの摩耗である。

もともとカーボンインダストリー社の方では，ブレーキ用のエアダクトの面積を小さくして，ブレーキを高温にして使うべきであると考えており，ユーザーにもそのように指導していた。しかし，マツダ本社のシャシー設計部でレース関係の仕事にたずさわった経験のある中林正則が，摩耗に対する不安を解消するための方法として，その温度管理について，もっと低めにすべきであると主張したのである。効きを優先するあまり，高温にして摩耗を促進する結果になっているのではないだろうかという疑問である。

効きと摩耗の関係はどうなっているかは，むずかしい問題である。サーキットやドライバーによってもブレーキの使われ方は異なるから，定量化されたデータで判断できるものではない。それに，実際にブレーキが使われる瞬間の温度を計測することができない。ピットインした時に，ホイールをはずしてブレーキの温度を測るしかない。その温度状況と，ブレーキの摩耗状況がどんな関係にあるか，冷却ダクトの面積を変えてデータをとらなくてはならない。それでも傾向がわかるだけだ。

理想は，あまり摩耗しない範囲でブレーキの効きが落ちないギリギリの温度コントロールができることだ。

これはルマンのレースが始まるまでの，すべての走行テストのデータをつみ重ねて判断するしかない。

モータースポーツ主査の小早川は，摩耗の心配がないデータが得られるまで，カーボンブレーキの採用に踏み切るべきでないと考えていた。安全のために，いつでもスチールブレーキに変えられるように，バックアップ体制をつ

表4 90年マツダ787出場レース結果

月 日	出場レース名	予選ベストタイム/ドライバー	レースベストタイム/ドライバー	レース結果	リタイア原因及びトラブル
6月16～17日	ルマン24時間レース	201 3分43秒35/S.ヨハンソン 202 3分43秒04/B.ガショー	3分48秒50/D.ケネディ 3分45秒43/B.ガショー	リタイア リタイア	エンジン/AS折損、ロータークラック 配線焼損、タンク内配線の不良
7月22日	富士500マイルレース	201 1分20秒552/D.ケネディ 202 1分19秒768/従野	1分23秒88/D.ケネディ 1分24秒96/従野	失 格 9 位	燃料タンクオーバー 駆動系/ドライブシャフト破損
8月26日	鈴鹿1000kmレース	201 1分55秒983/D.ケネディ 202 1分56秒155/従野	2分00秒33/P.デュドネ 2分03秒02/片山	10 位 リタイア	エンジン/固定ギアボルト切損
9月16日	菅生500kmレース	201 1分14秒598/D.ケネディ 202 1分15秒335/従野	1分19秒16/D.ケネディ 1分19秒22/寺田	リタイア 11 位	エンジン/ローターラック
10月7日	富士1000kmレース	201 1分20秒553/D.ケネディ 202 1分20秒078/従野	1分24秒05/D.ケネディ 1分23秒56/従野	7 位 リタイア	エンジン/ASの折損 駆動系/デフリングギアボルト折損

くる指示を出した。もちろん，カーボンブレーキの利点が大きいことは先刻承知だったから，なるべく使いたいと考えていたが――。

*

以上のほかに"耐久・信頼性"を上げるためにやらなくてはならないことは，90年用787で出た不具合を対策することだ。

表4は，90年ルマンとその後の国内レースに出場したマシンのレース結果とリタイア原因を記したものである。エンジントラブルが目立つが，これは90年用エンジンで戦ったせいで，この時期に対策したエンジンを実戦に投入する時間的余裕はない。むしろ，新エンジンへのテストデータ収集の意味が大きいといえるだろう。

90年ルマンのリタイア原因となったワイヤーハーネスに関しては，配線の通し方，電流容量に応じた太さのハーネスに変更，カプラーも接触不良の起こらないように改善された。

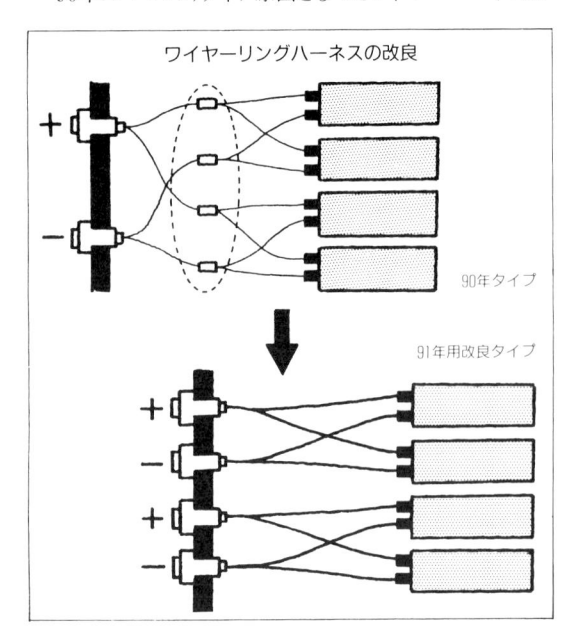

もちろん，このように表面に出ない細かい不具合やその可能性のある部分をひとつひとつつぶしていかなくてはならない。たとえば，夏期にはオーバーヒート気味になったのでラジエターやオイルクーラーの容量を大きくしたり，吸気ダクトのダストシールを工夫したり，モノコックの各ピボット部を強化したり，デファレンシャルの取り付けボルトの精度アップを図ったり，ドライブシャフトのスプラインを強化したり，である。また，燃料タンクは振動で万一穴があくことがないように耐摩耗性のあるケブラーに材質が変えられた。

さらに，コーナリング性能向上のために，スプリングをチタン化することも考慮されたが，採用するのをあきらめている。1台のマシンで4本取り付けられるが，レートを変えたものを何セットも揃えることを考えると，その数は相当多くなり，高価すぎるのだ。

"燃費"に関しては，マツダ本社のパワートレーン設計部・実研部で，主としてマネージメントシステムのさらなる充実を中心に改善の努力が続けられた。ボディの空気抵抗の減少などによる改善にも期待された。これらの努力で燃費の向上は見られたものの，エンジン回転を上げ，そのポテンシャルをフルに発揮すると，24時間走るのには，かなりシビアなことが予測できた。マシンの実走テストが行われるまでには，不確定要素があり，何ともいえなかったにしても，あるいはこれがウイークポイントになるかもしれない恐れがあった。

これに関してはテストやレースのところでくわしく触れることになるが，ハード面よりソフト面，つまりドライバーのマシンコントロールによって思った以上の性能向上が見られるようになるのである。

ワイヤーリングハーネスの改良

90年タイプ

↓

91年用改良タイプ

10. マツダ787Bの製作とテスト走行

　91年ルマンの準備が本格化するのは、90年レースシーズンが終わる11月下旬ごろからのことになるが、その前から手を打っておかなくてはならないこともたくさんある。ホイールやタイヤ、その他の関連メーカーとの打ち合わせもあり、91年SWCシリーズレースの参戦を委託するフランスの"オレカ"チームとの契約や、マシン製作を委託するレーシングガレージとの話し合いもある。

　また、ルマンまでの各種のスケジュールも事前に立てておかなくてはならない。たとえば、サーキットにおける走行テストも事前に予約しておく必要がある。エンジンやマシンの製作日程と合わせて、スケジュールを決める。ある程度進行すると、逆にテスト日程に合わせて、"もの"ができるよう急がなくてはならない。何をいつまでにどうやるか、その"段取り"がどれだけうまくいくか、そこで出た問題をどうレースまでに解決していくか、それが狙い通りにいったチームが、最も有利な立場で、レースのスタートラインにつくことができるのである。

　マツダチームの91年ルマン計画で、その意気込みの大きさが感じられるのは、フランスのポールリカールサーキットで2月と4月の2回にわたって、24時間連続走行テストの予定を組んだことである。

　事前にどれだけテストをこなせるかが、そのチームの実力のバロメーターであるといえる。段取りの悪いチームほど、実のあるテストができず、レースに臨んでもバタバタしてしまう。レースを走ることがテストになったのでは、あまりにも遅すぎる。しかし、実際にはそうしたチームの方が多いのが実情だが──

　マツダでは、90年にもポルトガルのエストリルで24時間のテストを実施しているが、これは昼間の8時間を3日間にわたって走ったものだった。しかし、ジャッキー・イクスのサジェッションにより、連続して24時間走る計画にした。昼と夜の気象条件の違いを乗り切ることが重要なのである。それに、8時間で休んでしまっては、マシンにかかるストレスも違うから、24時間走る意味が薄れるというわけだ。実は昼夜ぶっ通しで24時間走行するためには、出張する技術者やメカニックなどの人数もふえ、そこまでやりきれないという事情もあったのだ。

　2月のテストは、新しいシャシーが間に合わないので、90年に使用した787シャシーに91年用ニューエンジンを積んでテストする予定だった。ところが、1月15日に起こった湾岸戦争で、これは中止せざるを得なくなった。1月23日、東京で開かれたマツダチームのレースに関する決定機関であるマネージメントミーティングで、正式に取りやめることになった。主査の小早川は、荷物を送り出す準備も終わり、行くばかりになっている状況を知っていたが、いくらなんでも"ゴー"と決断するわけにはいかなかった。

　本来なら、このテストで出た問題を対策すれば、少なくともパワーユニットの耐久・信頼性は万全になるはずだった。各部品のチェックやテストベンチでのデータどりで方向が見えてきていたものの、実走テストで確認することが重要な課題となっていたのである。

　このテストの中止を補うために、国内テストや事前に行われる鈴鹿SWCレース、富士1000キロレースなどをフルに実走テストの場として活用すると同時に、シミュレーションプログラムを使ったベンチでのテストをさらにきめ細かく行うことになった。

　4月下旬に予定されているポールリカールの1回だけのテストでは不安が残るのだ。ここで万が一大きな問題が出た場合、2か月足らず後のルマン24時間レースまでにその対策をして、信頼性を確保するには、あまりにも時間が短すぎる。

　この湾岸戦争による第1回ポールリカール24時間テス

91年用R26Bエンジンは2月に耐久テストが実施されるはずだった。

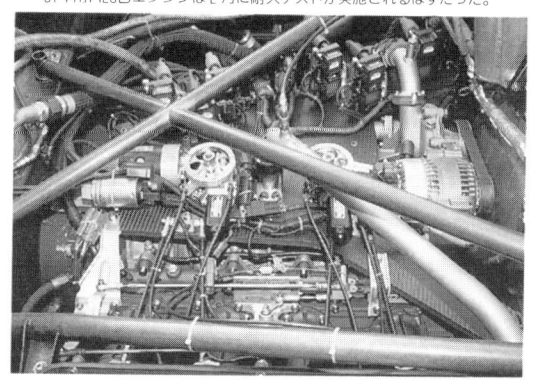

83

きれいに仕上げられた787Bのボディ部。

テスト走行のためサーキットへ出発しようとしている787B。

トの中止は，マツダチームの計画進行にとっては，大きな打撃であった。

*

　一方，マツダスピードのニューマシン製作の方は，杉野たちによって，1月上旬から本格的に始められた。11月ごろから，90年用マシンと共通の部品で内製するものは進行していたが，イギリスからカーボン・モノコックが到着しないと本当の仕事は始まらない。杉野は余裕がもてるようにもっと早く始めたかったが，実際には，89年までと同じ時期に日本に到着した。

　もう1台分のカーボン・モノコックが日本に着くのは1月20日前後，これが2号車で製作は杉野らがチェックすることになるが，仕事は外注された。この2号車がルマンでは55号車となる。

　到着したモノコックは，前年のようなゆがみが少なかった。杉野が提案したようにボディと結合する部分にアルミブロックが埋め込んであった。このカーボンの修正とチェックはほんの数日ですんだ。

　前年のマシンは，時間がなくて丁寧に仕事ができなかった。精度が悪くても目をつぶらざるを得ないところが多かった。今回はそうしたことがないように注意した。たとえば，90年マシンはドアのヒンジが外にとび出したままになっていたが，今回はドアとボディシェルとがフラットな面になっている。性能として見れば，あるいはどうでもよいかもしれないが，杉野はチーフメカニックとして自分がつくるからには少しでもかっこ良くしたかった。

　実際にでき上がったマシンは，杉野たちの気持ちが込められた，仕上がりの良いものになっている。量産車の場合は，多くが機械作業で自動で組み付けられていくので，面構成もフラットになり，仕上がりの良いものになっている。

　そこにいくと，レーシングカーはすべて人間が手づくりで仕上げていくから，その差が案外出るものである。もち

マツダ787B主要諸元

●エンジン	マツダR26Bロータリーエンジン 総排気量　　654cc×4 最大出力　　700ps/9000rpm 最大トルク　62kg-m以上/6500rpm 燃料供給装置　EGI(電子制御燃料噴射装置)
●シャシー	ツインチューブ・カーボンコンポジット・モノコック
●トランスミッション	マツダ/ポルシェ　前進5段　後退1段
●クラッチ	トリプル・プレート(ボーグ＆ベッグ)
●フロントサスペンション	プルロッド インボード・コイルスプリング
●リアサスペンション	アッパー：ロッカーアーム，ロア：ウィッシュボーン インボード・コイルスプリング
●ブレーキ	アウトボード・ベンチレイテッド・カーボンディスク(37mm)
●ダンパー	ビルシュタイン
●タイヤ	ダンロップ(ラジアル) フロント：300-640-R18 リア　：355-710-R18
●ホイール	レイズ・ボルク フロント：12×18インチ リア：14.75×18インチ
●寸法・重量	全長　　　4782mm 全幅　　　1994mm 全高　　　1003mm ホイールベース　2662mm トレッド　　フロント　1534mm 　　　　　　リア　　　1504mm 重量　　　830kg以上

右側サイドポットの上段はインダクションボックス，下段は排気系の冷却風取り入れ口となっている。

ろん，性能に差があるほどのことはないだろうが，いわゆる"たてつけ"の良し悪しは，つくった人間によって異なる。このあたりは，マシンを実際につくる人の気の入れようの差だろうか。

この点，マツダ787Bの仕上がりは第一級品といえるだろう。各部の精度が良く，ボディのつなぎ面もフラットになっており，ドアの開閉のフィーリングも実に良い。細かい部品まで丁寧に加工し，取り付けている。

この1号車は，4月14日の鈴鹿SWCレースに出場する予定が組まれていた。したがって，4月の初めには完成させて，シェイクダウンテストをしておく必要がある。

丁寧にやるから，時間はいくらあっても足りないくらいだが，90年のように徹夜しても間に合わないほどではなかった。むしろ，少し余裕があったから，つまらない組み付けミスがないように気をくばることができたという。

シェイクダウンテストは，完成されたマシンがうまく走るかどうかをチェックするテスト走行である。仕上がったばかりの1号車は，スポンサーカラーにペインティングされておらず，まだCFRPのそのままのブラックボディをしている。

このテストのために，事前に富士スピードウエイの専有走行の時間をとってある。テストは4月4・5日，テストドライバーとして契約しているマウリシオ・サンドロ・サラの手によって行われた。これが91年用787Bの初走行であるのはいうまでもない。

杉野は，マシンをつくりながらも，去年のマシンよりどのくらい性能がアップしているか楽しみにしていた。この走行でその最初の感触がつかめるわけだ。いつものことであ

るが，オイルの配管をまちがえていないだろうか，といった不安が走り出す前にはあったものの，期待する気持ちの方がずっと大きかった。このあたりの気分は，90年とはまるで違っているといってよい。

マツダのエンジン担当者の方から，最初は7000rpmに抑えてほしいといわれていた。まずは，チームの面々が見守るなかで，様子を見るためにゆっくりしたペースで周回する。エンジン回転は，7500，8000rpmと次第に上げられていく。

ピットインしてきたサラは"ノープロブレム"を連発した。"様子はいかに？"とドライバーを囲んだ人たちは，一様にホッとしてうなずく。水温や油温，油圧などすべてOKだ。カーボンブレーキの効きやフィーリングも悪くないようだ。スチールブレーキと違って，冷えた状態では効きが悪いので，菅野がサラにその点を事前に注意してドライブするようにいっておいた。

まずは異音は出ないか，どこかがこすれたりしていないか，変な臭いはしないかなど，基本的に問題がないことが確認されてから，タイムを上げていく。この点，こうしたテストではクールに状況を把握できるドライバーでなくてはならない。

90年のマシンに比較して，タイヤが18インチのものになっており，ホイールベースも20mmほど長くなっている。これはマシン性能にとってはプラスの要素であるはずだが，実際のフィーリングはどうか，また，エンジン回転と燃費の関係はどうかのデータ収集も同時に行われる。

2日間で5時間ほどの走行だ。これで，前年のマシンより2秒ほどラップタイムが上がっていた。もちろん，それが直ちにポテンシャルアップされた分という考え方はできないが，今後に期待をつなぐデータではある。メカニカルトラブルはほとんど出なかった。

シェイクダウンテストの2日目の朝，91年用787B1号車は，富士スピードウエイに出張してきた，箱根神社の神官によって安全必勝祈願のお祓いを受けている。ちなみに，ルマンでゼッケン55号車となる787B2号車の完成は4月下旬のことで，同じように4月25日富士スピードウエイでのシェイクダウンテストの前に安全必勝祈願を受けている。

このマシンのハンドルを握った寺田陽次朗のファーストインプレッションはすばらしいものだった。素性の良いマシンに仕上がっており，バネ下重量が軽くなったせいか，操縦性が良く，リズムにのって気持ち良く走ることができた。アクセルのレスポンスも良く，スピードにのる感じで，ポテ

787Bのフロントビュー，前面投影面積が小さいのが最大の特徴。

カウルをはずした787Bのリアまわり。

ンシャルが大幅に向上しているのを実感した。できたてのマシンという不安など全くなかったという。

787B1号車の最初のレース出場は，4月12〜14日鈴鹿SWC第1戦である。シェイクダウンテストが終わってレースの準備をして，鈴鹿に行くのは忙しいスケジュールである。

このレースのためのフリー走行，予選走行，そして決勝とマツダ787Bは，エンジンを積み替えないで走ることにしていた。91年用4ローターR26Bエンジンは，オーバーホールされることなく5000km以上走行する予定である。このレースでもできるだけ走行距離をかせがなくてはならない。2月のポールリカールテストが中止になったから，それを補うためにテストデータは多い方が良いのだ。

このSWC第1戦は，3.5ℓNAエンジンのスポーツカーが一堂に会し，新しいレギュレーションによるレースが本格的に始まるという意味で注目された。プジョーをはじめ，ジャガーやメルセデスがニューマシンを持ち込んだ。ジャガーとメルセデスは，このニューマシンのバックアップのために90年に戦ったマシンも出場させたが，3.5ℓNAマシンとのラップタイム差は大きかった。

スプリント化されたレースに合わせて開発されたニューマンは，耐久スポーツカー用のそれとは異なるコンセプトのものであったのはいうまでもない。特にジャガーは，ドアもなくサイドのスクリーンを外してドライバーが乗り降りするという，スポーツカーというよりフォーミュラカーに近い考えでデザインされているものだった。スポーツカーとは何か，このSWCシリーズとは何なのかを考えさせられる状況だった。しかし，レギュレーションに合致（？）していれば速いマシンにした方が有利である。勝とうとすれば，そうすることが悪いと誰がいえようか!?

トヨタとニッサンも3.5ℓNAエンジンを開発中だったが，91年はSWCレースには出ないことになっていた。したがって，プジョー，ジャガー，メルセデスという3大ワークスが話題の中心だった。マツダといえば，完成されたばかりの787Bと，90年タイプの787でエントリーしていたものの，トップ争いをするマシンとでは予選のタイムに大きな差があった。ニューマシンの787Bといっても，90年と同じレナウンチャージカラーで，マシンの外観もよほど注意深く見なければ変わった部分を見つけることはできない。そのせいか，SWC第1戦のくわしいレースレポートが載せられている日本のレース専門誌でも，いずれもマツダに関する記述はわずか数行でかたづけられていた。あるいは，このレースの成績よりルマンのためのテストとして走っていたマツダチームにとっては，それが相応しいことだったのかもしれない。

ところが，このレースで，マツダチームは貴重なデータを得ていた。

限られた燃料で走り切らなくてはならないルマンでは，燃費性能の良さは欠かせない条件だ。およそ1リッターで1.96kmを走らなくてはならない計算である。いくらラップタイムが良くてもこれより燃費が悪くては，マシンに耐久性があっても走り切ることはできない。燃費のきつい鈴鹿のコースでは，決して楽観できるものではなかった。

このレースは，マツダにとって，リアルタイムでデータが出るように改良され，また大幅に精度アップされたテレメーターのテストの場でもあった。

マツダチームの首脳陣は，練習や予選走行時にこのテレメーターでアウトプットされる数字を見て，マユをしかめざるを得なかったのだ。ところが，レースになって，ラップタイムがあまり悪くならないのに，燃費のデータがかなり

91年用テレメーターシステム

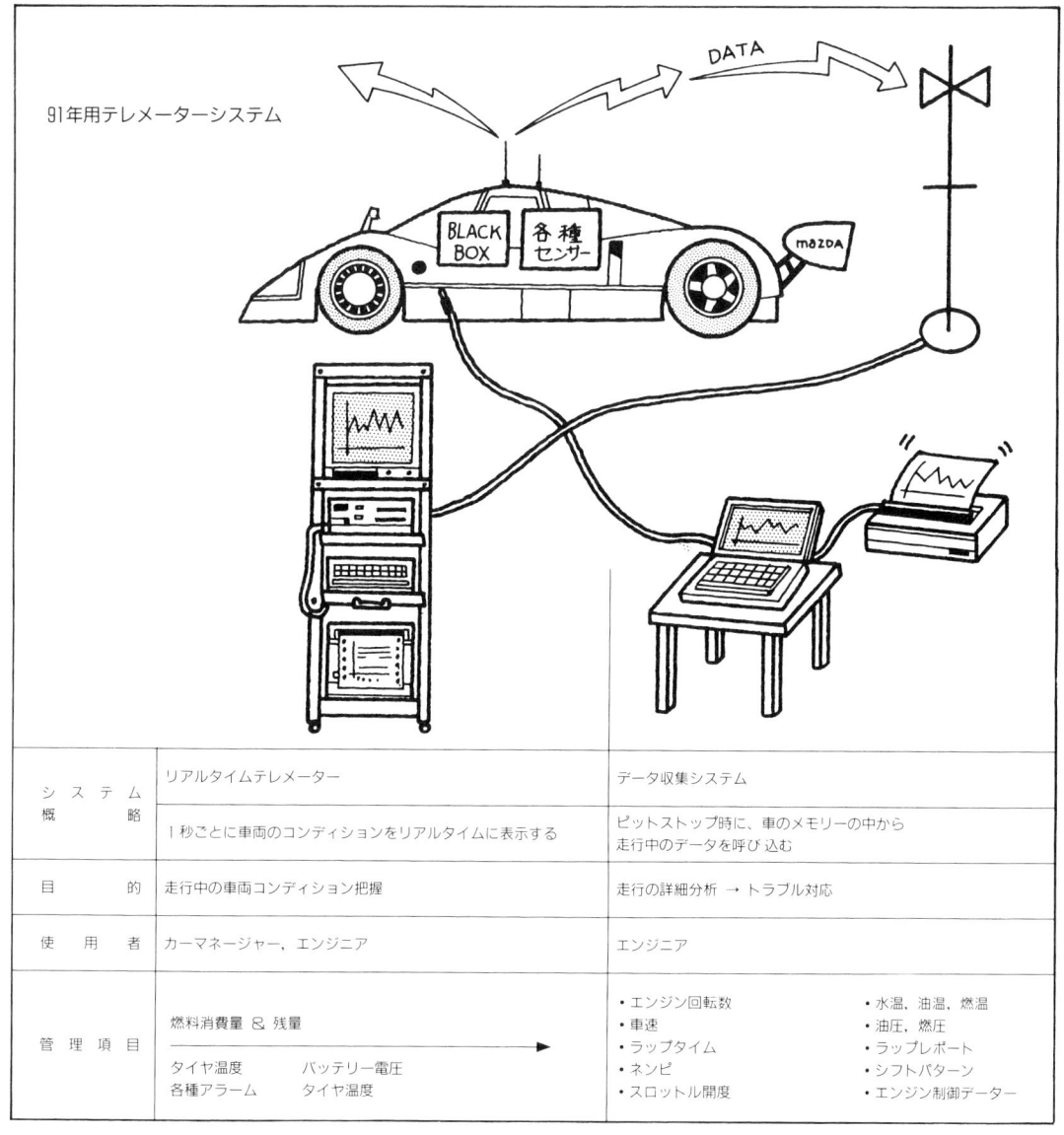

システム概略	リアルタイムテレメーター 1秒ごとに車両のコンディションをリアルタイムに表示する	データ収集システム ピットストップ時に、車のメモリーの中から走行中のデータを呼び込む
目　的	走行中の車両コンディション把握	走行の詳細分析 → トラブル対応
使用者	カーマネージャ, エンジニア	エンジニア
管理項目	燃料消費量 & 残量　　　　　　　　→ タイヤ温度　　　バッテリー電圧 各種アラーム　　タイヤ温度	・エンジン回転数　　・水温, 油温, 燃温 ・車速　　　　　　・油圧, 燃圧 ・ラップタイム　　・ラップレポート ・ネンピ　　　　　・シフトパターン ・スロットル開度　・エンジン制御データー

良くなった。それも突然にである。

その原因はすぐにわかった。

ドライバーのケネディがアクセルコントロールしていたのである。つまり, ストレートではブレーキングする地点までアクセル全開で走るのがドライバーとしてはあたり前だが, そのかなり手前でアクセルをゆるめていたのである。そうしても, ラップタイムへの影響は案外大きくないのだ。しかし, 燃費は大幅に良くなる。データでは何と10％近くも向上しているのである。燃費がきついというマツダエンジニアの悩みを知っているケネディが, 燃費の良くなる走り方をトライしてみたのである。

実は, 90年終わり頃から, 松浦やマツダスピードのエンジン担当の中野清らは, 燃費を改善するにはドライバーの協力が必要だと考えていた。つまり, 最も燃費が悪くなる最高回転付近を使う時間をなるべく短くするドライビングにすれば, かなり燃料が節約できるからだ。

3, 4％の燃費向上のためにマツダの技術陣が払わなくてはならないエネルギーは大変なものである。それも, ここまでやってくると, その方法もそうあるわけではない。ところが, ドライビングテクニックによって, はるかに大幅な燃費

ポールリカールサーキットでのテスト風景。

ブレーキ系冷却のためのエアダクト。左がフロントで右がリア。いずれも空気量を調節できるようになっている。

向上が見られるなら、これはぜひとも試みてみるべきである。そう思っていた矢先に、このレースでこういうデータが得られたのは、マツダチームにとっては大きな光明であった。

ドライビングの仕方と燃費、それにラップタイムとの関係はどうなっているか、これから行われるテストやレースでは、重要な課題として、チーム全体で取り組むことになった。これにはリアルタイムに情報が得られるようにしたテレメーターシステムが、その威力をフルに発揮することになる。

*

南フランスにあるポールリカール・サーキットで耐久テストが行われたのは、鈴鹿SWCレースの10日後のことだった。このサーキットは地中海に近く気候は温暖で、冬期にF1チームなどがよくテスト走行を行うところだ。フランスの中では最も施設が整っているサーキットである。

目的は本来の耐久テストだけでなく、燃費とドライビングとの関係、カーボンブレーキの温度コントロールの問題、排気関係の熱害対策の効果がどの程度上がっているかなどのチェック、およびデータ収集も重要な項目であった。

前年までと違って、マシンのかかえているトラブルが少なく、耐久テストの足をひっぱるような事態はまず考えられないといってよい状態だった。

ルマン24時間レースで大切なピット作業のトレーニングも、このテストで行うことになっていた。通常の給油作業からタイヤ交換、さらにはカーボンブレーキの交換など、てきぱきと効率よく、ミスがないようにやる必要がある。このピット作業の指揮をとる杉野も、機械的な部分で壊れるところはないはずだという自信をもって臨んだ。

マシンセットなどの走行で1日目を終え、4月25日にいよいよ本格的なテストが開始された。

しかし、思わぬ伏兵がいた。午後2時から走行したが、夕方から雨が降り出したのである。このため水が浸入して電装関係がいうことをきかなくなった。助手席側にあるコンピュータの納められているブラックボックスが漏れ、メーター類が作動しなくなってしまった。雨は夜に入ってひどくなる一方だった。そのため、夜12時ごろ中止することにした。

26日はコースが使えず、27日の夕方6時からテストを再開した。午前10時まで16時間ほど走行した。気温が下がり、かなり寒くなったが、テストは順調に推移した。ドライバーは、ケネディ、デュドネ、スコットの3人だった。

24時間連続走行はできなかったものの、このテストの走行は合計で36時間にも達した。前から心配だったギアボックスのトラブルが出たものの、これはオイル量をふやしたり、オイル経路を改良すれば大丈夫である。このように原因がわかっているものは始末が良い。このほかにもチェックしてみると、チェーンテンショナーの異常摩耗があったり、エアフィルターの汚れがひどかったりしていた。これはチェーンの張力を変更したり、高性能エレメントの採用で対応できるものだ。また、ブラックボックスの防水対策は、新たな問題として対策する項目となった。

さらにテストベンチと実走行での燃費計の誤差が大きいことがわかったり、冷間時の始動性が悪かったり、燃焼室から吸入室へ燃焼ガスが漏れるスピッツバック現象が起こったり、空燃費制御が不良になったり、スロットルの戻りが悪くなったり、可変吸気管の作動不良があったりと、問題はいろいろ出た。ひとつひとつ、原因を追求し、品質の見直しや形状を変えたり、補正したり、組み立て精度を上げたりすることになる。

右リアのドライブシャフトのジョイント部をガードするために設けられた遮熱板。

右サイドポット下段におさめられたサイレンサー。この熱が問題。

　重要な燃費に関しては，方向がはっきりしてきた。ドライバーによってバラツキがあるものの，走り方によって4～9％の燃費低減が見込まれる。これは，ルマンに出場するマツダのすべてのドライバーによく説明し，協力してもらうことになるが，問題は，プライドの高いF1ドライバーが，燃費節約のために，アクセルをゆるめる走り方をすることを納得してくれるかどうかだ。しかし，これは説得するしかない──。

　カーボンブレーキの交換練習は，この時が初めてであった。熱しているカーボンのディスクを取りはずす作業は慣れないとうまくできない。はじめは交換に4分以上かかったが，トレーニングをつみ重ね，1分近く短縮できた。

　カーボンブレーキのディスクやパッドの摩耗は案外小さかった。ルマンのコースとは使われ方が違うので，楽観はできないが，スチール製より良いくらいだった。

　また，熱害で浮かび上がってきたのは，排気系側にあるドライブシャフトへのものであった。右側にあるシャフトのジョイント部付近を300℃近い熱風が通るのだ。そのため，この等速ジョイントの表面温度が上がった。ドライブシャフトではこれまで何回も痛い目にあっており，スプラインのサイズアップを図ったり，ジョイント容量を大きくしたりしている。しかし，ジョイント部が熱せられると，中のグリスが焼け，重大なトラブルに発展する恐れがあった。

　そこでダクトを改善すると同時に，ジョイント部の手前に熱風をさけるための遮蔽板を取り付けることにした。この対策が功を奏し，本番レースでは55号車にトラブルが出なかった。

　もうひとつ熱害で問題なのは，サイレンサーの継ぎ目を止めるバンド（止め金具）の折損だった。高温にさらされるサイレンサーは膨張が大きく，振動で継ぎ目がはずれる恐れがある。それを防ぐために，この止め金具はU字型をしたスプリングで，パイプの伸縮を吸収する必要があるのだ。継ぎ目にはこれが8本付けられるが，このうち4，5本にクラックが入ると，パイプがはずれてしまう。テストでははずれることがなかったが，折れているものが発見された。ロータリーエンジンの排気は，レシプロと違ってとぎれることなく排気管に送られてくるので，熱が高くなる。その上，ロータリーエンジン特有の排気音を下げるために取り付けるサイレンサーは，重いものなのである。

　クラックの入らない止め金具をつくるのが急務であった。こうしたものはもともとベンチテストでチェックされるものではなく，耐久走行ではじめてテストされるものだ。パワートレーン設計部の田所次長は，いまさらながら2月に予定されていた耐久テストが実施されていたらと思ったが，とにかくルマンに間に合わせなくてはならない。

　それでも，この1度しかない耐久テストで，根本的な問題が出ないですんだことは，マツダチームにとって誠に喜ばしいことであった。

　その後，5月3日の富士1000キロレースも，ルマンへ向けての実戦テストであった。ポールリカールの耐久テストの後，このレースが唯一のロングランとなるので，データどりからマシンのセットなど，きわめて大切であった。

　いずれにしても，マツダチームの面々を困惑させるようなトラブルは皆無であった。これまでになく順調であった。

エキゾーストパイプに付けられた止め金具。

11. 準備完了，ルマンへ集合，そして予選

ルマンに出場するマシンを日本から送り出したのは5月31日，メカニックを中心とするマツダチームの第1陣が成田を発って，フランスに向かったのは5月26日のことだった。

マツダチームのフランスでの準備作業は，ポールリカール・サーキットのすぐそばにある"オレカ"チームのガレージで行われる。このチームがマツダのSWCシリーズのレース活動を受けもっており，マツダのルマンの前線基地として使用する契約が交わされていた。この"オレカ"チームからF2やF3000時代のラフィットやプロスト，アレジーといったフランス人F1ドライバーがレースに出場しており，トップクラスのチームとしてフランスではよく知られている。レーシングパーツのディストリビューターもしているので，マツダチームにとっては心強いパートナーであった。このガレージで，熔接機や工具なども使わせてもらう。

ここでルマンに移動するまでの3週間の間に，マシンの整備をはじめとして，スペアパーツの製作やチェックを行う。クラッシュする場合を考えてカウルは多目に用意されるが，その他のパーツは，実車以外に2セット分用意される。それらがその目的をきちんと果たせるものになっているか，実際にマシンに組み付けて全品チェックされる。いざという時，使えなかったり，組み付けに余分な時間がかかったのでは何もならないからだ。

そして，6月12日にマシンの最終確認テストがポールリカールで行われた。このテストランにはガショーやハーバートも参加するはずだったが，F1のスケジュールなどで姿を見せなかった。ドライバーの慣熟走行が重要なテストのひとつだっただけに，不安が残った。特に燃費の良い走り方を学習する機会でもあったから余計だ。

しかし，マシンの方は大きなトラブルはなく，心配されたスピッツバックもプラグの熱価をかえることにより解決し，燃料温度の上昇によるパーコレーションも起こらず，始動不良の発生もなかった。

心配な点は，サイレンサーの止め金具だった。対策したものを取り付けたが，300kmほどの走行でも，スプリングが伸びており，改善されているようには思われなかったことだ。パイプの嵌合部がはずれないようにセーフティワイヤー2本でサポートすることになった。

広島のマツダ本社で，用意した止め金具の仕様の異なるもののベンチテストをさらに行い，良い組み合わせを見つける努力がギリギリまで続けられることになった。

2次隊が合流したのが6月4日，そしてマツダ本社の技術陣を含めた第3次隊がフランスに渡ったのが6月14日だった。

マツダチームの一行が荷づくりをすませ，マシンをはじめとするすべての荷物をトレーラーに積み込み，南フランスからルマンに向けて出発したのは6月16日の日曜日だった。

同じく，日本から最後の部隊がルマンに向かい，チーム全員が集結し，17日にチームの結団式が行われた。

いよいよルマンウィークが始まる——。

*

話はさかのぼるが，日本でのルマン参加発表パーティーが都内のホテルで開催されたのは5月30日だった。数100名のゲストの前で，マツダスピードの大橋孝至監督は，"今年は何とか3位以内に入るようがんばります"と力強く挨拶した。本心では，狙いは優勝であったが，その言葉を軽々しく口には出したくなかったし，事前にどう言おうと，結果がすべてなのがスポーツの掟である。スポーツ選手は，自分を鼓舞するために"ハッタリ"をかますことが多いが，それは彼のスタイルではない。

しかし，その日，パーティーの前に開かれたマネージメ

マシンやパーツを運ぶ大型トレーラー。

ントミーティングでは"勝つ"ための作戦が話し合われていた。この日のミーティングがルマンを前にして日本で開かれる最後のものである。憂慮すべき問題をかかえていないだけに、参加者の表情は明るかった。

戦力分析としては，エンジンも含めて仕上がりが良く，現状では90年に優勝したジャガーをしのぐポテンシャルをもっていることが確認された。したがって，ジャガーやメルセデスの戦力いかんによっては，優勝のチャンスは十分にある。両チームとも，SWCシリーズのためのNA3.5ℓエンジン車の開発と実戦参加で，ルマンのために勢力をさくのは例年に比較して弱くならざるを得ない面がある。

しかし，大橋は2月から3月にかけて，イギリスのジャガー本社を訪れた時のことを思い出し，ジャガーの戦力があなどれないものであるのを知っていた。ジャガーはルマンのためにエンジンを7ℓから7.4ℓにし，エンジンマネージメントシステムも強化していた。エンジンのトルクを大きくしてドライバビリティを向上させるとともに，燃費の向上も図っていた。TWRジャガーチームを率いるトム・ウォーキンショーは，大橋に向かって"ルマンには3回勝たないと本当に勝ったことにはならない。ジャガーは2回優勝している。もう1回だ"といって，その意欲が並々ならぬものであることを示した。"3回優勝するには，オレは100歳になっちゃうな"と大橋は冗談でかわした。しかし，ジャガー恐るべし，という印象をこの時強くもったのだった。

メルセデスがどの程度のポテンシャルかはわからなかった。もともと技術水準が高いメルセデスは，巨費を使って勝とうとしてくるに違いない。そうすれば，やはりかなわないかもしれない。その一角に食い込むとすれば，3位をめざすのが妥当かもしれない――。しかし，メルセデスにもウイークポイントがあるはずだ。NA3.5ℓエンジンの開発に手古ずっている様子があること，90年ルマンに不参加だったので，シケインのあるルマンのデータを全く持っていないことなどだ。

いずれにしても，ここまでくればチームのもてる力をフルに発揮して戦うだけだ。その結果は，どうなってもそれを受け入れるしかない――。

作戦としては，きわめて具体的なことまで，このミーティングで話し合われている。日本での最後ということもあったが，当面かかえる問題が少ないという余裕でもあろう。その主なものとしては，

①3台とも上位入賞の可能性があり，最良の成績を挙げるよう走行する。

6月12日のポールリカールでの最終テスト。

②予選は"がんがん"走って上位のグリッドを無理して狙わないことにする。

③前に遅いクルマの集団がいる時はパワーセットプラス9000rpmシフトで速やかに抜く。

④スタートから2時間，真夜中，ラストの6時間は事故やトラブルが多いので慎重に走行する。特にラストの6時間は独自に他車情報を追い，位置，走り具合を正確に把み，勝てるレース展開を行う。

⑤ドライバーの走行法によって，燃費に大きな差が出るので，ドライバーを指導し，良く合ったセットとする。

⑥前半は燃費95％走行の"走り指向"で戦い，途中の段階でレベルをみて，以後の走り方を決める。

⑦サービス，作戦アドバイスは，混乱をまねかないようにレース監督やテクニカルマネージャーなどを窓口とし，直接メカニックやドライバーにマツダの技術陣が助言したりしないこと。等々。

実際のレースでは，プロフェッショナル集団のマツダスピードが主体となって動くことになるのはいうまでもない。森丘社長がすべての権限を握ることになるが，大橋チームマネージャーと松浦テクニカルマネージャーが中心となる。

チームのコーディネーターやオーガナイズスタッフなどを除くテクニカルスタッフの多くは，3台のマシンに担当が分かれる。それぞれにマネージャーのアシスタントがつき，その下にカーマネージャーがいる。カーマネージャーはメカニックを指揮し，マシンのセッティングからメンテナンス，ピット作業の直接責任をもつ。アシスタントが監督とカーマネージャーをつなぐ役目を果たす。それにチーフメカニック以下5名がカーマネージャーとともにマシンのピット作業をする。ピット作業はこの6名，それに給油係2名，消火係2名の計10名が1台のマシンに付いて行う。

テクニカルスタッフスケジュール（5月24日～6月23日）

		メイン行事
24	金	富士テスト
㉕	土	
㉖	日	1次隊渡仏
27	月	
28	火	
29	水	荷物出荷
30	木	ルマン参加発表会
31	金	車両出荷
①	土	
②	日	
3	月	エンジン&エキゾースト出荷
4	火	2次隊渡仏
5	水	
6	木	
7	金	
⑧	土	
⑨	日	3次隊渡仏
10	月	
11	火	
12	水	PRテスト(13～21時)
13	木	
14	金	PRテスト(9～18時)
⑮	土	ルマン移動準備
⑯	日	ルマン移動, 4次隊渡仏
17	月	パドック設営, 車検準備, 結団式
18	火	車検（4台）
19	水	予選1日目
20	木	予選2日目
21	金	決勝準備, 作戦会議
㉒	土	公開練習走行, レーススタート
㉓	日	ゴール, 後片付け, 解団式

レースの準備が着々と進められていく。

　さらに，各マシンに乗るドライバーの世話をする女性が1人ずつ付く。レース中，ドライバーの食事や，次の走行準備，さらにはアンダーウエアの洗濯といったことまで受けもつ。パドックには乾燥機が用意される。1回の走行でドライバーは汗で体重が1,2kgへってしまうという。次に走る時には気持ち良く行けるようにするのが彼女たちの仕事だった。ふだん，マツダスピードで事務の仕事をしている女性である。
　55号車のアシスタントが大川，18号車が菅野であった。そして，56号車はオレカのアーノ・エリザギャレーである。

＊

　ルマンウィークは火曜日の車検から始まる。その準備のために月曜日には各チームがパーツやレース機材などを運び始め，パドックやピットは1年間の長い眠りを覚まし，活気をとりもどし始める。まだ人の往来はそう多くはないものの，サーキットに隣接したキャンプ場にも，テントが張られ，いよいよ"お祭り"の気配が感じられるようになる。

　火曜日の車検は，ルマン市の中央部にある狭いジャコバン広場で行われる。主役となるマシンを見ようと人々が集まり，人垣ができる。混乱が起きないように設けられた柵の内側でマシンに触れているレース関係者は，人々から特別な目で見られる。"MAZDA SPEED"と大書されたユニフォームを着た人たちの何気ない動作にも視線が集まる。彼らがマシンを動かすと，群集の視線が一緒に移動する。マシンは丁寧に心をこめて磨かれており，眩しいくらいだ。マシンは，日本のお祭りでかつがれる"みこし"のように畏敬の入りまじった興味の目で人々から見られる。
　火曜日にはサーキットの方も行き交う人が多くなり，仮設のレストランができ，キャンプ場のテントの数もふえていく。また，お祭りのムードをもり上げるメリーゴーランドも建設され，ゲーム場ができ，屋台の店が開かれ，見せもの小屋のテントが張られる。
　翌日の予選第1日目になると，人の数は大幅にふえる。レースが始まる緊張と興奮がサーキットを支配し，いよいよマシンのエキゾーストノートが響きわたる。予選2日目には，キャンプ場には空きがなくなり，駐車場も車で埋めつくされる。金曜は休みだが，レースを翌日にひかえ，いよいよお祭りが始まるといった期待が高まる。そして土曜日午後4時，レースがスタートする。
　ルマンにやってくるジャーナリストに対応するために，マツダ広報の島崎文治や河野雄二もプレスルーム開設の準備を始めていた。情報提供や食事・飲みものなどのサービスをするために毎年やってくる。
　現地で大橋チーム監督に接した島崎は，彼が勝つつもりでレースをやろうとしていることを感じたが，ジャーナリストから"マツダの調子は？"と尋ねられても"いいみたいですね。まあ，3位になれれば上等なんじゃないですか"と応えていた。

ジャコバンにおける車検の準備。

　91年で4回目のルマンである島崎は，前年までとチームの様子が違っているのがよくわかった。マシンにトラブルをかかえていると，チームの様子もバタバタと落ち着きがないものだ。予選を終えてもサーキットに隣接した空港の滑走路を借りて，マシンのチェック走行をしたりする。これまでは，いつもそんな調子だったが，91年に限ってそれがない。メカニックの表情も明るく，余裕があるように感じられる。

　90年に初めてルマンにきた河野は，チームの忙しい様子を見て，レースというのはこんなに慌しく大変なものなのかと思っていたが，91年には全くムードが変わっていたので驚いていた。よほど調子がいいんだろうと期待する気持ちが大きくなった。しかし，"優勝を狙っているんじゃない？"という記者の質問には，"そんなことありませんよ，テストの結果がいいから，それなりには走るでしょうが……"と控え目に対応していた。

*

　予選は午後7時～9時，10時～12時の2回，水・木の2日間にわたって行われる。1年のうちで最も日の長い時期に行われるので，夜9時でもまだ明るい。10時からがナイトランである。この予選走行でスターティンググリッドが決められるが，同時にエントリーしているドライバーのすべてが，基準タイム以上で走り，クォリファイされなくてはならない。レースの安全性を考え，テクニックが著しく劣るドライバーは出場させないルールになっている。

　マツダチームのルマンに関する予選のやり方は，毎年ほぼ決まっている。1日目にタイムアタックを試み，同時にドライバーのクォリファイをすませる。そして，2日目は決勝レースに備えたマシンの最終セットをする。91年も基本的には同じである。

　最後まで心配だったサイレンサーの止め金具は，パワートレーン設計部の田所がルマンに来る際に，ポケットに入れて最終仕様のものを運んできた。U字型のスプリングを二重にし，外側と内側の板厚の違うものを第1，第3気筒用に取り付けることにしたのである。この2本の排気管のスプリングが共振により折れる恐れがあったからだ。2，4気筒は従来のもので問題ない。6月12日のポールリカールでのテスト後も，ベンチのシミュレーションでチェックし，最も良いと思われるものにしたのである。予選終了時点のチェックで，問題ないことがわかり，ようやく田所たちパワートレーン設計部のエンジニアは胸をなでおろすことができた。

　マツダの出場車は3台。787B・55号車にはフォルカー・バイドラー（ドイツ，29才），ジョニー・ハーバート（イギリス，27才），ベルトラン・ガショー（ベルギー，29才）が乗る。いずれもF1ドライバーとしての経験があり，ガショーは6月17日のメキシコGPに出場した直後で，まだ時差ボケが直らない状態だった。

出場ドライバー。左からケネディ，ヨハンソン，サラ，ハーバート，バイドラー，寺田，デュドネ，従野。

スペアカーを含めたマシンとチームメンバー。

　787B・18号車はデイビット・ケネディ(アイルランド，38才)，ステファン・ヨハンソン(スウェーデン，35才)，マウリツィオ・サンドラ・サラ(ブラジル，32才)が乗る。サラはテストドライバーも兼ね91年からの参加であるが，ケネディはマツダとのつき合いも長く，マツダのマシンの熟成に貢献している。ヨハンソンは90年に続いて乗る。
　787・56号車の従野孝司(41才)と寺田陽次朗(44才)はいまさらいうまでもなく，マツダの契約ドライバーであり，この2人と90年で引退した片山義美がマツダのレース活動をドライバーとして支えてきた。従野は前年からカーボンブレーキの採用に踏み切るべきだと，片山とともに強く主張していた。またタイヤウォーマーの使用も訴えてい

予選は午後7時から開始。まだ空は十分に明るい。

た。タイヤ交換した直後は冷えたタイヤで，グリップが悪いので，その温度が上がるまでは本来の走り方ができないからだ。優勝を狙うチームには，これは必須のものである。
　この2人の日本人と組むのがベルギー人ジャーナリストで44才のピエール・デュドネである。マツダチームとのつき合いも長く，91年はマツダのSWCレースのマネージャーも兼ねている。
　偶然であろうが，55号車のドライバーはいずれも20才代，18号車は30才代，56号車は40才代となっている。かつて耐久レースは経験豊富なベテランの方が実力を発揮し，マシンも壊さないので安心していられるといわれた。しかし，大橋がいうように"スプリントレースをいくつもくっつけたレース"としてルマンを考えれば，20才代であっても速いドライバーを揃えることは重要だ。
　それでも，監督の大橋やそのアシスタントの大川は，若い3人のドライバーが"フォア・ザ・チーム"のドライビングをしてくれるか不安がないわけではなかった。速く走るだけでなく，燃費の良い走り方を心がける必要があるのだ。
　予選での55号車のマシンセットは，バイドラーが担当することになっている。大橋が3人の中からチーフドライバーとしてバイドラーを選び，そのセットで残る2人もタイムアタックすることになる。3人の好みに違いがあっても，そ

れぞれに合わせるほどの時間的余裕はない。それに，大橋はマシンのセッティングを自分の好みに合わせないと速く走らないようなドライバーではダメだと思っている。逆に，マシンに自分のテクニックを合わせるような柔軟性のあるドライビングでないと，決められた走行ライン以外に速く走れないからだ。レース中に抜いたり抜かれたり，競い合ってラインをはずすことはよくあり，それで大幅にラップタイムが遅くなってしまうのでは，戦闘力のあるドライバーとはいえない。その点では，ハーバートもガショーもバイドラーのセットに，多少の好みの違いがあっても文句をいわない。90年の経験で，大橋はそれを知っていた。

6月19日(水)予選1日目。

ミッションをはじめマシンは予選用にセットされたが，予選の始まる午後7時には雨となった。路面があまり濡れていないので，1周目は大事をとってウエットタイヤだったが，すぐにピットインし，ドライタイヤに変えた。しかし，雨は次第に本格的に降ってきて，とてもタイムアタックできる状態ではなくなった。仕方なく，3人のドライバーのクォリファイ走行を優先することにした。幸か不幸か，雨が降ったので，ポールリカールの耐久テストで問題となったブラックボックスの防水対策がうまくいっているか確認ができた。

大橋は，この雨が非常に残念だった。ポールリカールの最終テストで，サラが予選用のマシンセットを決めている。それをバイドラーが自分の好みでわずかに調整すれば，マシンのセットは完璧に決まる。それで3人のドライバーがどのくらいのラップタイムで走るかを楽しみにしていた。マシンのポテンシャルを評価する確実なデータが残ることになるからだ。むしろ，ドライバーより大橋の方が，この雨を悔しがっていた。

翌日の予選2日目には，決勝レースにあわせたセットのマシンで走行する。当然予選用にセットしたマシンよりタイムは落ちる。これでバイドラーが4分43秒503をマークしている。話が先ばしるが，決勝レースでのベストラップタイムは3分42秒958であった。これを考えると，予選セットでタイムアタックしていれば，控え目にみても，3分40秒を切るタイムが出せたはずだ。もしタイヤのグリップが良ければ，3分36，37秒台も不可能ではなかったであろう。

1日目の55号車の予選のベストラップは3分51秒470で，18号車の3分50秒398を下まわったが，コースコンディションが悪くなる前の走行で，たまたまシケインで遅いクルマにつかえたためである。

2日目も雨模様だった。まずは決勝用エンジンに換装され，そのならし走行から始まった。コースがドライになったのは予選開始後45分頃からだった。暗くなってからではラップタイムの向上はむずかしい。セッティングの過程で，ソフトタイヤを履いたバイドラーが9時までのセッションが終わる寸前にベストタイムを出した。この3分43秒503というのは，90年の787が予選用セットでアタックしたタイムとほぼ同じである。

サスペンションや空力を考えたレース用の最終調整は，ドライバーと話し合いながら菅野が中心になって行う。

ダウンフォースは，前後のバランスが良くとれていることが確認できた。また，カーボンブレーキの採用により，予想以上にフルブレーキング時の姿勢変化が大きいことがわかり，フロントのスプリングを少しかたくした。また，リアブレーキ用のエアダクトも当初より小さくして抵抗を減らし，

グリッド最前列からスタートするプジョー905。

リアウイングへの影響を与えないようなセットにした。これ以外は，ルマン前のテストで行ったセットから変更はほとんどなかった。

55号車の3人のドライバーは，この予選走行が91年用マツダ787Bに乗る初めての機会であった。90年用マシンと比較して，マシン性能が上がり，安定したものになっていることを3人とも喜んでいた。特にカーボンブレーキのすばらしさには大いに満足していた。ガショーは，マシンよりもF1レースから数日しかたたないままスポーツカーに乗ったので，むしろ問題はドライバー（自分）の方にあると語っている。3人のドライバーをご機嫌にさせるほど，マシンの仕上がりが良かったのである。

ところで，ブレーキディスクは，摩耗代の多い37mm幅のカーボン製を使うことにしたが，ルマン用のデータとしては，雨のせいもあり，予選走行では期待したほどのものは得られなかった。しかし，ドライバーはこのブレーキのフィーリングがすごく気に入っており，これまでのテストでも摩耗の状態はスチール製より良いくらいであった。

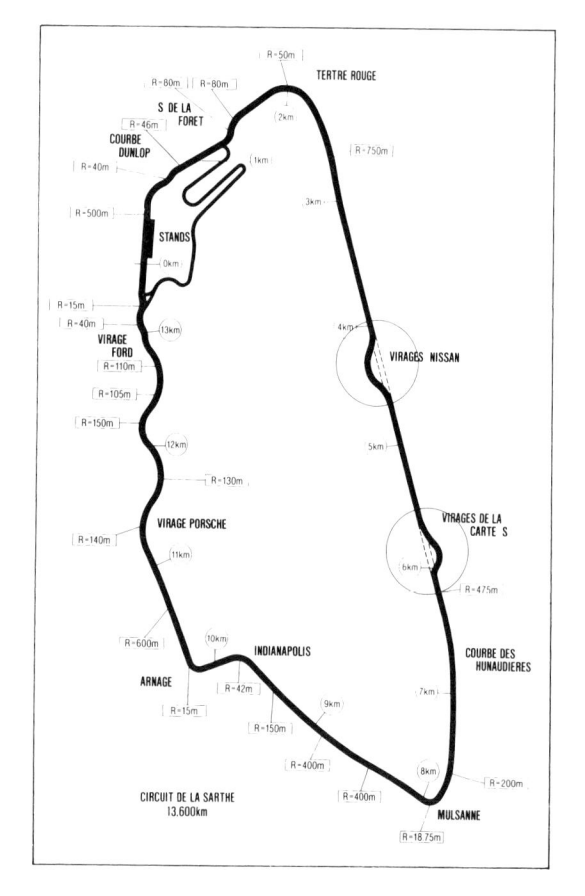

ピット裏側のガレージでミッションギアの交換などが行われる。

最後まで小早川は，カーボンブレーキがウイークポイントにならないか心配していた。アンフィニRX7のための重要な会議があったために，ルマンに小早川がやって来たのは，予選終了間際のことだった。前年のニッサンチームは，カーボンブレーキに関係したトラブルに悩まされていたようだ。同じような，あるいはそれ以上のタイムロスとなる状態に陥っては困る。そうならない保証がほしかったのだ。

ルマンに着いた早々，小早川は松浦をつかまえてブレーキについて様子を聞いた。松浦が問題ないことを伝えると，小早川はやっと安心した。決勝レースではカーボンインダストリー社とブレンボ社のエンジニアがマツダのピットで，タイヤ交換のたびにブレーキの温度や摩耗量を計り，交換のタイミングのためのデータをとることになった。このあたりのマツダチームと部品メーカーの協力関係は実にうまくいっている。

燃費に関しては，決勝レース前に，大橋や大川がよくドライバーに説明することにした。

テレメーターによるシフトポジションやマシンの速度のグラフを示し，ラップタイムと燃費の関係を理解してもらうのだ。つまり，最高速を310km/hからスピードをおさえても，コーナリングスピードを速めればラップタイムはあまり変わらずに燃費が4，5％も向上することをデータで示す。こうした走りをするためには，ストレートでアクセルを戻してスピードをおさえる必要がある。さらに，コーナーの手前50mでブレーキングする場合は，150m手前からアクセルをはなす。これも燃費にすごく効く。しかし，こうした走り方は，ドライバーとしては抵抗がある。いかに力強くアクセルを全開にし，コーナーぎりぎりまで開けているかの競争をいつもしているのである。しかし，それではマツダは24時間走り切ることができないのだ。

初めのうちは抵抗を示したドライバーも，大橋や大川の

熱心な説得で，マツダチームの要求を理解するようになった。しかし，レースとなれば，彼らにハンドルをゆだねると同時に，ペダルの踏み具合もゆだねることになる——。

55号車の予選のタイムは12位で，18号車の3分46秒641は17位，そして56号車の3分50秒161は24位だった。ただし，91年はNA3.5ℓエンジンのカテゴリー1のマシンが10台エントリーしており，これらが予選のタイムに関係なく前方に並ぶことになっている。そのため，マツダをはじめとするカテゴリー2のマシンが，いくら好タイムをマークしても11番手以降からのスタートとなる。

しかし，カテゴリー1のマシンで注目されるのはプジョー905のみで，あとはそれほど戦闘力があるとは思えないスパイス・コスワースDFVなどである。もちろんプジョーも24時間完走は無理を承知で，フランス人ファンへのサービスとテストの意味での出場である。したがって，優勝争いは11番グリッド以下のカテゴリー2のマシンによって行われることになる。

予選の最高タイムはカテゴリー2のメルセデス1号車（シュレッサー／マス／フォルテ）の3分31秒270で，これは5ℓV8ターボエンジンの過給圧を上げた予選セットでのものである。2番目のタイムを出したのはNA3.5ℓのジャガーで3分31秒912だったが，これは予選を走ったのみで決勝には出場しない。メルセデスはカテゴリー2では予選タイム1～3位を占め，これにターボの過給圧を上げて予選を走ったポルシェ962C勢が続いた。カテゴリー2でターボを付けないジャガーXJR12・35号車（ジョーンズ／ボエセル／フェルテ）が3分43秒496で，マツダ55

雨模様なので，ウエット用タイヤも用意された。

号車とタイムは接近しており，すぐ前のグリッドにつくことになった。

大橋は，予選でジャガーのポテンシャルがほぼわかり，レースではマツダとジャガーが死闘といえるほどの争いを展開することになると思った。予選前に，ジャガーのウォーキンショーが，〝昨年のマシンに耐久性がついたらマツダはすごいんだが，どうだい？〟と大橋に水を向けてきた。大橋はニッコリするだけだ。

その後，予選のあと〝どういう作戦でいくのか？〟とウォーキンショーに聞かれた大橋は〝玉砕作戦でいくよ〟と答えた。〝それはもったいない〟とウォーキンショーが応えたが，大橋の言葉を信じたかどうかはわからない。

いずれにしても，ジャガーチームは，91年のマツダはこれまでとは違うぞという印象をもち，ライバルとしてはっきり意識していた。

決勝レースを前にしたマツダのピット。

91年ルマンのスターティンググリッド

⑤プジョー905
3分35秒058
バルディ／アリオー／ジャブイーユ

⑥プジョー905
3分38秒886
ロズベルグ／ダルマス／ラファネル

⑧スパイスSE90C・フォード
3分45秒740
オイサー／ツウォルスマン／ハーヴェイ

㊶スパイスSE90C・フォード
3分53秒833
見崎清志／横島久／長坂尚樹

㊲ROC 002・フォード
3分55秒446
スナー／ファブル

㊴スパイスSE89C・フォード
3分57秒298
グラン／メゾンヌーヴ／ラペイル

⑦ALD C91・フォード
3分59秒343
ド・エナン／タヴェルナ／ゴナン

㊸スパイスSE89C・フォード
4分02秒519
パイパー／イアコベッリ／リッチ

㊺スパイスSE89C・フォード
4分06秒578
アダムズ／ドノヴァン／ジョーンズ

㊹スパイスSE89C・フォード
4分10秒607
シェルドン／ド・ルセップ／リケット

①ザウバー・メルセデスベンツC11
3分31秒270
シュレッサー／マス／フェルテ

㉛ザウバー・メルセデスベンツC11
3分35秒265
ヴェンドリンガー／シューマッハ／クロイツポイントナー

㉜ザウバー・メルセデスベンツC11
3分35秒957
パーマー／ディケンズ／ティーム

⑰ブルン・ポルシェ962C
3分36秒114
ラッラウリ／パレハ／ブルン

⑪クレマー・ポルシェ962C
3分36秒848
ロイター／トイヴォネン／レート

(58)ヨースト・ポルシェ962C
3分40秒526
シュトゥック／ベル／イェリンスキー

(57)ヨースト・ポルシェ962C
3分40秒548
ウィンター／シュナイダー／ペスカローロ

㉟シルクカット・ジャガーXJR12
3分43秒496
ジョーンズ／ボエセル／フェルテ

(55)マツダ787B
3分43秒503
バイドラー／ハーバート／ガショー

⑫クーガーC26S・ポルシェ
3分44秒315
ミゴール／ロベール／ローレ

㉑コンラッド・ポルシェ962C
3分45秒214
コンラート／レイド／ロンバルディ

㊾トラスト・ポルシェ962C
3分46秒181
アンドスカー／フーシェ

⑱マツダ787B
3分46秒641
ケネディ／ヨハンソン／サラ

㉝シルクカット・ジャガーXJR12
3分47秒875
ウォーウィック／ニールセン／ウォレス

㊻クレマー・ポルシェ962C
3分48秒519
ロペス／フォイテク／ニーデル

⑬クーガーC26S・ポルシェ
3分48秒664
ダンフリーズ／オロフソン／ダニエルソン

㉞シルクカット・ジャガーXJR12
3分49秒748
ウォレク／ファビ／アチソン

㊱サンテックTWRジャガーXJR12
3分49秒867
レズリー／マルティーニ／クロスノフ

⑯ブルン・ポルシェ962C
3分50秒098
フイスマン／スターリング／サンタル

(56)マツダ787
3分50秒161
デュドネ／従野孝司／寺田陽次朗

(51)プリマガス・ポルシェ962C
3分52秒822
レシク／イヴェール／アルテンバッハ

㊼クーガーC26S・ポルシェ
3分54秒480
ト・ロレ／ブルボナス／ブランド

(53)シュパン・ポルシェ962C
3分55秒706
ヘイウッド／ウィーヴァー／テイラー

㊿クーガー・ポルシェ962C
3分56秒790
アルメラ／M. アルメラ／ソイジー

⑮ランチアLC2・フェラーリ
3分57秒132
ジョルジオ／コッペリ

⑭プリマガス・ポルシェ962C
3分59秒674
サラミン／オリヴァー／タレス

(52)シュパン・ポルシェ962C
4分01秒761
エルグ／ラッツェンバーガー／ホイ

㊵AOスパイスSE90C・フォード
4分11秒781
ジェイムズ／ウィルソン／ミュラー

メルセデスは，レース前にはマツダを意識していなかったようだ。しかし，大橋の方もメルセデスの作戦・実力が読めなかった。予選では好タイムをマークし，順調そうに見える。しかし，彼らのチームは，順調にいった時の方がレースではムリしてトラブルを呼びこむことがある。メルセデスが90年のルマンを経験していないことがどう出るか，ウイークポイントがあるとすれば，ブレーキとトランスミッションであろうと思っていた。

*

大橋は，2台のマツダ787Bをともに〝ガンガン〞走らせるつもりだった。よくやるように1台は速いペースでもう1台はマイペースという作戦をとるつもりはなかった。あわよくば，ワン・ツー・フィニッシュを果たすくらいの走りで，55号車に18号車もついていかせたいと考えていた。もう1台の90年仕様の787に改良型のニューエンジンを積んだ56号車も，あわよくば5，6位を狙わせるつもりだった。

トラブルの確率が少ないとはいえ，レースでは何が起こるかわからない。ドライバーのミスや他のマシンとのクラッシュ，タイヤのバーストやパンクなど心配したらきりがない。しかし，チームの方から乗ってほしいと頼んだ以上，クラッシュしたら諦めるまでと大橋は腹をくくっていた。マシンのつまらないトラブルでリタイアするよりクラッシュの方が，まだ諦めがつく。

最近はバーストは少なくなっており，パンクもユノディエールにシケインが設置されていることを考えれば，致命的なトラブルになる恐れは少ない。こうした不安を大橋はスタート前にはほとんど抱かなかったという。

ピットインは，13周176.8kmごとに行う。100ℓのタンク容量でガソリン補給を考えれば当然の計算だ。これが1スティントで，そのたびにドライバー交代をするのはマツダチームでは最初の6回のピットインまで。つまり3人が2まわりするまでだ。それからは2スティントずつで交代する。このところ，3人のドライバーが2スティントで交代するのがルマンのスタンダードになりつつある。

本当の勝負は夜になってからで，夜が明けてからは上位のチームのガマンくらべとなる。2スティントは26周353km，これはF1グランプリよりちょっと長い距離であるが，走行時間は約1時間40分，ほぼF1グランプリ1レース分であるといえよう。これがおよそ15レース分，大ざっぱにいえばGPレース1シーズン分近くを24時間で走ることになる。それがルマンだ。

12. 決勝レース——
ついにトップに浮上

　22日土曜日の午前11時から30分ウォーミングアップランが行われたが、この時はコースコンディションはウエットだった。しかし、天候は回復し、午後4時のスタートはドライの良好なコンディションになりそうで、各チームともスリックタイヤを用意した。かつてのマツダチームなら、雨のルマンも歓迎であったが、今回は良好な状況でレースをしたいと思っていた。

　大橋は、ドライバーたちには、前にいる10台のカテゴリー1のマシンのうち、遅いクルマがいることだけを指摘した。

　前日のミーティングで燃費とドライビングの関係も説明し、スタート直後はタイムを上げて走る作戦で、あとは適宜指示することになっていた。

　レーススタートが近づいてくると、ドライバーはそれぞれの流儀で集中力を高めていく。それを知っている大橋は、この頃になるとドライバーに話しかけることもない。よく耳にする"気をつけてよ"とか"がんばって"とかいう言葉を口にしない。彼らはプロフェッショナルだから、そんなことをいう必要は全くないのだ。

　午後4時、38台のマシンによって争われる24時間レースがスタートした。

　アシスタントの大川は、レースが始まっても若い3人のドライバーに、どうしたら効率よく燃費を考えた走りに意識をもっと向けさせられるかを考えていた。予選の前に説明しても、それぞれにラップタイムを気にして走るから、とてもそこまで気を配る余裕が彼らにはなかった。わかっていてもできないのだ。しかし、決勝レースではそれでは困る。はじめのうちはとにかく、レースの中盤前には実践してほしかった。

　そこで、彼らにマツダチームの要求していることが、彼らのプライドを捨てさせることではなく、才能を違う方向に向けることなのだということを理解させようとした。

　つまり、燃費を節約しながら、なおかつラップタイムを良くする走り方を、各自に見つけさせるように仕向けたので

スタートの午後4時が近づきサーキットが緊張に包まれる。

ピットに置かれたテレメーターシステム。

ある。これには、テレメーターからはじき出されるデータが実に説得力があった。

チーフドライバーとして、スタート時にハンドルを握るバイドラーがまず関心をもった。コクピットにも、リアルタイムで周回が終わるたびごとに、その周のタイムとその時の燃費が表示される。たとえば"3・46・11"というラップタイムで燃費は"1.828"と出る。これはスタートしてから5周目のバイドラーの記録である。

仮に1位が24時間で5000km走るとして、ガソリンの総量は2550ℓと決められているから、1.96km/ℓで走ればちょうどよいことになる。そこでマツダでは余裕をみて"1.95(km/ℓ)"を平均値として、これより少ない数字はマイナス（つまり燃料が足りなくなる)、多ければプラスという目安としている。したがって、上記の例の数値では、燃費が心配になる。ただし、レースの前半はマイナスとなってもペースを上げる走り方をすることになっているので、必ずしも"1.95"という燃費をクリアする必要がないのだが——。

走っている方は、自分の走行タイムと燃費の関係がドライビング中にわかり、同時にピットでもテレメーターによってそれを知ることができる。

2回目にバイドラーがハンドルを握ってから、ラップタイムと燃費の関係が良くなった。大橋や大川のいう走り方をしたからだ。その結果3分43秒10と最も速いラップタイムにもかかわらず燃費は"1.899"という数字になっている。これは上記の例と比較すると、ラップタイムが上がっているのに、燃費も良くなっていることが一目でわかる。それをハーバートに示し"君の前回の燃費がこれと同じくらいなのにタイムは3分46秒97じゃないか、もっと工夫して走るべきだ"という。

これは効果があった。こうしたデータを示されると、ドライバーはどうしたらうまくいくか考えながら走るようになる。その結果がすぐにコクピットに表示されるから、自分がトライしたのが良いかどうか直ちにわかるわけだ。

ひたすら速いラップタイムで走ることが価値ある世界から、新しい価値のものにトライする興味をもって3人ともがんばるようになる。それが自然にチームで意図した方向に、ドライバーの意識が向かうことになる。ドライバーの方からどういう走りをしたら燃費が良くなるか聞きにくるようになった。

ガショーがクルマから降りてきて、興奮気味に大川に話した。"オレはいいことを見つけた。ポルシェカーブを4速でうまくまわると燃費が良くなる。ジョニーにも話さなくちゃ"という。ポルシェカーブはふつう3、4、5速とシフトアップしていくとリズムに乗って走れるが、燃費を優先してシフトしないで走ると、コーナーでのスピードが変わらないのに燃費が良くなるのだ。こうしたことを見つけるのが、彼らの楽しみのひとつになった。"今度は5速でトライしてみよう、もっと良くなるかもしれない"というわけだ。さすがトップクラスのドライバーたちは、目標を見つけると、チームの期待

スタート直後から順位を上げるマツダ55号車。

ルマンコースのシフト回数

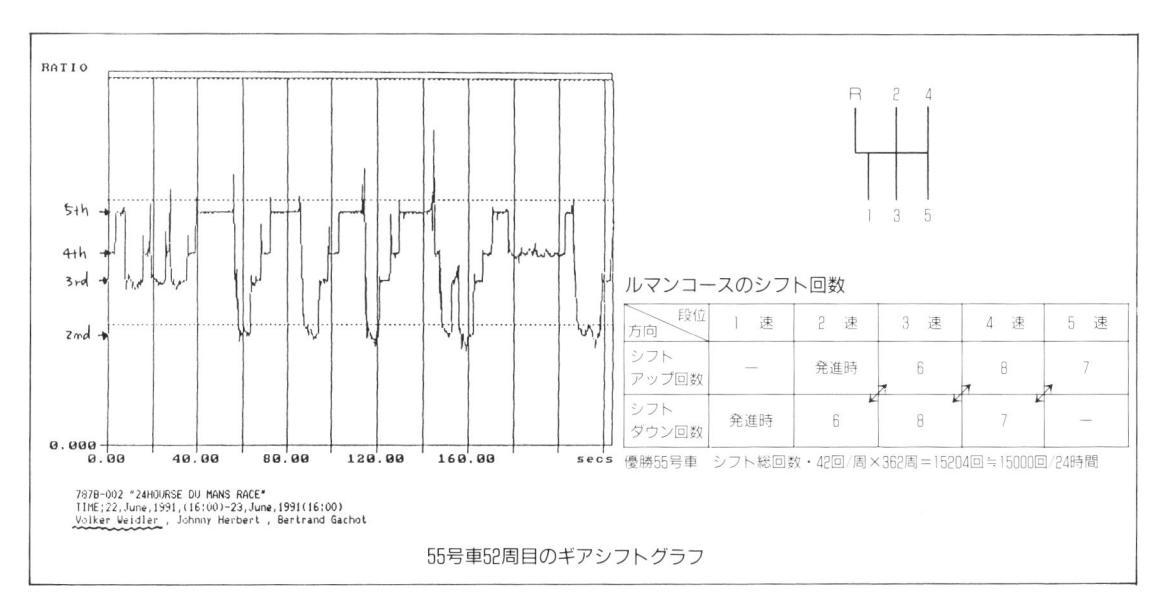

方向＼段位	1速	2速	3速	4速	5速
シフトアップ回数	—	発進時	6	8	7
シフトダウン回数	発進時	6	8	7	—

優勝55号車　シフト総回数・42回/周×362周=15204回≒15000回/24時間

55号車52周目のギアシフトグラフ

燃費走行で快調に走る787B・55号車。

以上のことをしようとする。

ところが、次に再び走り出すと、はじめの数周は燃費があまり良くなかったりする。何周かするとまた良くなっていく。降りてきたドライバーに"どうしてか？"と聞くと、乗りはじめたばかりは、燃費の良い走り方を忘れてしまい、それをまた見つけるのに2、3周かかったのだという。意識して記憶するものではなく、肌でおぼえ、ナチュラルにドライビングしているからであろう。

こうして、スタート前に懸念された燃費の問題は、全くといっていいほど心配なくなった。夜から朝にかけては3分46～48秒というペースで安定して走っていても、燃費は1.96～1.98km/ℓと十分に予定をクリアしていた。

レースは、大橋の予想どおり、ジャガーと長い時間にわたって抜きつ抜かれつをくり返していた。互角に見える勝負であったが、大橋は次第にマツダが優位に立っているという自信がわいてきた。ジャガーのチーム員がマツダのピットで、787Bが燃料をどのくらい補給しているかずっとチェックしている。

大橋はピットロードで何回もウォーキンショーと出会った。"あのペースで走るのかい？"とウォーキンショーが探りを入れてくる。"そうだよ"と大橋が応える。さすがのウォーキンショーもここまでマツダがやるとは思っていなかったようだ。ジャガーのエンジンを7.4ℓにしたのは燃費を良くしようという考えもあったのだろうが、思ったほどの効果がなく、苦しんでいるようだった。

夜になると、外気温も下がってくる。苦しいところだが、ここでペースを上げるとライバルには大きなプレッシャーとなる。油温や水温、油圧などは正常に保たれており、燃費も心配がない以上、勝負をかけてみるのもおもしろい。

トラブルフリーのマツダ55号車は、19番目のグリッドからのスタートだったが、1周目で12位、2時間後には9位、72周目にはジャガーを抜いて5位、さらに89周目にはもう1台のジャガーを抜き4位に進出している。

ジャガー35号車とマツダ55号車とは、レースの3分の1を終わった時点でもその差はわずか10～20秒というすさまじさだった。ストレートではジャガーが速く、コーナーではマツダが速い。ストレートで抜かれたマツダが、コーナーでジャガーを抜きかえすシーンがしばしば見られた。ジャガーのドライバーが大川のところにやってきて"マツダ車がコーナーであんなに速いとは思わなかった"と感想を

101

レース前半，ジャガーとの死闘を続けたマツダ787B。

述べたという。

ジャガーで最速だった35号車を787Bに乗るバイドラーが抜いて3位に上がったのは，午前3時すぎの175周のことだった。ようやくジャガーを振り切ることに成功した。マツダ55号車の前を走る2台はいずれもメルセデスだ。トップのメルセデスには4周リードされているが，とりあえず表彰台が見えてきた。

大橋は，ここでわずかながらペースを上げることにした。トップのメルセデスとは4周の差だった。マツダがペースを上げると，それまで1周で数秒以上メルセデスの方が速かったのだが，それがなくなり，場合によってはマツダの方が速いラップタイムを記録することもあった。これ

787B及び787ブレーキ仕様

	787B	787	90ルマン787
①ローターディスク	カーボンインダストリー 14″×37mm カーボン	ブレンボ 14″×35mm スチール	ブレンボ 14″×35mm スチール
②キャリパー	ブレンボ 4ピストン モノブロック	ブレンボ 4ピストン モノブロック	ブレンボ 4ピストン STD
③パッド	カーボンインダストリー カーボン	パジット RS4/RS4-2	パジット RS4

91年ルマンにおけるカーボンブレーキ部品交換状況

	車両	1回目	2回目
フロントパッド	18号車 55号車	123周 112周	212周 235周
リアパッド	18号車 55号車	212周 交換なし	
フロントディスク	18号車 55号車	212周 235周	
リアディスク	18号車 55号車	交換なし 交換なし	

を知ってかどうかメルセデスのペースがさらに上がってきた。少しずつマツダとの差を大きくしようとしていた。5周リードが安全圏と考えたのかもしれない。ガマンしてプレッシャーをかけ続ける必要があった。

午前4時すぎ，2位のメルセデスに駆動系のトラブルが出た。ピット作業に手間どり後退，マツダ55号車は2位に浮上した。残りはまだ12時間近くある。それでもペースを下げなかった。この頃になると，マツダ55号車は3分47秒21でラップしても燃費は1.954km/ℓであり，すべてがうまくいった時は3分45秒17で1.988km/ℓ，3分46秒20で2.054km/ℓと，レース前には全く考えられないようなすばらしい数字である。さすがに1分44秒台になると1.95を割る値となったが，燃料の貯金はかなりあったので何の心配もなかった。

マツダ55号車がブレーキディスクの交換をしたのは午前6時すぎのことだった。スタートして14時間後のことだ。ブレーキメーカーの技術者がピットインのたびに温度とディスクの厚みを計り，摩耗状況と温度の関係をグラフにしていた。ルマン24時間レースでのこうしたカーボンブレーキに関するデータはほとんどなく，このマツダのピットでのものが最も信頼できる最新データである。これによって，ほぼ正確な交換時期を推測できる。

ディスクについては少なくとも2回は交換しなくてはならないと思っていたが，予想以上に摩耗は進まず，1回ですんでいる。事前の温度コントロールのテストによるセットが効を奏したのであろう。

カーボンディスクの交換作業のトレーニングは予選の合い間にも行われ，3分足らずで交換を終了できるようになっていた。数秒を惜しんでつまらないミスを起こすより，

91ルマン24時間レース総合優勝車・マツダ787B（イラスト・寿福隆志）

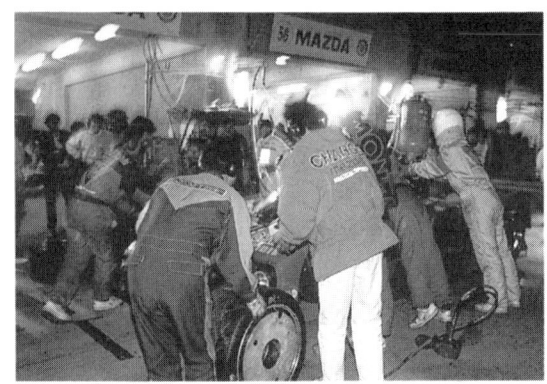

深夜のピットイン。

多少時間をかけても正確にきちんとやることにした。本番でも約3分ですませ、通常のピット作業より1分ほど余分にかかっただけでマシンはピットアウトしていた。

最初のブレーキパッドの交換は午後10時47分にピットインした時で、2回目はこのディスク交換の時で都合2回ですんでいる。ドライビングに大いにプラスになったことと合わせ、カーボンブレーキの採用は、マツダチームにとって大成功であった。

もう1台、マツダ787B・18号車もスタートして3時間ごろまでは予定どおり順位を上げ、55号車についていけるペースだった。しかし、午後8時45分ごろ、ポルシェのスリップストリームに入っている時に負圧でカウルの止め金具がはずれピットイン、順位を10位に下げた。その後、午前4時には8位に上がっている。

18号車の最大のロスタイムとなったのは午前9時すぎ右リアドライブシャフトのジョイント部の温度が許容範囲を

91ルマン24時間レース総合優勝車ピット記録

ピットイン回数	時間 ピットイン → ピットアウト	ドライバー →	周回数	距離 (km)	給油量 (ℓ)	水温 (℃)	油温 (℃)	外気温 (℃)	備考
Start	16:00	バイドラー →						21.2	
1	16:46 → 16:48	バイドラー → ハーバート	13	176	94	80	85	22.0	タイヤ交換
2	17:38 → 17:41	ハーバート → ガショー	26	353	92	82	84	23.0	〃
3	18:30 → 18:32	ガショー → バイドラー	39	530	91	80	83	22.1	〃
4	19:21 → 19:23	バイドラー → ハーバート	52	707	93	82	85	22.3	〃
5	20:12 → 20:13	ハーバート → ガショー	65	884	94	80	84	21.5	〃
6	21:04 → 21:06	ガショー → バイドラー	78	1060	93	73	79	20.8	〃
7	21:55 → 21:57	バイドラー →	91	1237	92	74	81	19.9	〃
8	22:47 → 22:48	バイドラー → ハーバート	104	1414	93	76	78	19.3	タイヤ、ブレーキパッド交換
9	23:16 → 23:18	ハーバート →	111	1509	43	74	77	19.1	タイヤ交換
10	00:04 → 00:08	ハーバート → ガショー	123	1672	90	75	77	18.9	〃
11	00:56 → 00:58	ガショー →	136	1849	96	73	75	18.6	〃
12	01:48 → 01:50	ガショー → バイドラー	149	2026	88	73	74	18.5	〃
13	02:39 → 02:41	バイドラー →	162	2203	92	74	77	15.5	〃
14	03:30 → 03:32	バイドラー → ハーバート	175	2380	92	73	75	15.7	〃
15	04:22 → 04:25	ハーバート →	188	2556	93	73	72	15.1	〃
16	05:13 → 05:14	ハーバート → ガショー	201	2733	92	75	74	14.8	〃
17	06:05 → 06:07	ガショー →	214	2910	89	73	72	15.1	〃
18	06:56 → 06:59	ガショー → バイドラー	227	3087	91	71	72	15.0	タイヤ、ブレーキディスクパッド交換
19	07:49 → 07:51	バイドラー →	240	3264	87	74	74	15.8	タイヤ交換
20	08:44 → 08:46	バイドラー → ハーバート	254	3454	95	73	76	17.1	〃
21	09:35 → 09:37	ハーバート →	267	3631	90	76	75	17.4	〃
22	10:26 → 10:28	ハーバート → ガショー	280	3808	90	73	76	17.7	〃
23	11:17 → 11:18	ガショー →	293	3984	88	74	75	18.4	タイヤ交換、フロントボディ修理
24	12:13 → 12:15	ガショー → バイドラー	307	4175	90	77	76	19.5	〃
25	13:09 → 13:11	バイドラー →	321	4365	91	82	82	20.6	タイヤ交換、オイル交換
26	14:01 → 14:03	バイドラー → ハーバート	334	4542	84	85	84	―	タイヤ交換
27	14:53 → 14:55	ハーバート →	347	4719	86	77	81	―	〃
28	15:41 → 15:43	ハーバート →	359	4882	34	73	80	―	〃
29	15:43 → 16:00	ハーバート →	362	4923	―	―	―	―	

不運なトラブルもあったが、着実に上位に進出するマツダ18号車。

超えて高くなっていたのが発見された時のことだった。懸念していた、排気系からの熱を防ぐために遮蔽板を付けてガードしていたジョイント部だ。55号車と56号車もピットインのたびにこの部分の温度を計って異常の有無を確かめていたが、なぜか18号車だけ温度が上がった。このまま走り続けるとトラブルで破損の恐れがある。大事をとって、交換することにした。作業時間は15分、コースに復帰した時は7位だった。

実はこれは心配された熱害が原因ではなかったようだが、55号車にも同じトラブルが出るかもしれないと、気になるものだ。その後も55号車、56号車はピットインごとにジョイント部の温度チェックが行われたが、トラブルの気配はなかった。やはり遮熱板の効果があったようだ。

18号車もジャガーの一角を崩そうとしていたが、こうしたトラブルでそれはむずかしいものになってきた。

しかし、55号車は激しいジャガーとの争いに勝ち、安定したペースで走り続けた。優れたドライバーは夜が明けてからのがんばりがすごい。苦しくなってくるはずなのに、燃費もラップタイムも下がらず、本領を発揮する。

メルセデスに次いで2位というのは出来すぎだ。このままゴールすれば大成功だ、という意識をマツダチームの多くの人がもった。3位を走るジャガーとの差が少しずつ大きくなっていくので、ペースを下げ安全策をとった方がいいのではないだろうか、と思うのもムリはない。

しかし、マシンの調子は良く、ドライバーものっていた。大橋や大川には、ペースをゆるめる気はなかった。ここはトップを走るメルセデスとの根くらべだ。大橋は、メルセデスのペースがさらに上がったのを知った。マツダを意識しているからだろう。それがムリしたペースであれば、トラブルの確率が高くなる——。

23日正午をすぎた。レースはあと4時間だ。

それからしばらくたって、大橋のところにトップのメルセデスのリアからケムリが出ている、トラブルらしいという情報がもたらされた。そのすぐ後、ピットに入ったメルセデスは、タイヤ交換、ガスチャージの後も、ピットアウトしようとしなかった。そのまま時間がどんどんたっていく。午後1時

順調に推移しマツダのピットは余裕が感じられた。

105

トップのメルセデスC11にトラブル発生、ピットにとどまったままだ。

4分, 55号車がピット前を通過した。この瞬間, マツダ55号車はついにトップに立った。

55号車のカーマネージャーの杉野は, メインスタンドの観客が総立ちとなり, ひときわ歓声が大きくなるのを耳にして, 自分たちと同じようにマツダがトップに立ったことを喜んでくれているのを知った。

大橋はほとんど表情を変えることがなかった。この時記者からトップに立った感想をきかれても"別にどうということはない。順調なレースをやっているだけだ"と素っ気ない返事しかしていない。緊張したものの, ことさらトップを意識しないように自分にいいきかせたのであろう。この時, 82年のシルバーストン1000キロレースのことを想いうかべたという。世界選手権(WEC)レースで大橋が率いるチームのマツダRX7がポルシェに次いでレース中に2位に浮上したのだ。WECで2位というのはすごい成績だ。大橋はこの事態に興奮せざるを得なかった。結果はこのトップのポルシェとクラッシュしてピットイン, このダメージでリタイアしてしまった。この時のいってみれば舞い上がった気持ちに比べると, 多くのレースを経験してきたせいか, 自分があまり興奮していないことに気がついたという。大橋が昂った気分になったら, それがまわりに伝染してしまうに違いない。しかし, そんなことはなかった。モニターの画面に映されたメルセデスのピットの様子を見ながら, 大橋はプレッシャーのかけがいがあったと思った。長い間, 夢にまで見た状況が, 目の前で起こりつつあった。

スタッフとともに, 田知本はピットにいるチームメンバーのために食べものを用意していた。この時間になるとノドにとおりやすいものの方がいいと, ソーメンを皆に食べさせるつもりだった。ところが, メルセデスがピットインし, マ

ピット裏のタイヤ準備風景。

91年ルマン24時間レース順位経過表

快調に走るマツダ55号車。

総合6位に入ったマツダ18号車。

順調に走り，ピットインも全く予定どおりに進む。

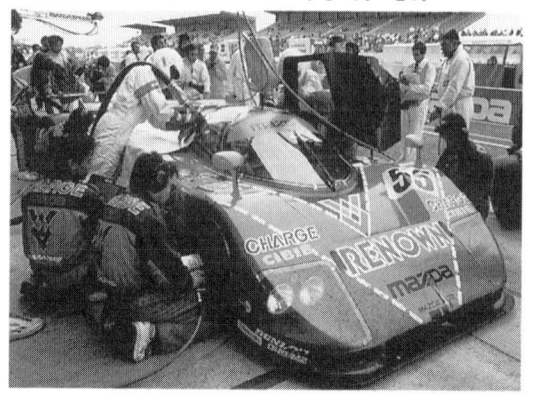

　ツダがトップに立ちそうだときいて，手をとめてモニターの画面に見いった。しばらく目がはなせない。4周後，マツダがトップに踊り出た。大観衆が，マツダ車の走るたびに歓声をあげ，手に持ったフラッグを振っている。2位のジャガーとの差が気になった。2周ある。これならひとまず安心だ。

　気持ちはせわしなかったが，実際に何をしていいかわからない。そこで，田知本はソーメンを用意していたことを思い出した。とりあえず，皆にもくばり，自分も食べた。ソーメンは既にかたまっていた。

　メルセデスには歯が立たないだろうから，優勝はむずかしいと思っていた松浦は，トップに立ってもクールに事態を見守った。もし優勝すればロータリーエンジンでのルマン挑戦のいい記念になると考えたが，技術者だから，レースの成績よりやれることをどれだけやり，その成果がどう出たかで評価したかった。

　燃費に関しては全く心配のないことをテレメーターからの情報で把み，さらにジャガーとの差や，ジャガーのラップタイムなども把んでいた。また，燃費に関してもジャガーはあまり余裕がないことも各種の情報でわかっていた。こうしたことを松浦は大橋に何回も伝えた。

　トップとなった55号車のトラブルといえば，ホイールバラ

1991年ルマン24時間レース結果

順位	カーNo ドライバー	マシン	排気量/カテゴリー	周回数	タイム/リタイア原因	平均時速	レース中のベストタイム
1位	55 V.バイドラー(D)/J.ハーバート(GB)/B.ガショー(B)	マツダ787B	(2616ccR/2)	362周	23:58:35"912	205.333km/h	3'42"958
2位	35 D.ジョーンズ(USA)/R.ホエゼル(BR)/M.フェルチ(F)	ジャガーXJR12	(7400cc/2)	360周	23:59:14"957	204.106km/h	3'44"590
3位	34 T.ファビ(I)/K.アチソン(GB)/B.ウォレク(F)	ジャガーXJR12	(7400cc/2)	358周	23:57:21"939	203.238km/h	3'45"194
4位	33 D.ウォーリック(GB)/A.ウォレス(J)/J.ニールセン(DK)	ジャガーXJR12	(7400cc/2)	356周	23:57:36"213	202.070km/h	3'44"094
5位	31 F.クロインボインナー(D)/K.フェントリンカー(A)/M.シュナパー(D)	メルセデスベンツC11	(5000ccT/2)	355周	23:57:11"110	201.748km/h	3'35"564
6位	18 H.J.シュティック(IRL)/S.ヨンソン(S)/W.サントロ・サラ(D)	マツダ787B	(2616ccR/2)	355周	23:58:36"460	201.36km/h	3'42"185
7位	58 H.J.シュトック(D)/D.ベル(GB)/F.イェンソンネン(D)	ポルシェ962C	(3200ccT/2)	347周	23:58:09"229	196.886km/h	3'42"127
8位	56 P.デュドネ(B)/佐野年彦(J)/寺田陽次朗(J)	マツダ787	(2616ccR/2)	346周	23:56:01"267	196.610km/h	3'50"467
9位	1 M.ロイター(D)/H.トイフォネン(SF)/J.ルート(SF)	ポルシェ962C	(3200ccT/2)	343周	23:56:40"977	194.815km/h	3'42"321
10位	17 O.ラフリ(RA)/J.ハバル(E)/W.フレン(CH)	ポルシェ962C	(3200ccT/2)	338周	23:58:37"635	191.716km/h	3'42"708
11位	12 F.ミコール(F)/L.ロベール(F)/J.D.ローリ(F)	クーガーC26S・ポルシェ	(3200ccT/2)	331周	23:55:17"767	188.181km/h	3'47"695
12位	41 見崎清志(J)/横島久(J)/長坂尚樹(J)	スパイスSE90C・フォード	(3500cc/1)	326周	23:59:33"128	184.791km/h	3'50"138
DNC	50 R.ベイン(GB)/J.ノーマー(GB)/W.テイラー(ZA)	スパイスSE89C・フォード	(3500cc/1)	316周	23:58:13"165	179.288km/h	3'46"165
DNC	43 R.バイレー(GB)/D.イアコベッリ(F)/J.L.リッチー(F)	スパイスSE89C・フォード	(3500cc/1)	280周	23:55:15"688	159.191km/h	3'59"305
DNC	15 L.ジョルジオ(I)/A.コッパ( )	ランチアLC2・フェラーリ	(3000ccT/2)	111周	23:58:06"318	62.983km/h	3'55"705
	1 J.L.シュレッサー(S)/J.マス(D)/A.フェルリ(F)	メルセデスベンツC11	(5000ccT/2)	319周	エンジン	(21:32:04"450)	3'38"634
	49 S.アンドスカー(S)/G.フーシェ(ZW)	ポルシェ962C	(3200ccT/2)	316周	ミッション	(23:08:04"953)	3'43"878
	47 M.アトロ(F)/C.アルビサス(CDN)/M.ブラン(I)	クーガーC26S・ポルシェ	(3200ccT/2)	293周	サスペンション	(22:02:35"536)	3'47"427
	51 J.レング(D)/P.イフェール(F)/O.アルテンバッハ(D)	スパイスSE90C・フォード	(3500cc/1)	232周	サスペンション	(16:24:28"516)	3'49"367
	32 K.ティーム(DK)/L.アイバー(GB)/S.ディケンス(S)	スパイスSE89C・フォード	(5000cc/1)	223周	エンジン	(15:10:43"425)	3'37"634
	52 E.エルグ(S)/R.ラッツェンバーカー(A)/W.ベイカ(GB)	ポルシェ962C	(3000ccT/2)	202周	エンジン	(14:55:09"135)	3'45"370
	57 J.ウィンター(D)/B.ジオッター(D)/H.ベスカローロ(F)	ポルシェ962C	(3200ccT/2)	197周	エンジン	(13:11:14"520)	3'41"188
	36 D.レスリー(GB)/M.マルティーニ(I)/L.クロスノフ(USA)	ジャガーXJR12	(7400cc/2)	189周	インジェクション・ヤマト	(14:09"52)	3'43"601
	9 J.P.グラン(F)/M.メッソーグ(F)/X.ラベイル(F)	ポルシェ962C	(3200ccT/2)	138周	エンジン	(12:33:26"536)	4'04"604
	16 M.フィスス(GB)/R.セスリング(CDN)/D.サンタイ(CH)	スパイスSE89C・フォード	(3500cc/1)	128周	電気系統	(9:26:06"555)	3'47"782
	45 N.アダムス(CH)/R.ラフォン(F)/C.ジョーンズ(GB)	スパイスSE89C・フォード	(3200ccT/2)	101周	オーバーヒート	(7:16:43"818)	3'58"148
	14 A.サラス(CH)/M.コニー・オリソン(MA)/M.タレス(F)	ポルシェ962C	(3200ccT/2)	90周	アクシデント	(6:47:04"872)	3'48"563
	21 F.コンラート(A)/A.レイド(GB)/P.A.ロンバルディ(F)	スパイスSE88P・フェラーリ	(3500cc/1)	88周	エンジン	(6:14:00"157)	3'53"533
	50 J.アルノー(NL)/J.M.アルメラ(F)/P.ドゥブン(F)	クーガーC26S・ポルシェ	(3000ccT/2)	86周	アクシデント	(11:55:35"369)	4'07"774
	44 J.シェルドン(GB)/F.ド.ルセッブ(F)/C.リット(GB)	スパイスSE90C・フォード	(3500cc/1)	85周	電気系統	(4:52:56"204)	3'48"280
	8 K.アイヤー(NL)/C.ソヴァルスマン(NL)/T.ハーヴェイ(GB)	スパイスSE89C・フォード	(3500cc/1)	72周	ギアリンケージ	(5:43:08"565)	3'39"063
	6 K.ロスベルグ(SF)/Y.ダルマス(F)/J.P.ラフォッセ(F)	スパイスSE90C・フォード	(3500cc/1)	68周	アクシデント	(4:17:30"084)	3'53"531
	13 J.ダンブルブース(GB)/D.ウィルソン(ZA)/C.ミューラー(F)	スパイスSE90C・フォード	(3500cc/1)	47周	トランスミッション	(3:05:13"077)	3'48"182
	46 T.ロベス(MEX)/G.フォイテク(CH)/T.ニーナン(GB)	ブジョー905	(3500cc/1)	45周	エンジン	(2:39:34"766)	3'58"998
	7 P.アルヌー(CH)/P.コナー(F)/P.ラクアルド(F)	クーガーC26S・ポルシェ	(3200ccT/2)	38周	エンジン	(1:26:44"734)	3'42"762
	59 F.コンラート(A)/J.ノルト(D)	ポルシェ962C	(3200ccT/2)	22周	ギアボックス	(1:12:47"555)	3'49"558
	54 池谷勝則(J)/M.シュナイダース(A)	ALD C91・フォード	(3500cc/1)	16周	撤退	(4:07:55"106)	4'18"880
	42 J.ベル(GB)/相合俊二(J)/F.スカビー( )	ポルシェ962C	(3200ccT/2)	—	DNQ	—	—
DNS	2 F.クロインバッハ/C291	メルセデスベンツC291	(3500cc/1)	—	DNQ	—	—
DNS	48 C.ホシュルツ(GB)/A.ヘアフォーズ(GB)/T.ルセッブ(F)	クーガーC24S・ポルシェ	(3000ccT/2)	—	DNQ	—	—
DNS	4 A.フォルス(GB)						

※国籍番号 A=オーストリア、B=ベルギー、BR=ブラジル、CDN=カナダ、CH=スイス、D=ドイツ、DK=デンマーク、E=スペイン、F=フランス、GB=イギリス、I=イタリア、IRL=アイルランド、J=日本、MA=モロッコ、MEX=メキシコ、N=ノルウェイ、NL=オランダ、RA=アルゼンチン、S=スウェーデン、SF=フィンランド、USA=アメリカ合衆国、ZA=南アフリカ、ZW=ジンバブエ

109

総合優勝で観客の祝福に応えるドライバー。

ンスをとるために付けたバランスウエイトが走行中に飛んだこと，ヘッドライトが点灯しなくなったことくらいだった。いずれもタイムロスにつながらなかった。レース中，ピットにとどまっている時間は，チームが予想していたより少ないほどだった。

　無事に24時間を走り切り，マツダは勝った。ゴールして，それまでの緊張がゆるんだせいもあったのだろう，マツダチームの人たちが，喜びのあまり泣き出した。ドライバーの世話をしたり，食事の世話をした女性の中には，声を上げて泣く者もいた。6位となった18号車のドライバーたちも，8位となったドライバーたちも，自らがウイナーであるかのように，喜びを顔にあらわしていた。チームが一丸となっての優勝だった。皆が喜び，笑い，泣いた。

　そんな中にあって，終始，大橋とともにレースの成り行きを見守っていたイクスは記者に囲まれていた。"あなたにとって，これは7度目の優勝ですか？"という質問に対し"いや，違う。これはドライバーとチームと大橋のものだ。私は単にアドバイザーにすぎない"とクールに答えていた。そのイクスが，大橋に最大級の祝福を送ったのはいうまでもない。

　大橋はうれしかった。しかし，これで終わりではない，と思う気持ちが強かった。確かにこの日をめざしてやってきた。その意味ではようやく目標を達成することができた。だが，まだまだやりたいことはたくさんある。ひとつの区切りとはなるが，同時に，これは新たなスタートであると思っていた――。

362周を走り総合優勝したマツダ787B・55号車。

ルマンを戦った
ロータリーエンジンの技術的変遷 ……………船本準一

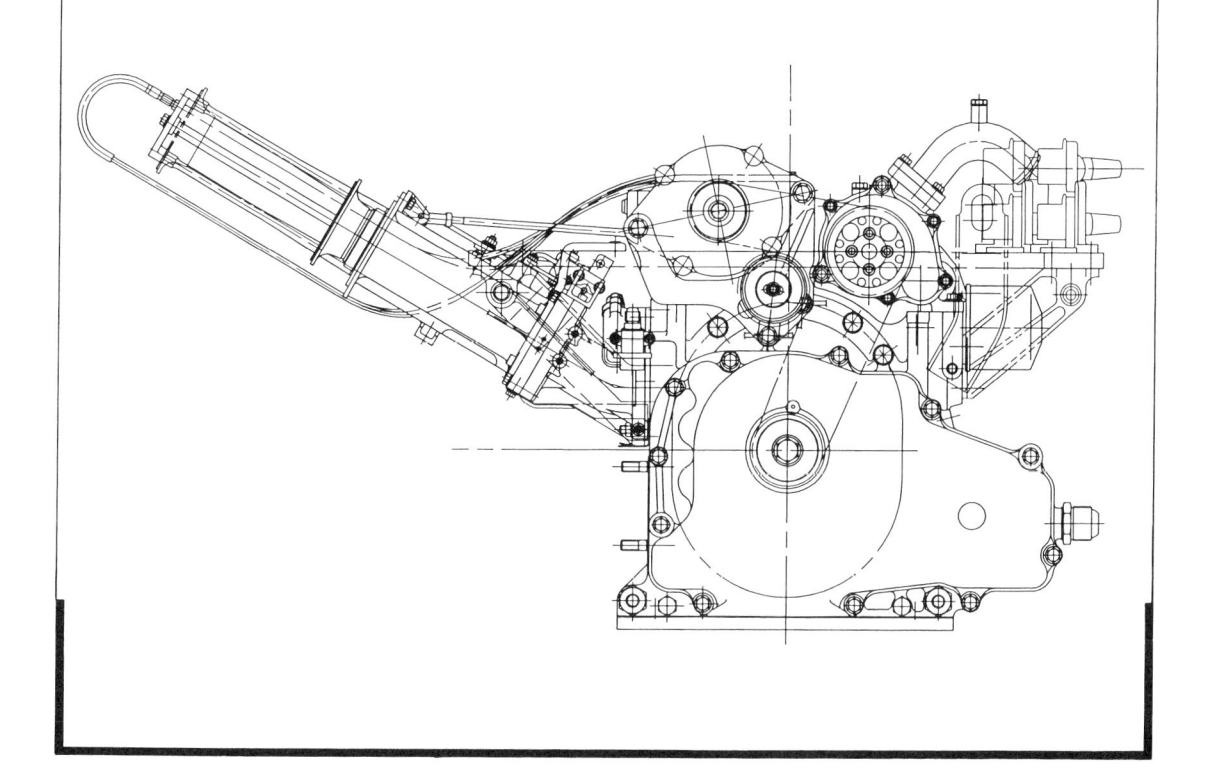

1. ロータリーエンジンとそのチューニング

1-1 基本構造と作動原理

バンケルエンジン,即ちNSU-バンケル型ロータリーエンジンの基本構造は図1-1のようになっている。ローターハウジングは内壁面がまゆ形をしており,その中で三角おむすび形のローターが遊星運動を行う。ローターハウジングとサイドハウジングはレシプロエンジンのシリンダーヘッド及びシリンダーブロックに相当し,ローターはピストンに相当する。

ローターの遊星運動を制御する位相歯車として,ローターとサイドハウジングには歯数比3:2のローターギアと固定ギアが取り付けられている。このふたつのギアが噛み合って回転するとき,ローターの頂点はローターハウジングの内壁面に沿って転動する。即ち,ローターの3つの頂点は,常にローターハウジングの内壁面と接触していることになり,これにより3つの作動室が形成される。

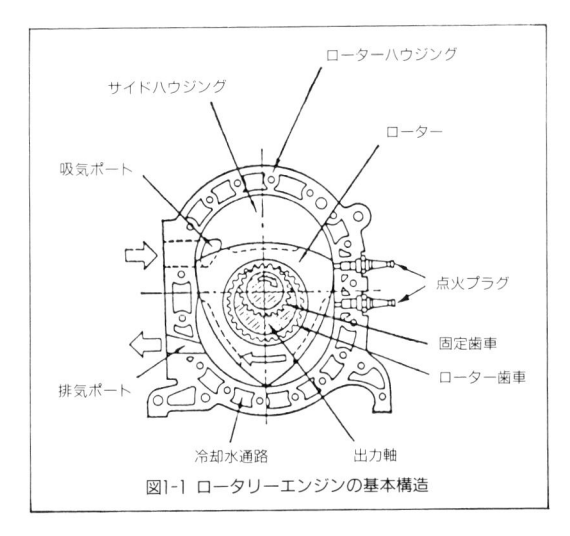

図1-1 ロータリーエンジンの基本構造

図1-2 エンジンの作動原理

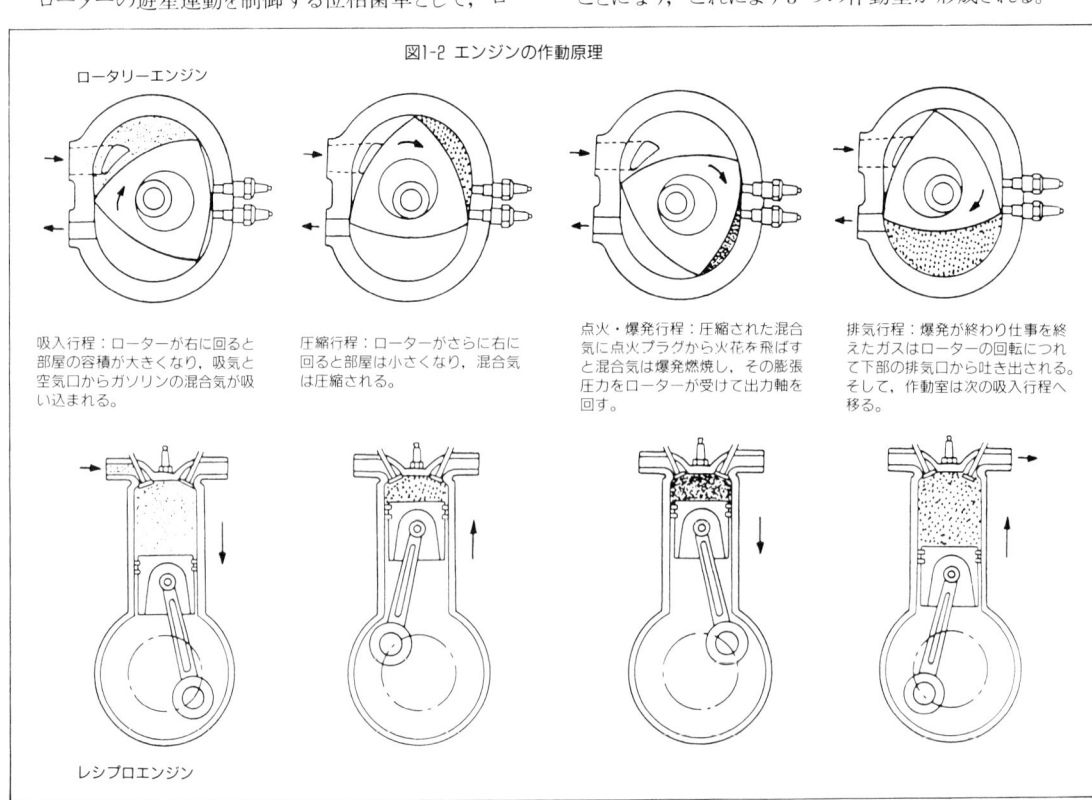

ロータリーエンジン

吸入行程:ローターが右に回ると部屋の容積が大きくなり,吸気と空気口からガソリンの混合気が吸い込まれる。

圧縮行程:ローターがさらに右に回ると部屋は小さくなり,混合気は圧縮される。

点火・爆発行程:圧縮された混合気に点火プラグから火花を飛ばすと混合気は爆発燃焼し,その膨張圧力をローターが受けて出力軸を回す。

排気行程:爆発が終わり仕事を終えたガスはローターの回転につれて下部の排気口から吐き出される。そして,作動室は次の吸入行程へ移る。

レシプロエンジン

エンジンの作動原理を図1-2に示す。レシプロエンジンでは，シリンダーの中でピストンが上下するときにできる容積変化に同調させ，吸排気バルブをタイミングよく開閉することにより吸入，圧縮，点火・爆発，排気の行程を行っている。

ロータリーエンジンは，おむすび形のローターがまゆ形のハウジングの中を，内壁面に接触しながら回転するときにできる容積変化を利用し，レシプロエンジンと同様に吸入，圧縮，点火・爆発，排気の行程を行っている。ローターによって形成される3つの作動室は，それぞれが少しずつずれて同様な行程を行い，ローターが1回転する間にそれぞれの行程を1回だけ完了する。つまり，ロータリーエンジンは吸入，圧縮，点火・爆発，排気の行程が明確に区別することができるため4サイクルエンジンといえ，なおかつ，2サイクルエンジンと同様に出力軸1回転で1回の爆発が行われていることになる。

吸気と排気のポートはローターの回転につれて，ローター自体で自動的に開閉されるため，ロータリーエンジンにはレシプロエンジンのような吸排気バルブはない。

1-2 主要構成部品

以下に，エンジン本体の主要構成部品について紹介する。

(1)ハウジング

ロータリーエンジンのハウジングは，筒状のローターハウジングと側壁面を形成するサイドハウジングで構成される。そして，レシプロエンジンでは，吸入から排気までの各行程が同一の場所で行われるのに対し，ロータリーエンジンでは，作動室が各行程に応じて移動する。このため，ハウジングは吸入行程が行われる位置では常に新気により冷却され，膨張行程では常に燃焼ガスにより高温高圧にさらされている。

a．ローターハウジング

ローターハウジングは，作動室が各行程ごとに移動することによる圧力変化や温度変化を大きく受ける。さらには，内周面(トロコイド面)にアペックスシールの遠心力やガス圧による押しつけ力が作用する。このため，材質，構造，表面処理などに特別な配慮がなされている。

ハウジング内周面の外側は，冷却水の通路となっており，剛性の確保と冷却効果を高めるためにリブやフィンが設けられている。さらに，点火プラグ連通穴や排気ポートなどが，エンジンの要求特性に合わせた最適な位置に設けられている。

ハウジングの材質は，アルミニウム合金が一般に使用され，アペックスシールが摺動する内周面には耐摩耗性を向上させるために，クロームメッキ等の表面処理が施される。また，潤滑油の保持性を向上させるために，クロームメッキの表面に機械的に微小な穴や溝を設けたり，電気的にポーラスクロームメッキを行うこともある。

b．サイドハウジング

サイドハウジングはサイドシール，コーナーシールそしてオイルシールの摺動面を持っており，ローターハウジングと同様に受けるガス圧の強さや温度が位置によって異なる。ハウジング内部は中空で冷却通路があり，剛性の確保と冷却効果を高めるためにリブが配置されている。

ハウジングの材質は，熱負荷がローターハウジングほど高くないため，低コストの鋳鉄が一般的に使用される。摺動面にはガスシールの摺動摩耗対策として硬化処理が施される。

(2)ローター

ローターはレシプロエンジンのピストンとコネクティングロッドの機能をもち，燃焼ガスの圧力を直接出力軸に回転力として伝える。さらに，ローターは吸排気バルブの機能も兼ね備えており，ローターの回転により吸排気ポートが自動的に開閉される。

ローターには，頂点にアペックスシール，側面にサイドシール，コーナーシール及びオイルシールが装着され，中心部にローターギアとローター軸受けが組み付けられている。図1-3にローター各部の名称を示す。ローター内部は，冷却と軽量化のため中空構造となっており，剛性と冷却効果を高めるためのリブが設けられている。

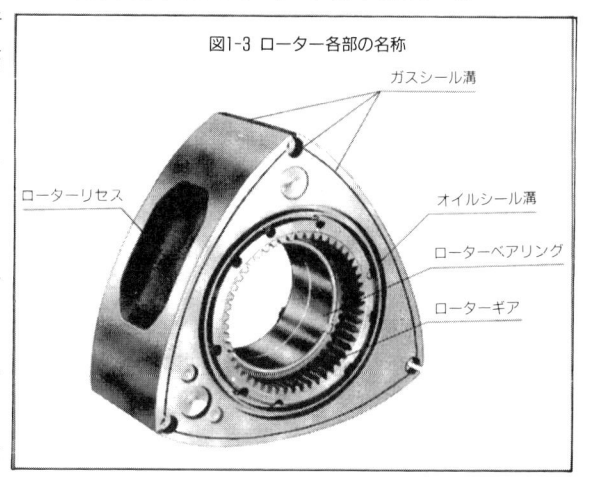

図1-3 ローター各部の名称

ガスシール溝
ローターリセス
オイルシール溝
ローターベアリング
ローターギア

ローター外周の３つの面はローターフランクと呼ばれ，フランク面に設けられる凹みがローターリセスと呼ばれる。リセスの容積によりエンジンの圧縮比が調整される。さらに，リセスの形状及び位置はエンジンの燃焼特性に大きな影響を与えるため，エンジンの要求特性に合わせて最適な形状，位置が選定される。

(３)出力軸(エキセントリックシャフト)

ロータリーエンジンの出力軸は，レシプロエンジンのクランク軸に相当するもので，回転中心に対して偏心したロータージャーナル部でローターに働く爆発力を受け，回転力として取り出す働きをする。

出力軸は，固定ギアに組み込まれた主軸受けで支えられ，前端部にはつり合い錘（バランスウエイト），補機駆動用歯車，プーリー等が，また後端部にはつり合い錘，フライホイールが取り付けられている。内部には軸受部の潤滑や，ローター内部の冷却用として潤滑油を供給するための潤滑油路が設けられている。材質は，曲げ剛性の高いクローム鋼，クロームモリブデン鋼等の鍛造品が一般的であり，各ジャーナル部には焼き入れ処理が施されている。

(４)ガスシール

ロータリーエンジンのシール機構は，各シールが立体的に組み合わされているため，そのつなぎの部分の構造に工夫が凝らされており，レシプロエンジンの圧力リングに相当するサイドシール，隣接する各作動室間の気密を保つためのアペックスシール，そして両者の接合部の気密を行うコーナーシールで構成される。各シールの背面にはそれぞれスプリングが配置され，シールが摩耗した場合でもシール面との密着した接触が保たれるよう工夫されている。図1-4にガスシールの構造を示す。

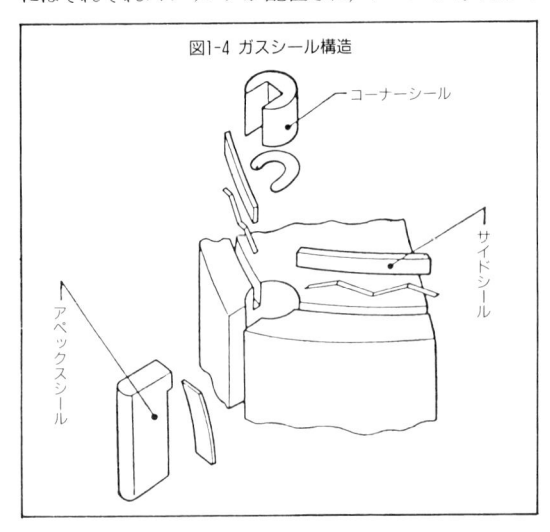

a．アペックスシール

アペックスシールはローターの３つの頂点に配置され，各作動室のシールを保つとともに，ペリフェラルポートの場合，吸排気バルブの役割も兼ね備えている。

アペックスシールはシール底面に働くガス圧とスプリングの張力でトロコイド内周面に押し上げられるとともに，シール側面に働くガス圧によりシール溝の一方に押しつけられており，頂点と側面とで気密を保っている。シールの端面は，シールやハウジングの熱変形や製作誤差を考えた場合，サイドハウジングとの間にある程度の隙間が必要となるが，アペックスシールを分割形にすることでその隙間を少なくすることができる。

b．サイドシール及びコーナーシール

サイドシールはローター側面に配置され，作動室の高圧ガスがローター側面部へ漏れるのを防ぐ役割をはたしている。また，サイドハウジング摺動面と平面で接触し，オイルシールの軌跡内を通ることもあり，潤滑条件は他のガスシールより有利である。

コーナーシールは，アペックスシールとサイドシールのつなぎの部分の気密を保っている。ローターのシール穴側面との気密を保つためには，シール穴とシール外形の隙間をできるだけ小さくする必要があるが，あまり小さくするとコーナーシールが動けなくなる。そこで，半径方向の剛性を下げて弾力性をもたせる形状にし，隙間を少なくしている。

1-3 モータースポーツ用チューニング

ここでは，モータースポーツ用エンジンのチューニングの概要について紹介する。

エンジンの出力は，$He = \dfrac{Pe \cdot Vh \cdot N}{450}$ あるいは $He = \dfrac{Te \cdot N}{716}$

He：出力　　　　　N：エンジン回転数
Pe：平均有効圧力　Te：軸トルク
Vh：排気量

で表すことができる。ポイントはTe(軸トルク)，言い替えればPe(平均有効圧力)を高めるために，大量の混合気を吸入し効率よく燃焼することと，エンジン自体の回転許容限界を高めることの２項目にある。同時に忘れてはならないのが，パワーアップされたエンジンは，高負荷，高回転

図1-4 ガスシール構造

に耐えられる耐久性，信頼性を有しておかなければならないということである。

（1）吸気系

吸気系のチューニングは，大量の混合気を吸入するために最も効果的なものである。ロータリーエンジンの場合も吸気抵抗をできるだけ減らし，動的効果を有効に利用することが一番のポイントとなる。急激な断面変化，形状変化をなくし，滑らかな吸気の流れを実現すると同時に，吸入ポート形式やポートタイミングの選定，吸気管の管径や管長を選定し，エンジンの要求特性に合わせていく必要がある。なお，吸気管の管径や管長については，レシプロエンジンと同じ考え方が適用できる。

（2）吸入ポート方式

レシプロエンジンのような弁機構がないロータリーエンジンの場合，吸排気ポートをローターハウジングまたはサイドハウジングの適正な位置に設ければ，適正なガス交換が行われる。ローターハウジングに設けられたものをペリフェラルポートと呼び，サイドハウジングに設けられたものをサイドポートと呼ぶ。そして，それぞれ特徴が異なるため，エンジンの要求特性に応じてその特徴が生かせる方式の選定が行われている。ただし，排気ポートについてはサイドポート方式の場合，高温の排出ガスがローター側面に大量に侵入し，サイドシールやオイルシールに悪影響を与えるため，一般にペリフェラルポートが採用される。レース用エンジンの場合も，基本的にこのふたつのポート方式をベースに要求特性に合った方法が採られる。

a．サイドポート

サイドポートは，ポート形状が幾何学的な制約を受けること，吸気の方向がローターの回転方向と異なることなどにより通気抵抗が大きい。このため高速性能はペリフェラルポートよりも劣るが，渦流が起こりやすくミキシングが容易なこと，吸排気のオーバーラップが小さいことにより，低速や軽負荷でも安定した燃焼が得られる。したがって，低速から高速までの広範囲なバランスが要求される量産仕様のエンジンに多く採用される。

レース仕様のサイドポート方式では，先に述べたポート内面の研磨仕上げと，ポートエリアを拡大する手法が採られる。しかし，サイドシールとコーナーシールがポートに落ち込まないような形状とし，さらに潤滑油がポートに流れ込まないようにオイルシール摺動軌跡の外側に配置しなければならないため，エリア拡大には限界がある。一般にインレットクローズ側に拡大し，タイミング的にはABDC60

までが限度となる。

b．ブリッジポート

ブリッジポートは，より高出力をめざす場合に，サイドポートでは不十分なポートタイミング及びポートエリアをさらに拡大する手法である。先のインレットクローズ側を拡大するのに続き，インレットオープン側も拡大するが，この際サイドハウジング面を摺動するコーナーシールとサイドシールが落ち込まないように当たり面を確保する必要がある。図1-5にサイドポート上のガスシールを示す。この形状がちょうどサイドポートの中央部に橋を架けたような形になることから，ブリッジポートと呼ばれる所以である。サイドポート方式のチューニングでは，最高レベルのものといえる。図1-6にブリッジポートとサイドポートを示す。

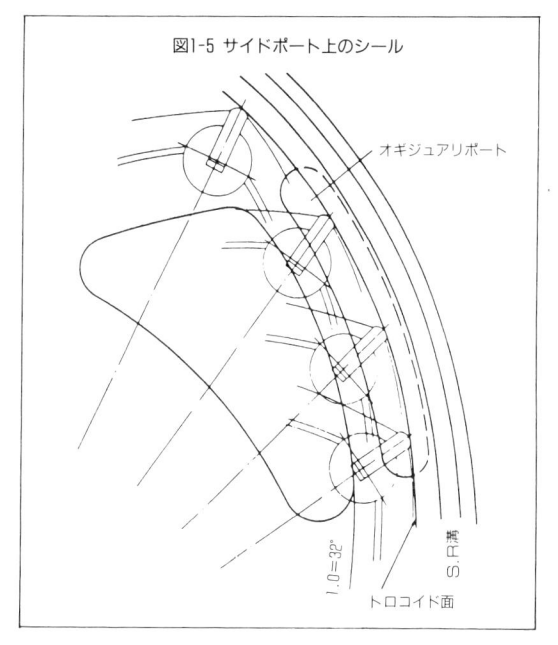

図1-5 サイドポート上のシール

図1-6 ブリッジポートとサイドポート

図1-7 セミインナーコンビポート

c．セミインナーコンビポート

ブリッジポート仕様に改造を加え，吸気ポートをさらにローターハウジング側に拡大したのがセミインナーコンビポートである。ただ，この仕様はシーリングラバーを部分的に切り取る必要があるため，水漏れという信頼性上の懸念が残り，あまり使用されない。図1-7にセミインナーコンビポートを示す。

d．ペリフェラルポート

ペリフェラル吸気方式は，開口時間が長く，また吸気の方向がローターの回転方向と同一のため，高速・高負荷時の充填効率が高い。一方，低速や軽負荷時には，オーバーラップの期間が長いため既燃ガスが大量に混入し燃焼が不安定になる問題がある。したがって，高速性能が重視されるレース用エンジンに用いられる。図1-8にペリフェラルポート用ハウジングと量産ハウジングを示す。

(3) ポートタイミング

ロータリーエンジンでのポートタイミングは，レシプロエンジンのカムシャフトに相当するものといえるが，ロータリーエンジンの場合，ペリポート，サイドポートともにポートの開閉がローターによって行われるため，タイミングによりポートエリアが制約を受けることになる。

インレットオープンを早くすると，低速から高速域まで全域の出力向上が図れる。これは混合気を吸入する時間がふえ，あわせて開口面積も広くなるため充填効率が上がることによる。同様に，インレットクローズを早くすると低速よりのトルク特性となり，遅くすると高速型になる。しかしながら，低速型にすると高速での出力が犠牲となり，高速型にすると中低速トルクが犠牲となるため，オーバーラップ期間も含め要求特性に合わせた位置選定が必要である。

これまでの例では，吸気ポートでは

図1-8 ペリフェラルポート用ハウジング

・サイドポート仕様；IO=BTDC32, IC=ABDC60
・ブリッジポート仕様；IO=BTDC100, IC=ABDC60
・ペリポート仕様　；IO=BTDC100, IC=ABDC60

同様に排気ポートでは，EO=BBDC71〜75，EC=ATDC65が採用されている。

(4) 燃料供給系

燃料供給系については，レシプロエンジンと同一の考え方であり，時代に即したシステムを選定する必要がある。初期段階では，ウェーバーキャブレター，機械式燃料噴射であるルーカス式，ボッシュ式，EGI（電子制御燃料噴射装置）と変遷しているが，そのシステムがもつ特性を生かした効率的な燃料セッティングが不可欠である。

(5) エンジン本体

吸気系のチューニングにより吸入された大量の混合気を，出力向上に結びつけるためには，効率よく燃焼させることである。ここでは，燃焼室（リセス）の形状について紹介する。

ロータリーエンジンの場合も燃焼室の形状により性能は変化する。それは，レシプロエンジンでも半球型，ペントルーフ型，ウェッジ型等の燃焼室形状によって性能が変わることと同じである。図1-9に各種の燃焼室形状を示す。これによる差は，高出力という点でみると，

① メインマスは，現行2プラグ位置との関係から，MDR（Medium Deep Recess）のように中央にあるものが良く，LDR（Leading Deep Recess），TDR（Trailing Deep Recess）は好ましくない。

② 形状はコンパクトなものが良く，LFR（Leading　Flat

図1-9 燃焼室形状

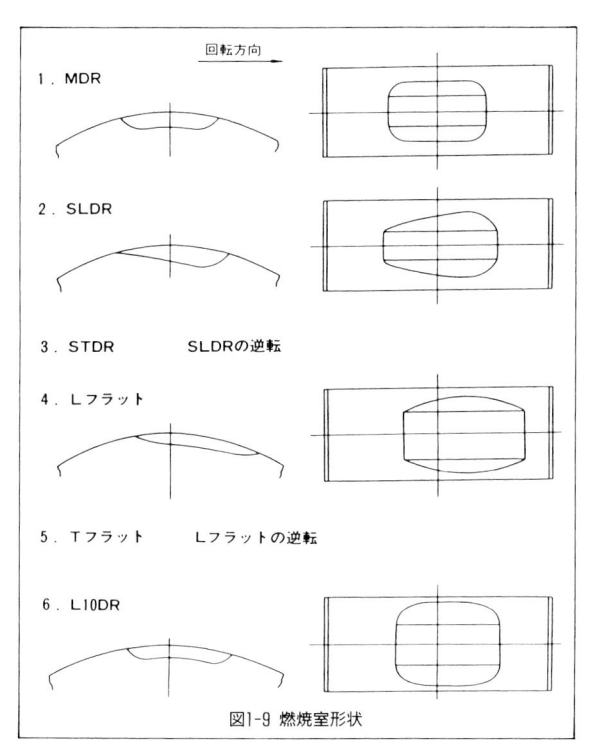

1. MDR
2. SLDR
3. STDR　SLDRの逆転
4. Lフラット
5. Tフラット　Lフラットの逆転
6. L10DR

Recess)のようにフラットなものは好ましくない。
これらの結果により，レース用の燃焼室形状は一般にはMDRが採用されている。

1-4 ルマン用エンジンの変遷

マツダでは，ロータリーエンジンの市場導入初期から併行してモータースポーツ用ロータリーエンジンの開発を行ってきた。当初，2ローター10A型からスタートしたエンジンは，市販車に合わせ12A型，13B型と排気量をアップしてきた。ルマンへの本格的な挑戦は燃費規制が導入された83年以降からで，当初エンジンは2ローター13B型で，参加カテゴリーもCジュニア，C2とトップを争う位置にはなかった。この間トップ争いに加わるため，レーシングターボの開発も行っていたが，最終的にはマルチロータ一化の方向に移行し，86年から3ローター，88年からは4ローターに切り替え，高度化しプロフェッショナル化していくルマンに対応してきた。

これまでのルマン挑戦の変遷の概略を以下に述べる(図1-10)。

ロータリーエンジン搭載車が，ルマンに初めて参加したのは1970年で，ベルギー人がシェブロンB16に10A型エンジンを搭載して出場したものであった。結果は，冷却水パイプの破損が原因で4時間でリタイアした。

日本のチームが初めて参加したのは，73年にシグマオートモーティブが製作した車両に12A型エンジンを搭載したシグマMC73で，11時間目にクラッチトラブルでリタイア。翌74年には，マツダスピードの前身であるマツダオート東京とのジョイントで改良型のシグマMC74にペリフェラルポート仕様の12A型エンジンを搭載して出場，24時間走り切ったものの規定周回不足であった。これ以降，マツダスピードのルマンへの挑戦が開始された。

その後，79年からはRX7のシルエットフォーミュラに13B型エンジンを搭載して挑戦を再開し，82年に総合14位を確保した。83年からは燃費規制を導入した現行グループCレギュレーションが施行されたが，これに対応した車として本格的な2シーターレーシングカーの717Cシリーズが製作され，ボッシュ機械式燃料噴射装置を付けた13B型エンジンが搭載された。

13B型エンジンによる挑戦は85年まで続き，83年に総合12位，84年には総合10位(アメリカチーム)と着実に成果

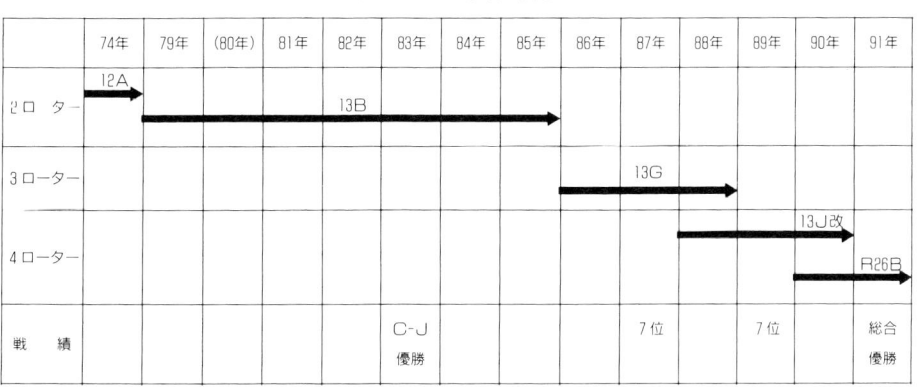

図1-10 ルマン挑戦の変遷

	74年	79年	(80年)	81年	82年	83年	84年	85年	86年	87年	88年	89年	90年	91年
2ローター	12A→	←				13B		→						
3ローター										13G →				
4ローター												13J改 →		
													R26B →	
戦績						C-J優勝				7位	7位			総合優勝

を上げたが，ポルシェのほぼ半分しかない出力では上位を狙える位置にはなかった。出力確保策として，13Bにターボチャージャーを装着したエンジンを試みたが，レシプロエンジンより高い排気ガス温度と出力向上による異常燃焼等の信頼性問題，燃費と苦闘することになり，最終的にはマルチローター化に方向転換を行った。

86年にマルチローター化の第1弾として，13G・3ローターエンジンを搭載したマツダ757が登場したが，ドライブシャフトのトラブルでリタイアした。しかし，続く87年には1台が快走し総合7位を獲得した。

マルチローターは，ロータリーエンジン開発着手時からすでに構想され，種々トライされていたが，実用化までは至らなかった。これは，中央に配置する気筒を組み込むために，ロータリーエンジンの重要部品である出力軸または固定ギアを分割する必要があり，その技術が確立できていなかったことによる。13Gエンジンでは，テーパー継ぎ手というオーソドックスな手法で2分割シャフトを実用化し，これ以降のマルチローター化の道を開いた。

88年には，4ローター化した13J改エンジンを搭載したマツダ767が出場したが，排気系のトラブルで大きく遅れ，総合17，19位にとどまった。

89年には，レーシングエンジンとしては初めての可変吸気を採用，セラミックアペックスシール，サーメット溶射ハウジング等により熟成を図った13J改(-2)エンジンとモディファイされたマツダ767Bにより4980kmを走行，87年に続き総合7位入賞を果たした。

そして90年には，13J改をさらに改良しリニア可変吸気，3プラグ，PPI等により高出力，低燃費，高信頼性化を果たしたR26B型エンジンを搭載したマツダ787が登場。熟成不足により早期にリタイアしたが，ロータリーエンジンによる最後の挑戦となった91年の第59回ルマンでは，その反省を生かし万全の体制で臨み，念願の総合優勝を飾ることができた。

2. 2ロータ―13B型エンジン

13B型エンジンは，量産ロータリーエンジンをベースに開発されたもので，これまでの10A，12A型の集大成といえるエンジンで，高出力と信頼性の両立を高次元で図っている。このエンジンは，これから順次紹介するレース用エンジンの仕様，性能の出発点となる基本的なエンジンといえる。さらに，スポーツキットエンジンとして発売されており，一般ユーザーの間で広範囲に使用されている。

ルマン24時間レースでは，79年のRX7グループ5仕様車から，86年のマツダ737Cまで使用されている。

図2-1に主要諸元を，図2-2に全開性能を示す。最高出力310ps/9000rpm，最大トルク26kgf-m/8000rpmが得られた。

2-1 エンジン概要

このエンジンは，量産13B型2ローターエンジンをベースに，高出力化とそれに伴う信頼性，耐久性を確保するため各部の変更を行っている。図2-3に13B型エンジンの外観を，図2-4にエンジンの断面図を示す。

(1) エンジン本体

ローターハウジングは，吸気効率の高いペリフェラル吸気ポートを持つため，量産仕様のアルミダイキャスト鋳物

図2-1 主要諸元

型　　式	13B型
種　　類	直列2ローター
排気量　(cc)	654cc×2ローター
偏心量×創成半径×幅　(mm)	15×105×80
圧縮比	9.4
吸気方式	ペリフェラルポート
最高出力　(ps/rpm)	310ps/9000rpm
最大トルク　(kgf-m/rpm)	26kgf-m/8000rpm
重量　(kg)	120
全幅×全長×全高　(mm)	605×480×520
燃料供給装置	ボッシュ機械式燃料噴射
潤滑装置	ドライサンプ方式
冷却装置	水冷式
点火装置	CDI

図2-2 全開性能曲線

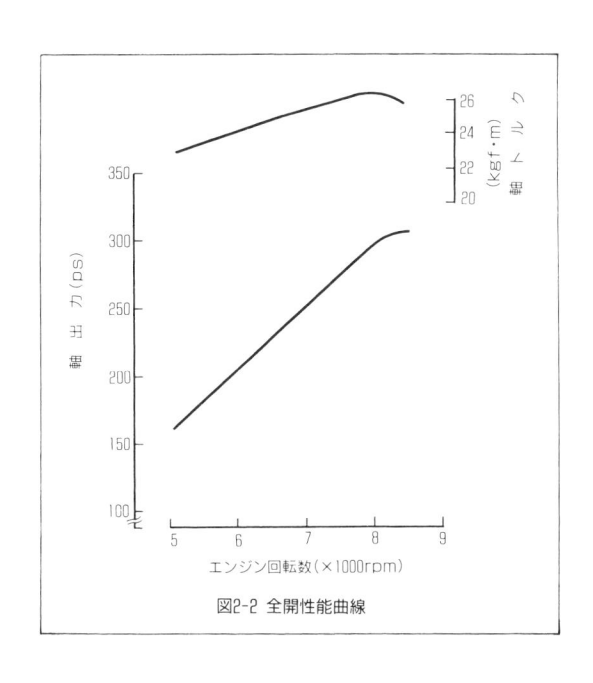

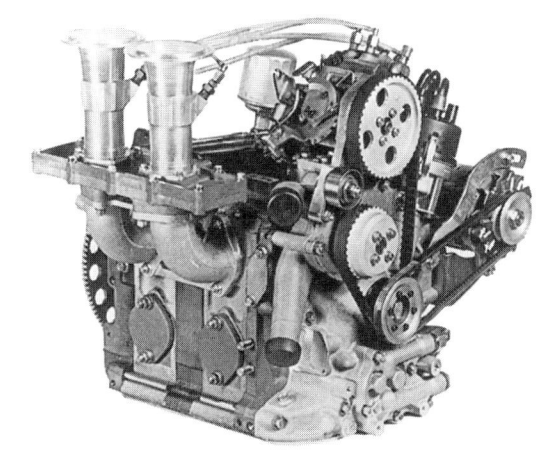

図2-3 13B型エンジン外観

でなく、通常のアルミ鋳物としている。トロコイド面には、直接硬質クロムメッキを施している。
　サイドハウジングは、量産用を使用しているが、サイドポ

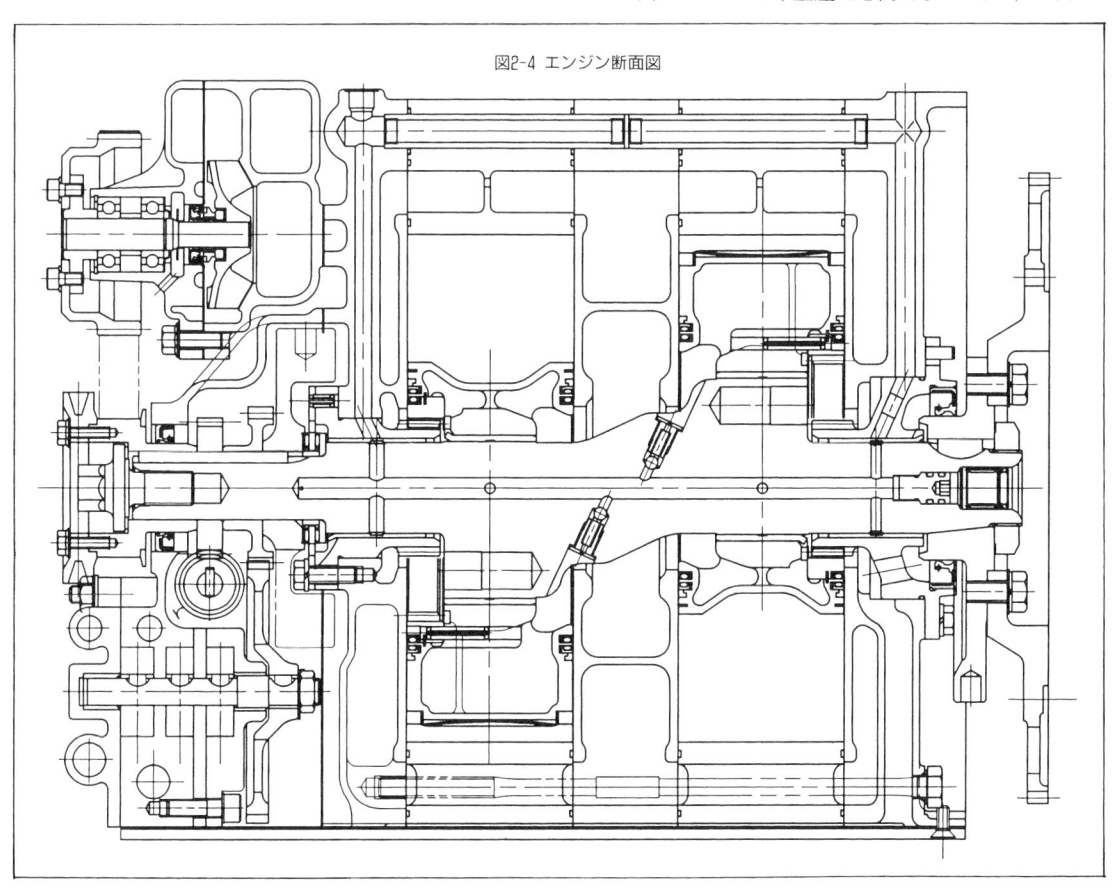

図2-4 エンジン断面図

119

図2-5 ローターギア部詳細

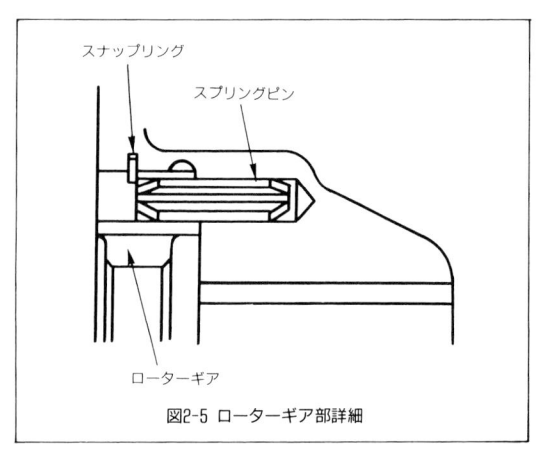

ートは樹脂系の充填材でブラインドしており，ブローバイガスを回収するため，わずかにくぼみを残している。

ローターは量産用をベースとし，圧縮比は9.4である。

ローターギアとステーショナルギアは，高出力および高回転化に伴い増大するギア荷重を低減するため，次のようなギア荷重低減策を採用している。

ローターギアは，ギアを固定しているスプリングピンを9本から12本に変更し，固有振動数を上げ通常使用域では，共振領域に入らないようにしている。また，ギアが振動で抜け出るのを防止するため，抜け止めのスナップリングを設けている。図2-5にギア部詳細を示す。

ステーショナルギアは，部分的に剛性を下げ，回転変動荷重による衝撃力を緩和している。さらには，ギアの疲労強度を向上させるため，特殊合金鋼を使用し浸炭焼き入れを行っている。図2-6に剛性ダウン例とギア荷重の変化を示す。

ガスシールは，高出力と耐久性を維持するために，非常に重要な部分のひとつであり，シール自体の材質はもとより，シールクリアランスを一定幅にコントロールすることも大切なポイントである。

アペックスシールは，高負荷での使用頻度が高いモータースポーツ用エンジンでは，自己潤滑性が優れたカーボン製3mm一体シールを使用している。

サイドシールは，量産仕様に潤滑性の優れたモリブデン含浸を行っている。

エキセントリックシャフトは，量産品をベースにシャフトのたわみによるメタルクリアランスの減少を避けるため，リア側ジャーナル部は，部分的にシャフト径を縮小している。

レース用のフライホイールは，イナーシャ(慣性重量)を軽減し，エンジンのレスポンスを改善するため，アルミ製を使用している。クラッチフェージング面には，耐摩耗性を確保するため特殊材を溶射している。

潤滑系はドライサンプ方式としている。オイルポンプは，外接のギアタイプをフロントカバーに内蔵している。容量は40ℓ/min，油圧8kgf/cm²を確保している。

2-2 エンジン各部の構造と特徴
(1) 吸気系

量産車と大きく異なるのが，この吸気系である。レース用は吸気抵抗が少なく，最も吸入効率が高いペリフェラルポート方式としている。

スロットルバルブは，スロットル全開時に通路抵抗が少

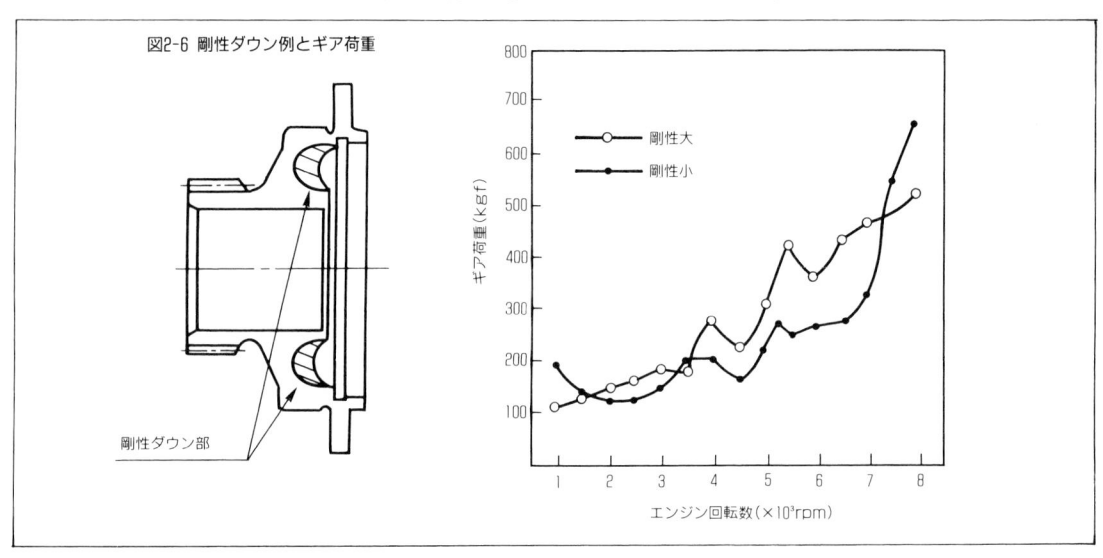

図2-6 剛性ダウン例とギア荷重

図2-7 ボッシュF1コントロールカム

ないスライドバルブを使用している。スライドバルブはレース用としては一般的なもので，バルブケースの中をスライドプレートが移動することで，通路面積をコントロールする方式である。なお軽量化のため，バルブケースはマグネシウム製としている。

（2）燃料系

燃料系はキャブレター，ルーカスFI，ボッシュFIと順次改良してきており，主力はボッシュFIである。その中でもこのエンジンで使用しているのは，回転補正機構を組み込んだタイプで，3次元カムを用い，スロットル開度とエンジン回転数により噴射量を制御している。図2-7に3次元コントロールカムを示すが，このカムを交換することで，レースコースに合った燃料セットができるようになった。なお，インジェクションポンプはレシプロ4気筒用を使用し，2本/ローターのノズルで，交互に噴射している。機械式の燃料噴射装置の採用で，キャブレターに比べセットロスが低減でき，エンジンのレスポンスも改善されたが，耐久レースに燃費規制が実施されるにおよんで，さらに綿密なコントロールが可能なEGIの開発にも着手した。

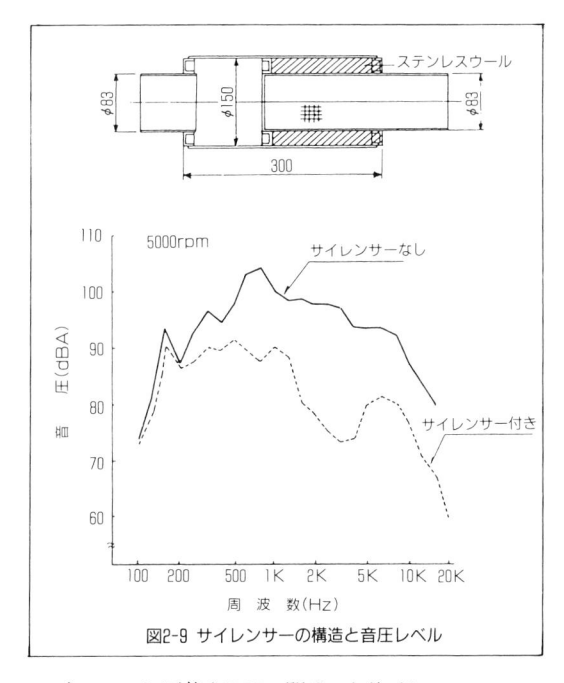

（3）排気系

ロータリーエンジンでは，排気バルブがなく，また排気ガスが連続的に排出される構造のため，レシプロエンジンに比べ，排気系による出力の変化が大きい。管径や管長，集合部の長さが大きなポイントとなる。図2-8に13Bで使用している排気系の一部を示す。

また，排気バルブが無いことで排気原音の周波数特性が異なるため，専用のサイレンサーが必要である。サイレンサーの装着は，一般に出力の低下をまねくが，このエンジンではわずかの出力低下で消音効果の優れたサイレンサーを使用している。図2-9にその構造と音圧レベ

図2-9 サイレンサーの構造と音圧レベル

図2-8 排気系例

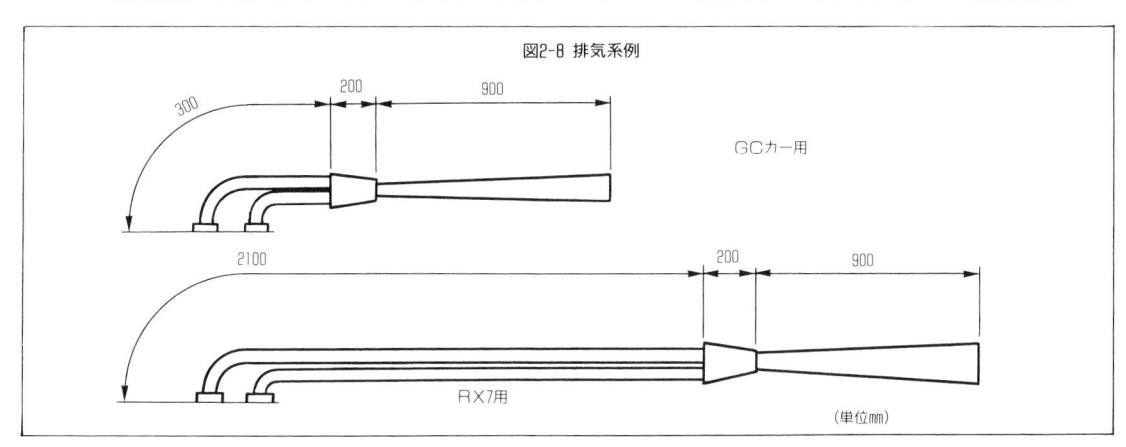

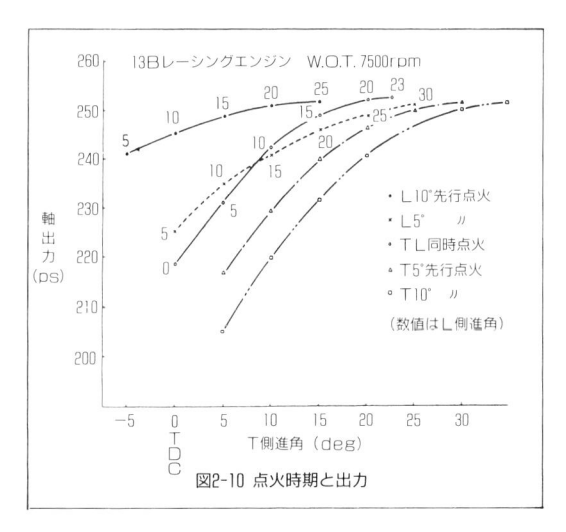

図2-10 点火時期と出力

(4) 点火系

ディストリビューターは，量産仕様と同様にフルトランジスター方式である。点火タイミングは，トレーリング，リーディング同時点火としている。これは，図2-10に示すように，同時点火でも適正な点火時期を与えれば相差角付きと同等の出力が得られるため，システムの簡略化から同時点火としている。

進角装置についても，量産エンジンに比べエンジンの使用範囲が狭く，要求進角幅も少ないため廃止している。

イグナイターは，CDI方式（Condenser Discharge Ignition コンデンサー放電式点火方式）で，プラグはプラチナ電極を使用したVタイプで，熱価11.5である。

(5) 燃費計

従来，レースでの燃費の算出は満タン法で行われていたが，燃費規制の実施にともない，より精度が高く効率的な燃費計が必要となった。図2-11に本エンジンで使用しているシステムを示す。これは，ふたつのフローセンサーの回転パルスを演算し表示するもので，総消費量表示と残量警告機能をもっている。

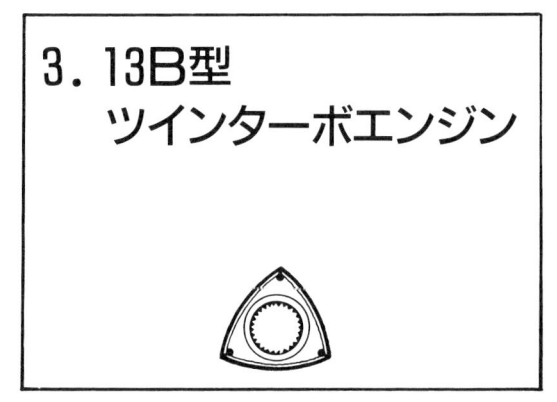

3. 13B型ツインターボエンジン

2ローター・ロータリーエンジンでの挑戦は，それなりに成果を上げたが，ポルシェ956のほぼ1/2しかない出力では上位を狙える位置にはなかった。トップ争いに加わるた

図2-11 燃費計

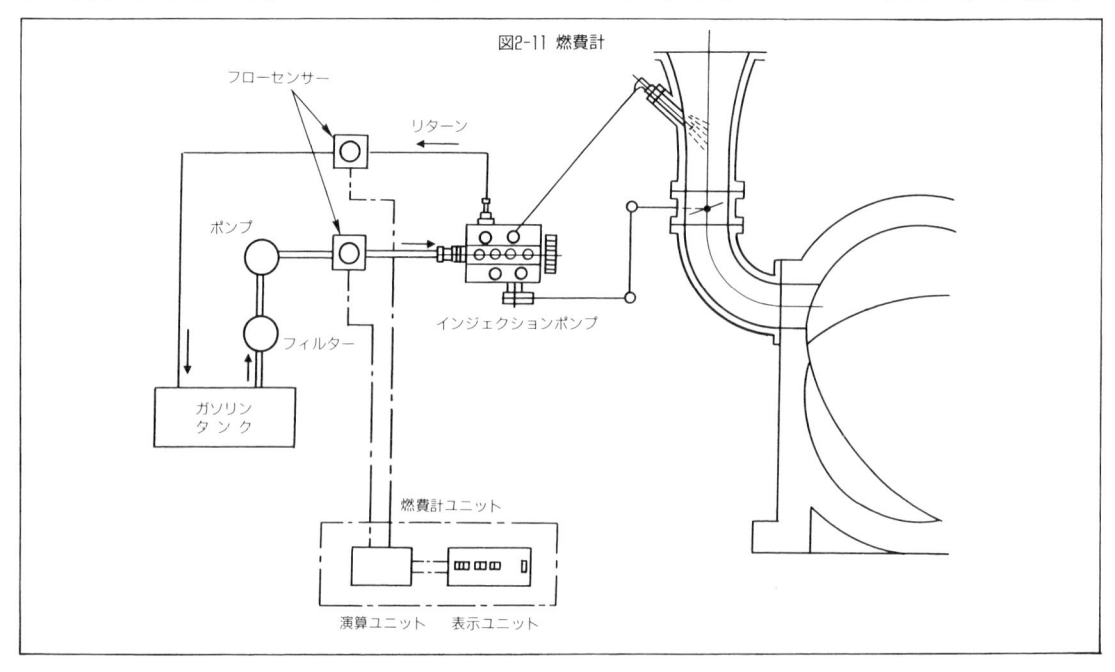

めの手段として13Bレーシングエンジンにツインターボと水冷インタークーラーを組み合わせた2ローターエンジンの最終発展型というべきユニットを試みた。

ただ，この時期はターボ車に対するレギュレーションの揺れ動きが大きく，さらにはレシプロエンジンより高い排気ガス温度と出力向上による異常燃焼等の信頼性問題と燃費に苦闘することになり，ルマンに出場するまでには至らなかった。

このエンジンは，84年9月の富士1000キロレースにマーチ84Gに搭載されデビューした後，アメリカのスペシャリストに貸与され，87年ボンネビル・スピードトライアルで387.724km/hというC/GTクラスのスピード新記録を樹立している。

出力は吸入空気温度で異なるが，過給圧1.2kg/cm²（115kpa）セットで500ps/8000rpm，トルク45kgf-m/7500rpmである。

3-1 エンジン概要

本エンジンは，13B型エンジンを高出力化するためターボチャージャーを装着し，これにともない信頼性の向上を図っている。図3-1にエンジン外観を示す。

(1) エンジン本体

ハウジングは，ダイリューションガスの持ち込みによるノック限界の低下を防止するため，従来のペリフェラルポートからサイドポート（ブリッジポート）に変更した。ローターハウジングは，異常燃焼発生時のトロコイドフォーム変形を最小限に抑えるため，トロコイド面にシートメタルをインサートした量産仕様のアルミダイキャスト品とした。また，トロコイド面の表面処理は，アペックスシールの材質変更に合わせ，保油性の高いピンポイントクロームメッキとした。サイドハウジングは量産仕様をブリッジポートに加工して使用した。

ローターは，オーバーラップ通路の縮小のため，燃焼室をコンパクトMDRに変更し，圧縮比を7.5としている。また，ローターギアは燃焼圧の上昇による，ギア荷重増加に対応するため，12本ピンで固定している。

アペックスシールは，異常燃焼時の折損強度を確保するため，特殊鋳鉄製を採用した。また，熱変形を防止するため，中央の剛性を下げた形状としている。同時に，シールスプリングも2本に分け，スプリング荷重をふやしシール性を確保した。材質についても，インコネル材とし耐熱性を上げヘタリを防止した。

図3-1 エンジン外観

特殊鋳鉄アペックスシールを採用したのにともない，アペックスシール摺動面へ直接オイルが供給されるダイレクト給油システムを採用し，トロコイドおよびアペックスシールまわりの信頼性を確保している。同時に，ターボチャージャーの潤滑を行うため，オイルポンプは約20%の容量アップを行っている。また，エンジンオイルは耐熱性に優れた専用オイル（高粘度）を設定した。

3-2 エンジン各部の構造と特徴

(1) 燃料系

燃料系はボッシュFIとし，インジェクションポンプは過給圧補正機構を組み込んだタイプで，3次元カムを用いスロットル開度とエンジン回転数により噴射量を制御している。13B-NAと同様にレシプロ4気筒用を使用し，2本／ローターのノズルで，交互に噴射している。

(2) 排気系

レシプロエンジンより高い排気ガス温度のため，耐熱性の限界に挑戦する形になったレース用ターボチャージャーの開発は，まずそれらを評価するリグテスト装置の開発から始まった。

これにより，従来ではとうてい考えられない領域に入っていき，レシプロエンジンではスタンダードな材料のインコネル713C（タービン材），ニレジスト鋳鉄（タービンケース材）が，それぞれニッケル基超合金のMAR-M247, コバルト基超合金のFSX414といった超耐熱材を採用することになった。これにより，ターボチャージャーの耐熱温度は1000℃を超えるところまで向上し，耐熱温度では世界最強のターボとなった。

過給システムは，ターボラグを極力減らすためターボを

小型化し，吸入空気量を確保するため各気筒にターボを配したツインターボ方式としている。

ウエストゲートバルブは1個で，各ターボの前から分岐させて取り付けている。過給圧コントロールは，
① 通常のウエストゲートバルブ
② 吸気系内を保護するブローオフバルブ
③ 吸気系の負圧により，減速時圧力をリリーフさせるリリーフバルブ
④ エンジン回転数により，ウエストゲートバルブの作動をON-OFFするコントロールバルブを設け，エンジンレスポンスの向上を図っている。

(3) 点火系

点火系は，高エネルギーを短時間に放出できるマルチスパーク型CDIを採用し，高回転高負荷域での着火性を向上させた。

スパークプラグは，従来と同じVタイプ（熱価11.5）を使用している。

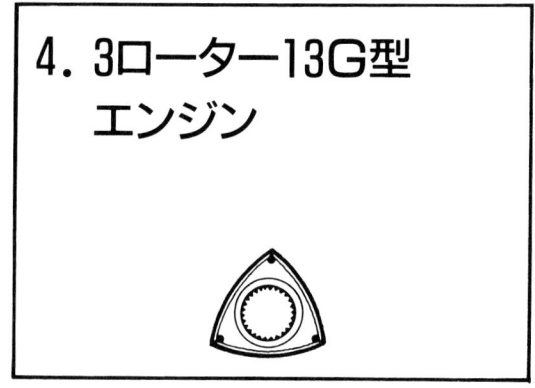

型　式	13G型
種　類	直列3ローター
排気量　(cc)	654cc×3ローター
偏心量×創成半径×幅(mm)	15×105×80
圧縮比	9.4
吸気方式	ペリフェラルポート
最高出力　(ps/rpm)	450ps/8500rpm
最大トルク　(kgf-m/rpm)	40kgf-m/8000rpm
重　量　(kg)	145
全幅×全長×全高　(mm)	549×672×520
燃料供給装置	EGI（電子制御燃料噴射）
潤滑装置	ドライサンプ方式
冷却装置	水冷式
点火装置	電子制御CDI

図4-1 主要諸元

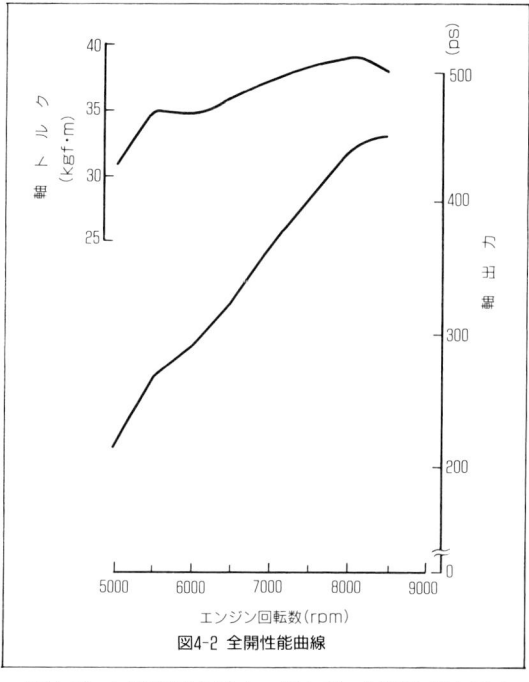

図4-2 全開性能曲線

4. 3ローター13G型エンジン

2ローター・ロータリーエンジンにかわるものとしてレーシングターボの開発を行っていたが，グループCのレギュレーションが燃費を重視する方向に変わり，さらにターボの開発そのものが難航していたこともあって，方向の見直しが必要になってきていた。

そこで登場したのがマルチローターである。マルチローターは，マツダがロータリーエンジン開発着手時からすでに構想され，種々トライされていたが，実用化までは至らなかった。これは，中央に配置する気筒を組み込むために，ロータリーエンジンの重要部品である出力軸または固定ギアを分割する必要があり，その技術が確立できていなかったことによる。本エンジンでは，テーパー継ぎ手というオーソドックスな手法で2分割シャフトを実用化し，これ以降のマルチローター化の道を開いた。

図4-1に主要諸元を示す。図4-2に全開性能を示す。最高出力450ps/8500rpm，最大トルク40kgf-m/8000rpmが得られた。なお，最高許容回転数は9000rpmとしている。

4-1 エンジン概要

13G型エンジンは，高出力化を図るため13B型エンジンをベースに，テーパー継ぎ手をもつ2分割シャフトの採用により，フロント側に1ローターを追加し3ローターとした。図4-3にエンジン外観を，図4-4にエンジンの断面図を示す。

(1) 多気筒化の手法

3ローター以上の多気筒化については，実験室の段

図4-3 エンジン外観

階ではこれまでも種々の試みがなされてきていた。3ローター以上の多気筒化で最も大きな問題は，中央に配置するローターをいかに組み込むかである。これの対策としては，大きく分けて次の2つの方法がある。
①出力軸(エキセントリックシャフト)を分割する方法。
②固定ギアを分割する方法。

図4-5に多気筒化の手法例を示すが，いずれの方法もロータリーエンジンの重要部品を変更することから，分割方法の選定に加え，分割部をどのような方法で精度よく，かつ簡単に再結合できるかが大きなポイントとなる。

		略図
シャフト分割	カービック カップリング	
	スプライン継ぎ手	
	テーパー継ぎ手部	
	1ローター + 2ローター	
ギア分割	固定ギア分割	

図4-5 多気筒化手法例

本エンジンでは，耐久性，信頼性をはじめ，小型化，軽量化，加工性といった面から総合的に判断し，シャフトを分割する方法の中で一体のメインシャフトに中空の偏心部を結合する方法とし，シャフトの剛性低下を防止し

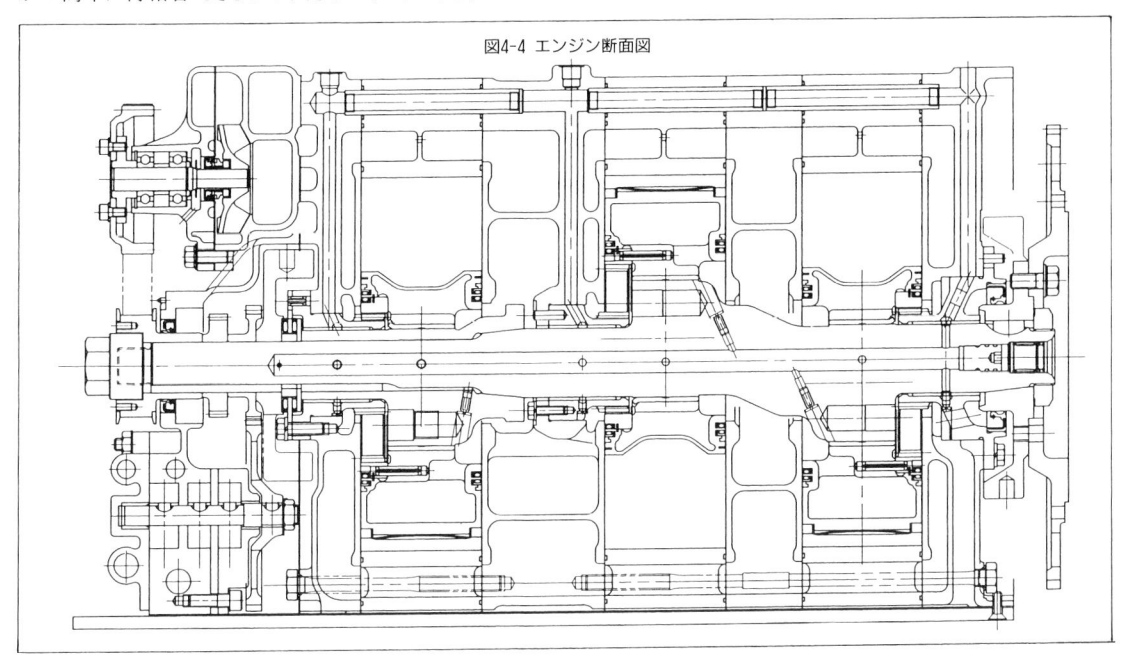

図4-4 エンジン断面図

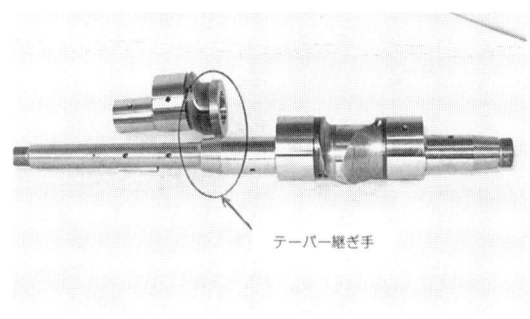

図4-6 シャフト外観

た。分割部の結合方法としては、信頼性と組み付け精度や加工性に優れたテーパー継ぎ手を採用した。

図4-6にシャフトの外観を示すが、#2と#3のロータージャーナルを持つメインシャフトと、#1のロータージャーナルを持つ中空のフロントシャフトにより構成され、ふたつのシャフトはテーパー継ぎ手により結合される。

メインジャーナルは3か所とし、テーパー継ぎ手の直後と両端に設けている。回転バランスは2バランス方式とし、前後のバランスウエイトで調整する。点火間隔は、回転アンバランスを減らすため120°とし、点火順序は1‐2‐3としている。

(2) エンジン本体

耐久性、信頼性の高さは、モータースポーツ用ロータリーエンジンの特徴のひとつであり、本エンジンでもこれが継続できる仕様とした。ただ、1ローター追加したことによる信頼性への影響は大きく、大幅な仕様見直しを必要とした。

① ハウジング系

ローターハウジングは、これまでの砂型鋳造品からトロコイド面にシートメタルをインサートしたダイキャスト金型鋳造品に変更し、トロコイドフォームの変形防止、耐熱疲労強度の向上およびハウジング全体の剛性向上を図った。同様に、プラグホールまわりの拘束緩和も廃止した。トロコイド面の表面処理は、ソリッドクロームメッキとしている。図4-7にローターハウジングの外観を示す。

サイドハウジングは、特に3ローターの専用部品としてセンターの固定ギアおよびメインメタルを保持するセカンドハウジングを新設し、本ハウジングにテンションボルト取り付けネジや、エンジンマウントの取り付けボスを設けた。このセカンドハウジングには、前後気筒の燃焼変動や、回転変動の影響で複雑な荷重を受けるセンター固定ギアを保持しているために、構造解析などを多用して開発された。

図4-7 ローターハウジング外観

この他エンジン全長および部品点数の増加により、各部品の加工精度の組み合わせ誤差幅も増大し、特にメインメタル部の芯ズレが懸念されるため、組み立ての基準となる各ハウジングのノックピン位置とノックピンの大幅な精度向上を図った。

さらに、フロント気筒のノックピンは、他の気筒に比べ少しルーズなはめ合いとし、エンジン組み立て時にフロントのメインメタルをシャフト基準で位置決めができるようにしている。

② 回転系

エキセントリックシャフトは、1ローター追加によるシャフト全長の増加および2分割による全体の曲げ剛性低下を防止するため、メインジャーナル径を拡大した。さらに、2ローターと同様に前後のジャーナル部は部分的にシャフト径を縮小し、たわみ増加によるオイルクリアランスの減少を防止した。

メインメタルは、端部当たりによる端面の焼き付きを防止するため、メタルの位置決め及び回り止めの爪を廃止し、爪部からの油膜切れを防止した。このため、メタルの回り止めはギアボス側からのビス止め方式とし、同時に抜け止めの役割をもたせた。また、メタルに設けた油穴はシャフト内の油圧とメタルへのオイル供給のバランスを図るため、形状を変更した。さらに、メタル長も短縮しメタル全体の信頼性向上を図っている。

固定ギアは、メインジャーナル径の拡大により、メタルボスの形状を変更した。特にギア先端部は歯先からの疲労破壊防止と、メタルを潤滑した後のエンドフローコントロールを考慮した形状とした。図4-8に固定ギアの断面を示す。

1ローター追加により、長くなった回転系全体の信頼性向上と全体重量の低減のため、ローターの軽量化を重点

図4-8 固定ギア断面図

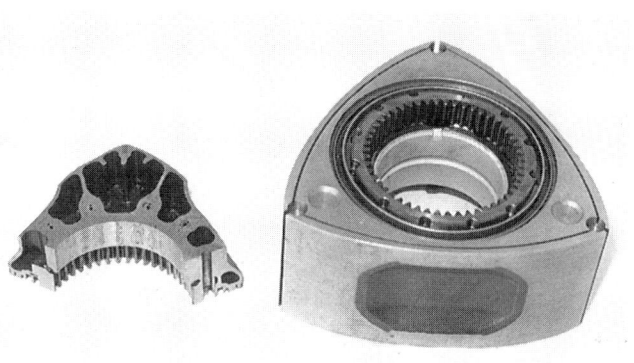

図4-9 ローター外観と一部断面

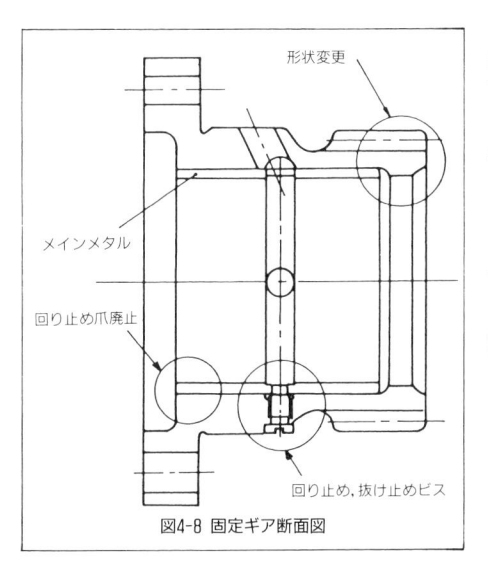

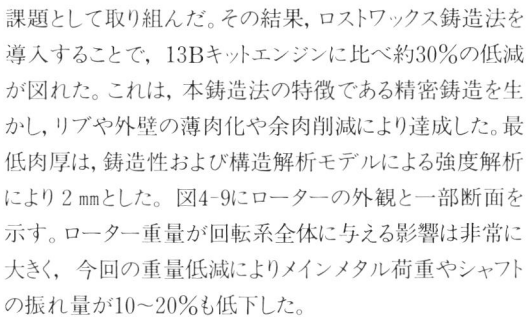

課題として取り組んだ。その結果、ロストワックス鋳造法を導入することで、13Bキットエンジンに比べ約30%の低減が図れた。これは、本鋳造法の特徴である精密鋳造を生かし、リブや外壁の薄肉化や余肉削減により達成した。最低肉厚は、鋳造性および構造解析モデルによる強度解析により2mmとした。図4-9にローターの外観と一部断面を示す。ローター重量が回転系全体に与える影響は非常に大きく、今回の重量低減によりメインメタル荷重やシャフトの振れ量が10〜20%も低下した。

ローターギアは、シャフトの挙動変化によるギア荷重増加対策として、ガス軟窒化材に変更し疲労強度を向上させた。

ガスシール関係は、シャフトの挙動変化の増加を吸収するため、シールクリアランスの一部を拡大した。また、オイルシールは挙動変化への追従性を上げるためにスプリング荷重をふやしている。

③潤滑&冷却系

潤滑系は、2ローターと同様であるが、排気量増加にともなう循環油量と油圧の確保のため、ドライサンプ用オイルポンプ容量を約20%アップしている。

冷却系は、エンジン各部の温度分布に異常が見あたらないため、ポンプ仕様、経路ともに2ローター仕様のままとした。

4-2 エンジン制御系

このエンジンでは、出力とレスポンス、燃費改善のため大容量のCPUを採用し、演算スピードのアップによる制御精度の向上ときめ細かなセッティングを可能とした。主な制御内容は、燃料噴射、点火時期、インジェクターの切り替え等で、その他に燃費計、スロットルの全開学習、故障診断等の機能をもつ。図4-10に全体システムを示す。

燃料噴射システムは、高回転での吸気抵抗低減のため、スロットル開度とエンジン回転数をパラメーターとしたα-N方式としている。噴射量は基本マップ値に各種の補正を加えて決定するが、さらにエンジンやインジェクターのバラツキ、経年変化による要求噴射量の変動を補正するため、外部調整ツマミによる補正機能を設けている。このほか、各センサー類にトラブルが発生した際、故障箇所を表示するダイアグ表示機能と自力でピットまで帰るためのフェールセーフ機能をもたせてある。

インジェクターは2本/気筒とし、エンジン負荷と回転数により1本↔2本の切り替えを行い、燃料の微粒化と高回転域での要求量の増加に対応している。また、気化・霧化特性を改善するため、スロットルバルブの上流にインジェクターを取り付け、5.0kg/cm²の高圧で噴射している。

点火制御システムは、トレーリング、リーディング側ともにエンジン回転数とスロットル開度によるマップ制御を行い、最適な点火時期を設定している。点火はCDI点火とし、電子配電による1プラグ1コイルとしている。プラグはVタイプ熱価11.5としている。

車載燃費計は、インジェクターのパルスを積算する方法とし、これに補正係数を加え精度の高い表示にしている。さらに、残量ワーニング機能をもたせており、タンク容量および残量警告量を設定することで各サーキットでの仕様に対応している。図4-11に車載燃費計を示す。

吸気系は、吸気効率の高いペリフェラルポート方式と

図4-10 エンジンシステム図

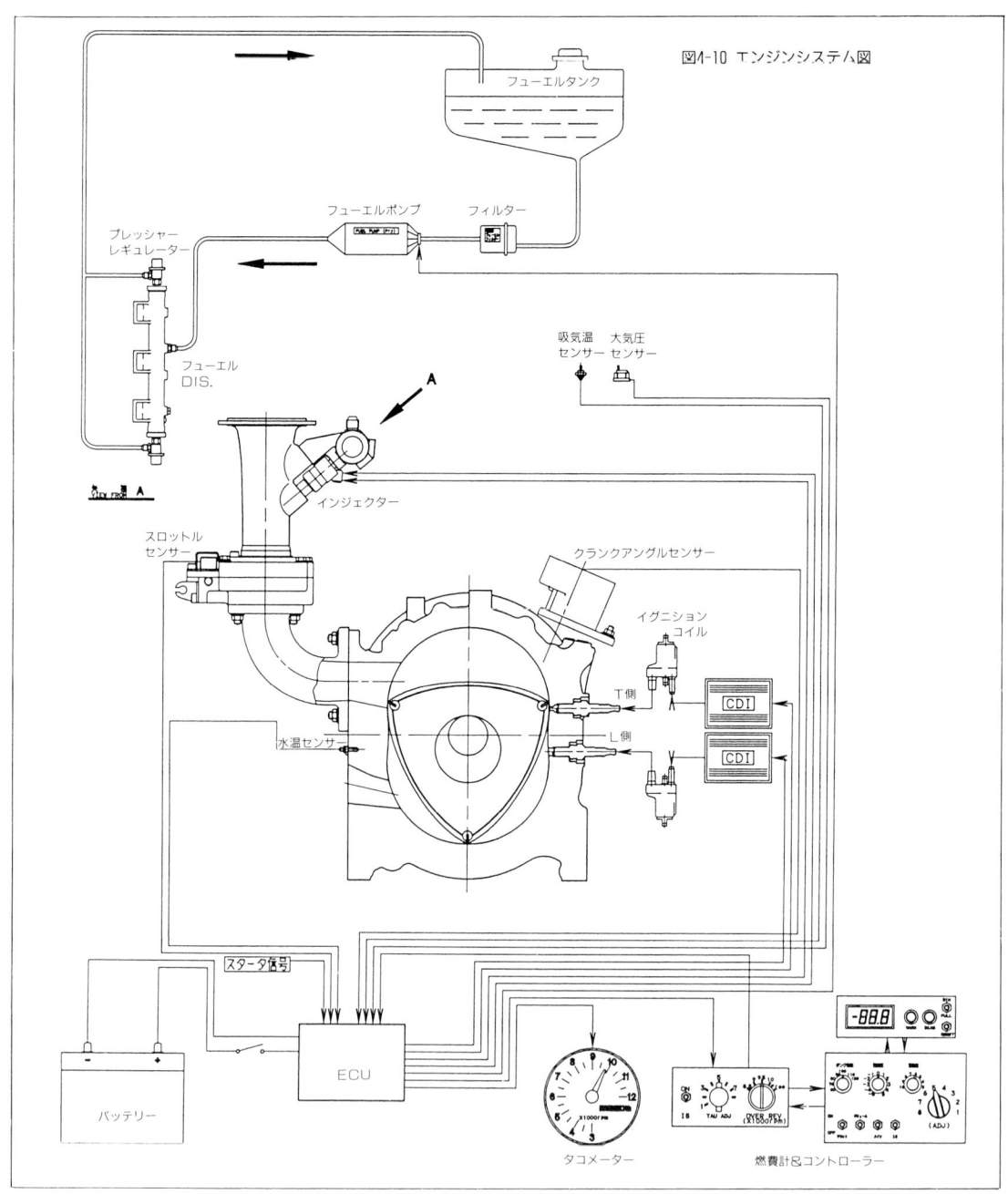

し，スロットルバルブは全閉時の通気抵抗が少ないスライドバルブ方式としている。

4-3 車載性

　最近のレーシングカーでは，空力特性が非常に重要視されてきており，特にベンチュリーカーであるグループCカーにおいては，エンジン外形が車の性能に与える影響が大きくなっている。このエンジンでは，空力特性に大きな影響を与えるアンダーボディのエアトンネルが大きく取れるように，エンジン下部（ハカマ部）を削除し，さらに補機類をエンジン上部へ移動させ，下回りを簡略化している。

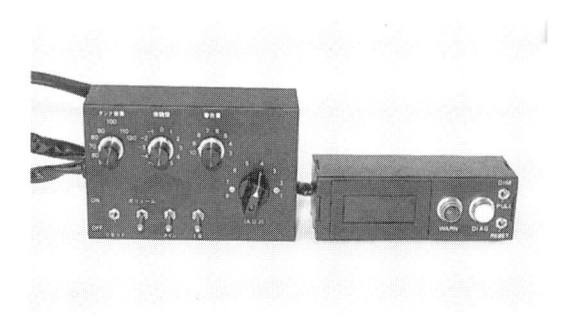

図4-11 車載燃費計

5. 4ローター13J改型エンジン

図5-1 エンジン外観

13J&13J改は、3ローター・ロータリーエンジンでの好結果を受けて、さらなる高出力を実現するために急遽開発されたが、短期で実用化できたのは3ローターの開発経験が大きく生かされた結果といえる。

13Jは、3ローターのリア側に1ローターを追加し4ローター化したプロトタイプで、87年11月の富士500キロレースでマツダ757Eに搭載され、開発テストを兼ねてデビューした。13J改はこのテスト結果を受けて、ルマン用に総合的にリファインした。ここでは、13J改について紹介する。

これは最高出力550ps以上/8500rpm、最大トルク50kgf-m以上/8000rpmが得られた。

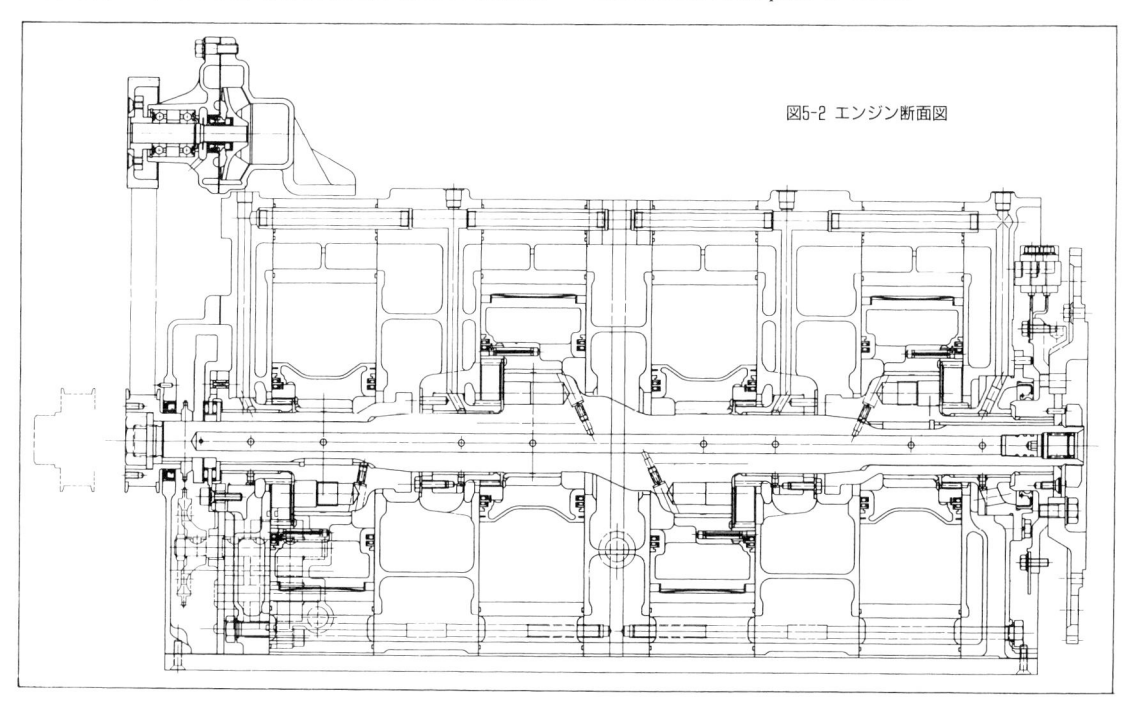

図5-2 エンジン断面図

5-1 エンジン概要

13J改は出力と燃費のバランス，車両への搭載性，サービス性などレーシングエンジンに必要なファクターを高次元でバランスさせるため，4ローター自然吸気方式としている。

エンジンのトロコイドフォーム形状および単室容積は量産ロータリーエンジンと同一スペックであり，これをベースに4ローター化している。

図5-1にエンジンの外観を，図5-2に断面図を示す。

(1) 多気筒化手法

3ローター以上の多気筒化での最も大きな課題は，内側に配置するローターの組み込み方法である。この対応策として出力軸(エキセントリックシャフト)を分割する方法と，固定ギア，メタルを分割する方法があるが，先に述べたように信頼性や組み立て精度に優れた分割シャフトとテーパー継ぎ手を組み合わせた出力軸を3ローターエンジンで実用化しており，このエンジンもこの方式を採用し，4ローター用に追加改良を加えた。図5-3に示すように，出力軸は#2と#3のロータージャーナルを持つメインシャフトと，#1と#4のロータージャーナルを持つ中空のフロント，リアシャフトの3ピースで構成され，それぞれの中空シャフトは，テーパー継ぎ手によりメインシャフトに結合される。

回転バランスは2バランス方式とし，前後のバランスウェイトで調整している。図5-4にローターの位相角と要求アンバランス量の例を示すが，回転アンバランスとトル

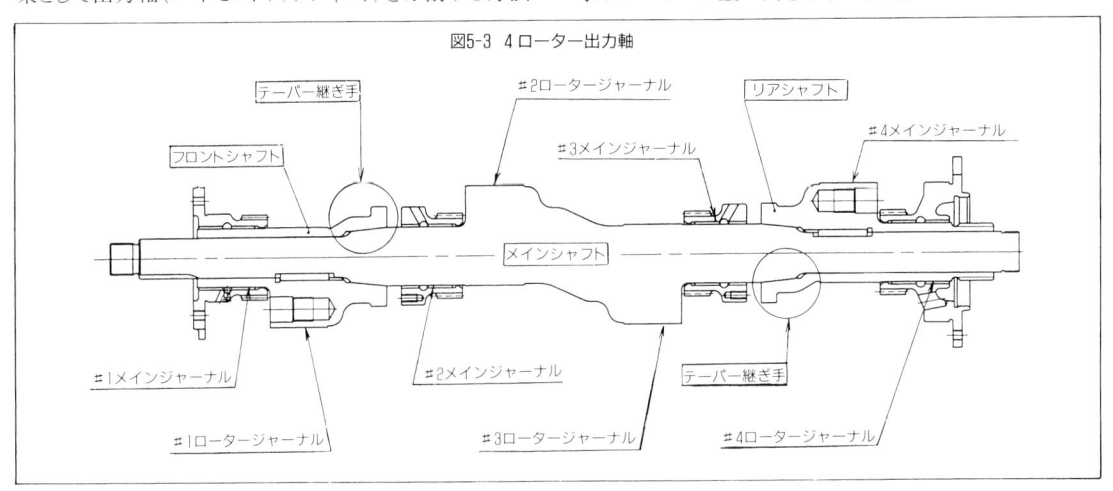

図5-3 4ローター出力軸

No.	レイアウト	MRf (kg-mm)	MRr (kg-mm)	θ (deg)
A		28.8	28.8	135°
B		83.5	83.5	25°
C		0.0	0.0	180°

図5-4 ローター位相角と要求アンバランス

ク変動を考慮し点火間隔は90°，点火順序は1-3-2-4としている。なお，リア側のバランスウエイトは，スプライン継ぎ手により出力軸と結合している。

(2) エンジン本体

ローターハウジングは，13Gと同じアルミダイキャスト品であるが，サイドハウジングはダクタイル鋳鉄品とし，ギアボス回りの疲労強度の向上を図った。

ローターは，13Gと同じロストワックス鋳造品とし，圧縮比は9.7としている。

4ローター化により，相対的に長くなったエンジン全長に対処するため，テンションボルトは＃1＆＃2ローター，＃3＆＃4ローター分をそれぞれセンターハウジングに固

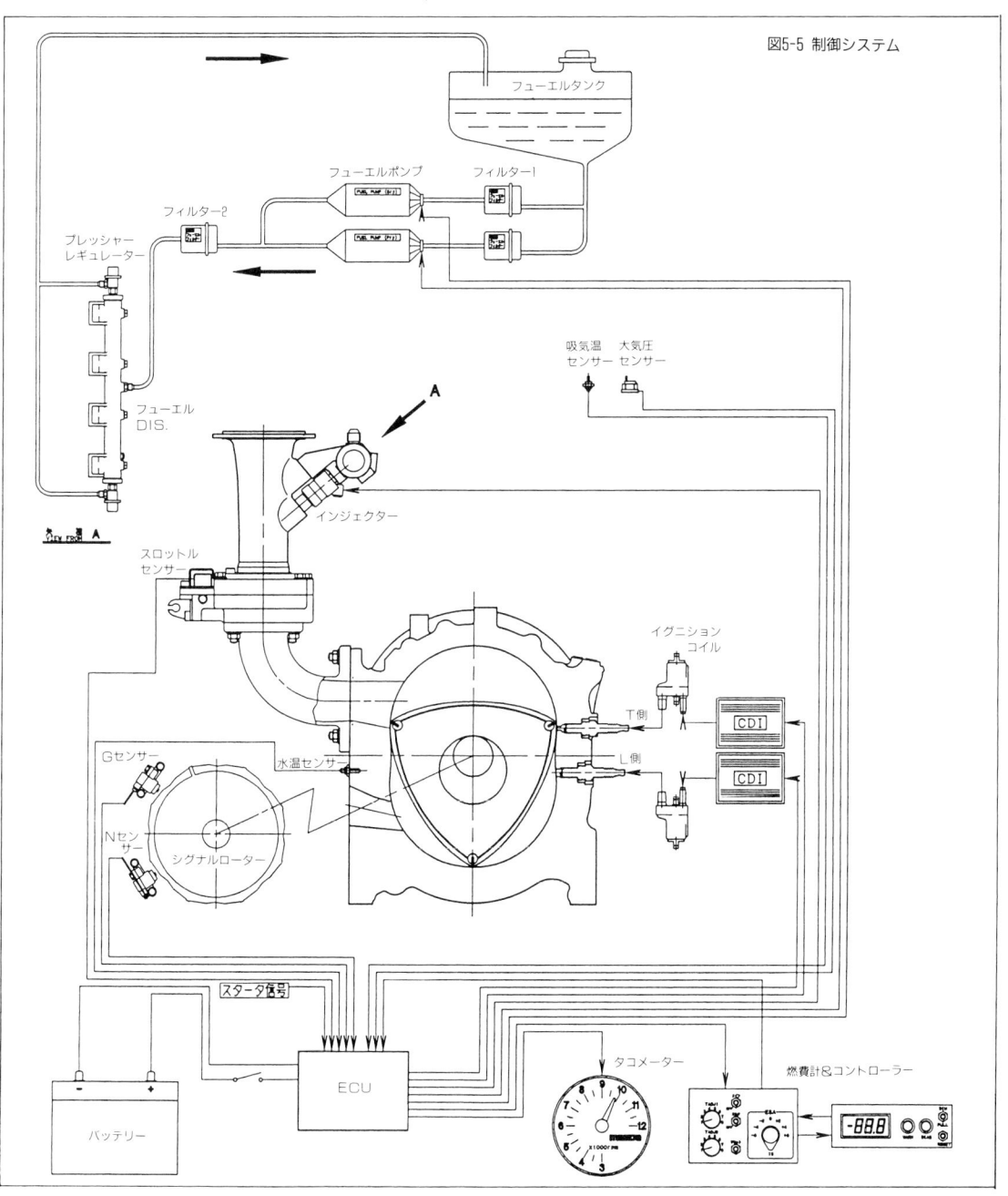

図5-5 制御システム

定する方式とし，固定長さの短縮によるエンジン剛性の向上と分解，組み立て時のサービス性の改善を図っている。同様にエンジン剛性の確保と軽量化のため，アルミハニカム構造のオイルパンとエンジン上面にカーボン～アルミハニカム構造の補強板を採用している。さらに，補強板の前端は車両のモノコックに直接取り付け，エンジンにストレスがかかりにくい構造としている。

冷却水はセンターハウジングから入りフロントとリアに分かれ，2つのローター分を冷却しセンターに帰る経路となっている。また潤滑油もセンターから入りフロントとリアに分岐させ，供給量の均等化と温度分布の均一化を図っている。それぞれの循環用ポンプは，排気量アップにともない約20%容量をアップしている。

吸気系は吸気効率の高いペリフェラルポート方式とし，スロットルバルブは4連のスライドバルブ方式としている。

5-2 エンジン制御システム

図5-5にシステム図を示す。基本システムは，3ローターと同一で空気量の計量はα-N方式とし，主な制御項目は，燃料噴射量，燃料噴射タイミング，点火タイミング，フューエルポンプ数等で，その他フェイルセーフ，ダイアグノーシス，燃費計測などの機能をもつ。

燃料制御系は3ローターと同一としているが，インジェクターをアイドルから全開までカバーできるものに変更し，1本/気筒としてシステムの簡略化を図っている。また，デリバリーパイプ直付けとし，燃料配管を省略し軽量化を図っている

点火系も3ローターと基本的に同一であるが，エンジン全長を短縮するため，クランクアングルセンサーを従来のディスタイプからクランク軸センサータイプに変更し，リアハウジング内に設けた。これにより点火時期の調整は，ECU側で行うようにした。

5-3 小型，軽量化

(1) エンジン全長短縮

車両への搭載性を考慮し，補機レイアウトの変更によりエンジン全長を70mm短縮した。このため従来エンジン前端に内蔵していたドライサンプのオイルポンプを，車両のアンダーボディに影響を与えない範囲でサイド側に移設している。また，クランクアングルセンサーをクランク軸センサータイプとし，リアハウジングへコンパクトにおさめた。シグナルローターは，バランスウエイトと一体化している。

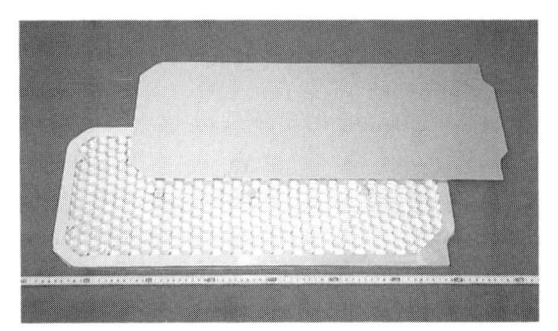

図5-6 ハニカムオイルパン

これにより，前端のフロントカバーをマグネシウム製に材質変更し，軽量化を図った。さらに，吸気系一式をマグネ化し，オルタブラケットや小物ボルト類のチタン化に取り組んだ。

(2) ハニカムオイルパン

アルミハニカム・オイルパンは，0.2tのハニカムコアの両面にアルミシートをブレージングで一体接合したもので，従来の接着剤を使用したものと異なり，高温下での使用を可能とした。これにより，約50%の軽量化と，1.5倍の剛性向上が図れた。図5-6に接合前のオイルパンを示す。

6. 4ローター13J改2型エンジン

88年ルマンでの排気系トラブルとタイミングベルトの改善に加え，レーシングエンジンとしては初めての可変吸気装置の採用，セラミック・アペックスシール，サーメット溶射ハウジング等により13J改の熟成を図った。これによるエンジン呼称は変更されていないが，ここでは便宜上13J改-2としておきたい。

このエンジンは，マツダ767Bに搭載され89年ルマンでは総合7位，IMSAクラス優勝を果たした。さらには，90年よりIMSAシリーズのRX7GTO車に搭載されアメリカのレースで活躍を続け，90年9月にはIMSA史上初の単一車種100勝を達成，91年10月にはGTOクラスのシリー

ズ優勝を果たし，マニュファクチャーとドライバーの両タイトルを獲得している。

最高出力630ps以上/9000rpm，最大トルク52kgf-m以上/8000rpmという性能が得られた。

6-1 エンジン概要

このエンジンは，短期間で完成させた13J改の熟成を図るために，可変吸気の採用による出力特性の改善，サーメット溶射やセラミック・アペックスシール等の採用で信頼性の大幅な向上を図った。図6-1にエンジン外観を示す。

ローターハウジングは，M10サイズの小型プラグを採用し，トロコイド面の連通穴の径縮小によるガス漏れ面積の減少とプラグの脱着性の改善を図った。また，母材の熱処理を変更し熱疲労強度を向上させ，プラグホールのクラック発生を防止している。トロコイド面の表面処理は，セラミック・アペックスシールの採用によりマイクロチャンネル・クロームモリブデンメッキに変更した。

また，エンジンの軽量化を図るためセンターハウジングをアルミ製に変更した。アルミハウジングの開発は，軽量化の大きな柱であり，13Bより開発を進めていたが，このエンジンでは比較的強度に余裕があるセンターハウジングから実用化した。摺動面の処理については，他のハウジングと同様にサーメット溶射としている。

ローターは，ギア荷重に対する余裕度を確保するため，ローターギアを固定しているスプリングピンを従来の割ピンタイプのダブルピンからコイルピンタイプに変更し，疲労強度を向上させた。

13Jでの大きな問題のひとつであった補機駆動ベルトは，タイミングベルトからVリブドベルトに変更し，加減速でのベルトのバタツキによる切損を防止した。

6-2 主要導入技術

(1) 2段切り替え可変吸気

レーシングエンジンへの可変吸気システム導入は，本エンジンが初めてであるが，採用の狙いは高出力を維持しつつ中低速トルクを確保するためのものである。このシステムは，市販車で使用している切り替えバルブ方式と同じような考え方からスタートしているが，レース用としての配慮が不可欠である。レース用としての可変吸気の条件としては，

1) 吸気抵抗がほとんどないこと。
2) ドライバーのアクセル操作に違和感がなく追従で

図6-1 エンジン外観

きるレスポンスが得られること。
3) シンプルでサービス性が良いこと。
が挙げられる。

このエンジンでは，吸気管の中間を開放し長短を切り替える2段切り替えシステムを導入したが，上記の条件を満足させるためハードの構築と熟成には苦労した。結果として，実際のレースで最も回転上昇が速い2速全開加速で1.5秒/2500rpmだが，これに対し可変吸気の作動はわずか0.5秒で完了させることができた。

図6-2に2段切り替え可変吸気システムを示すが，その構造は吸気管の中間を開放し，開放部を開閉する円筒状の切り替えバルブを設けたものになっている。バルブはケーブルワイヤーを介してDCモーターにより駆動され，下流側の吸気管より出ているガイド上をスライドして動く。切り替えバルブはON-OFF制御で，切り替えはエンジン回転数とスロットル開度による。作動モーターにはポジションセンサーが設けられており，バルブの開き側の位置を検出し制御している。閉じ側は，突き当て制御している。

切り替えバルブまわりと上側エアファンネルの支持構造は，バルブ閉時に吸気管内の空気流に対し抵抗にならないように，また，開時にはバルブまわりが下側からの吸気に悪影響を与えないような構造としている。図6-3に各吸気管長さでのトルク特性を示す。

(2) ハウジング側面のサーメットコーティング

高出力化にともない，アペックスシールやサイドシールが摺動するサイドハウジング側面は，高速，高負荷域での摺動摩耗に対する余裕度が問題となってきた。このた

図6-2 2段切り替え可変吸気システム

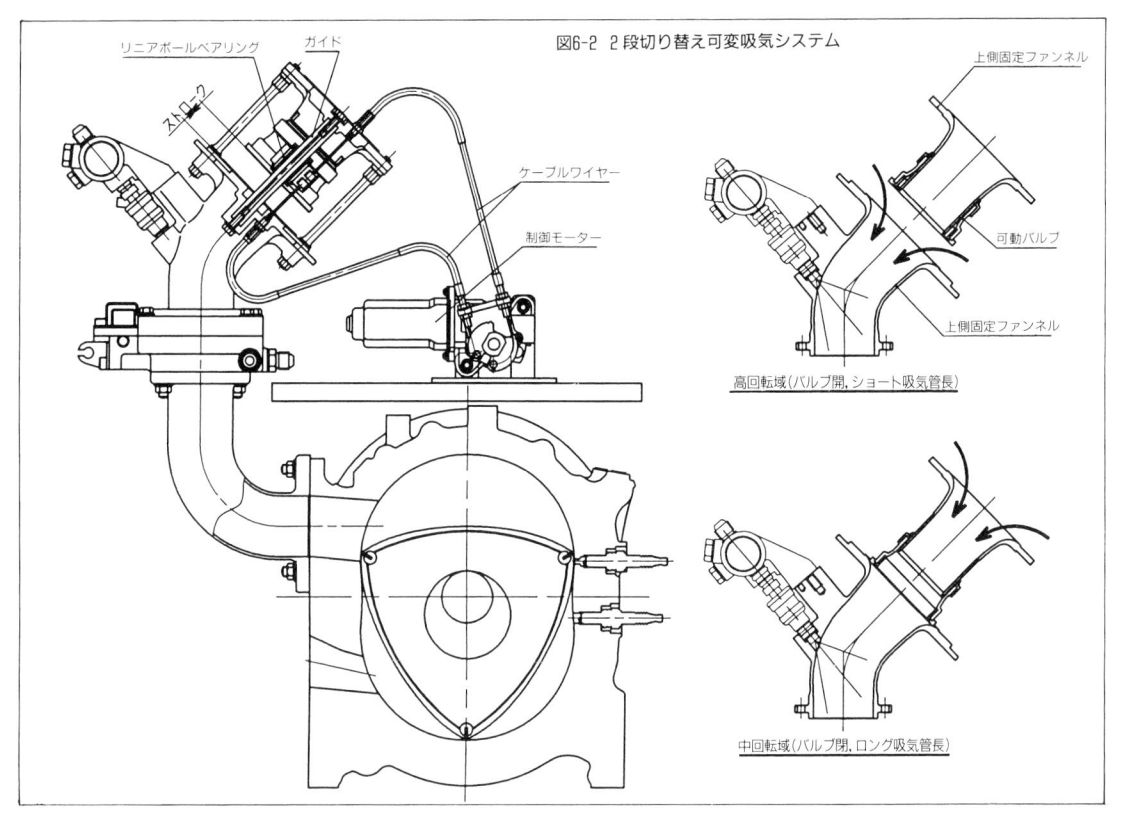

高回転域(バルブ開，ショート吸気管長)

中回転域(バルブ閉，ロング吸気管長)

図6-3 各吸気管長さにおける性能曲線

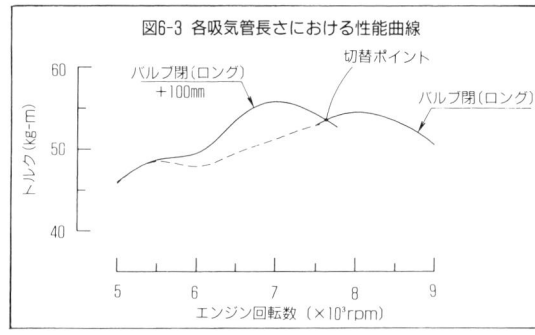

め，ガスシールが摺動する面に爆発溶射法による炭化クロム系のサーメット(Cermet金属をバインダーとしたセラミック)コーティングを行い，耐摩耗性の向上と摺動抵抗低減を図った。

コーティング材は，高温下での耐摩耗性や加工性の面から炭化クロム系皮膜を選定した。また，溶射方法については，密着力が高く，高硬度で緻密な皮膜が得られ，かつアルミ製，鋳鉄製のどちらの材質でも使用できる爆発溶射法(Detonation gan spray)とした。爆発溶射法は，アセチレンと酸素の混合ガスの爆発によって生じる高温，高圧の燃焼エネルギーを利用し，超硬質のコーティングを行う方法で，航空機や原子炉の部品に多用されている。

(3) セラミック製2分割アペックスシール

従来のレース用エンジンでは，自己潤滑性に優れたカーボン製アペックスシールを使用していたが，高出力化にともない折損強度や耐摩耗の面での余裕度が不足してきたため，強度と摩耗特性を両立させる仕様として，セラミック製アペックスシールを開発した。

材料の選定は摺動摩耗試験や抗折試験等の各種リグ評価により，窒化珪素系とした。これにともない，セラミックシールの相性を改善するため，トロコイド面の表面処理をピンポイントクロームメッキから，マイクロチャンネルクロームモリブデンメッキに変更し，保油性，耐摩耗性を向上させた。同時に，減速時の燃料カットによる潤滑性の低下を補うため，オイルポンプによる強制潤滑を併用した。

(4) 混合用オイルの開発

レーシングエンジンでのガスシール潤滑は，システムを簡略化するため燃料にオイルを混合することで対応している。従来は，エンジンオイルを使用していたが，これに

図6-4 制御システム

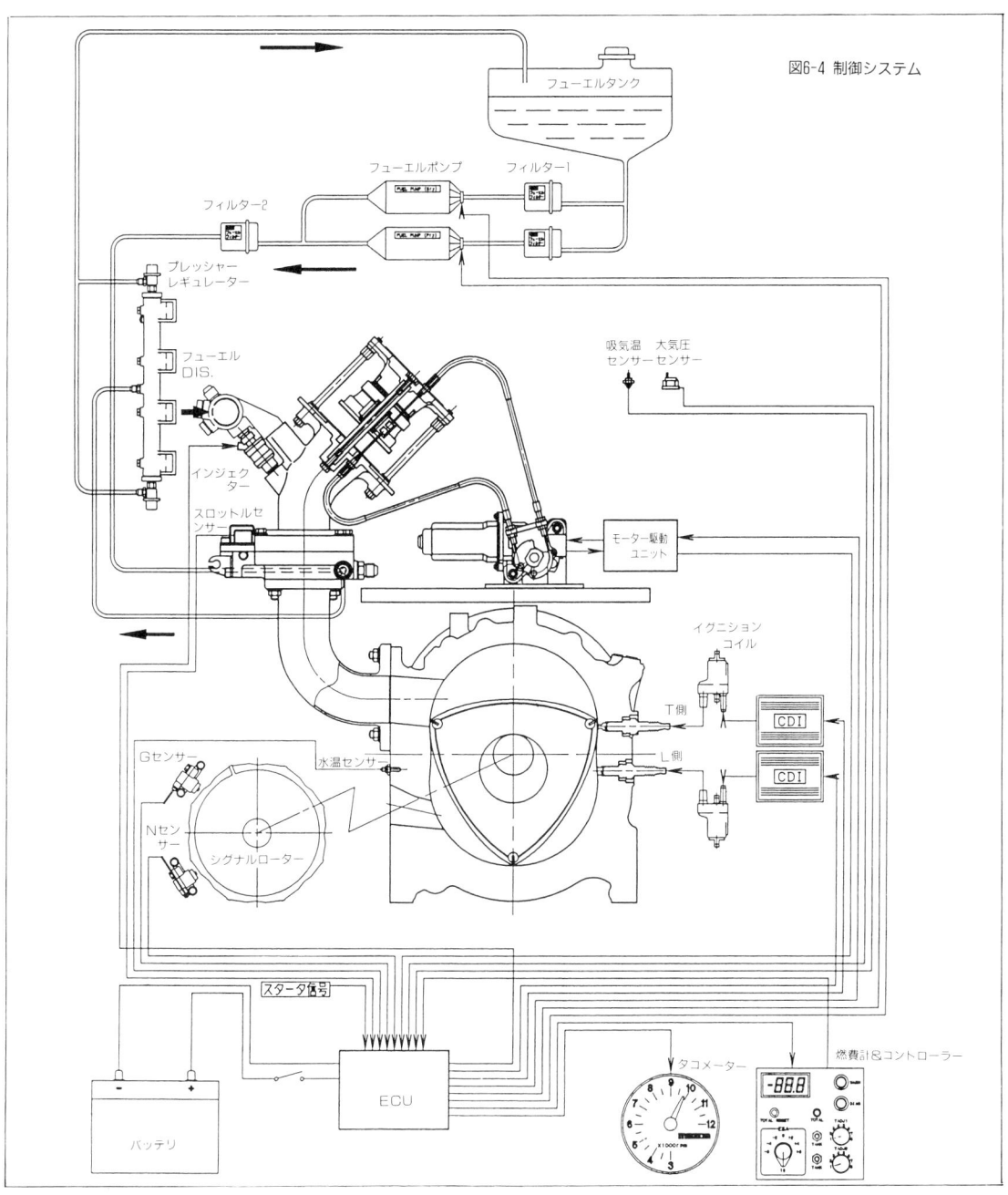

よる燃焼生成物でガスシールがスティックするのを防止するため，オイルメーカーと専用オイルの開発に取り組んだ。使い方が2サイクルエンジンと似ているため，2サイクル用オイルをベースに燃焼物が生成しにくい基油を使用し，添加剤を可能なかぎり減少させることで燃焼室内に付着する生成物を大幅に減らすことができた。

6-3 エンジン制御系

基本的な制御システムは13Jと同一であるが，可変吸気システムの採用によりリファインした。図6-4にシステム図を示す。

可変吸気の制御は，従来のECUとは別に吸気切り替

えモーターを制御する専用ユニットを設けた。また、燃料制御は吸気管の長↔短用に燃料マップを2面用意し、モードに応じて切り替えを行う。インジェクター仕様は変更していないが、噴射特性の初期バラツキおよび経時変化を防止するため、数十時間のラッピングを行い層別して使用している。

7. 4ローターR26B型エンジン

91年6月に開催された第59回ルマン24時間耐久レースにおいて、4ローター・ロータリーエンジン"R26B"を搭載するマツダ787Bが終始全力走行をおこない、日本車初、レシプロエンジン以外で初めての総合優勝を飾った。

ロータリーエンジンによる最後のルマン挑戦となるR26Bエンジンは、高出力と低燃料消費の両立を図り、かつ高い信頼性を確保させるため、89年仕様の大幅リファインを行った。

図7-1に主要諸元を示す。図7-2にエンジン性能曲線を示す。出力性能は最高出力700ps/9000rpm、最大トルク62kgf-m/6500rpmである。

7-1 エンジン概要

このエンジンは、リニア可変吸気やペリフェラルポートインジェクション、3プラグイグニッションシステムの採用による出力特性や燃費性能の改善、サーメット溶射やセラミック・アペックスシール等の採用で信頼性の大幅な向上を図った。図7-3にエンジン外観を示す。

ローターハウジングはプラグホールのクラック防止策として、母材の熱処理変更に続きハウジングにインサートしているシートメタル材プラグホール部に熱処理を追加し、熱疲労強度を向上させた。また、トロコイド面にはサーメット溶射を行っている。

サイドハウジングでは、従来ペリフェラルポート吸気方式であるため、完成品の状態で樹脂を充填し、わざわざ

図7-1 主要諸元

型　式	R26B型
種　類	直列4ローター
排気量 (cc)	654cc×4ローター
偏心量×創成半径×幅 (mm)	15×105×80
圧縮比	10.0
吸気方式	ペリフェラルポート
最高出力 (ps/rpm)	700ps/9000rpm
最大トルク (kgf-m/rpm)	62kgf-m/6500rpm
重　量 (kg)	180
全幅×全長×全高 (mm)	990×757×504
燃料供給装置	EGI (電子制御燃料噴射)
吸気装置	リニア可変吸気
潤滑装置	ドライサンプ方式
冷却装置	水冷式
点火装置	電子制御CDI

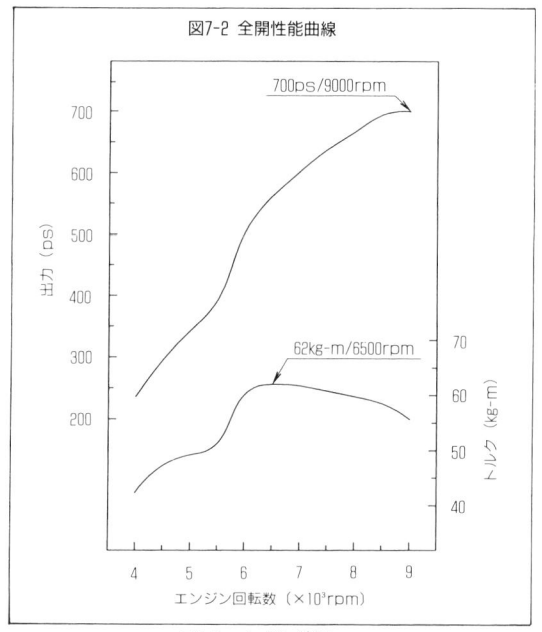

図7-2 全開性能曲線

図7-3 エンジン外観

図7-4 リニア可変吸気システム

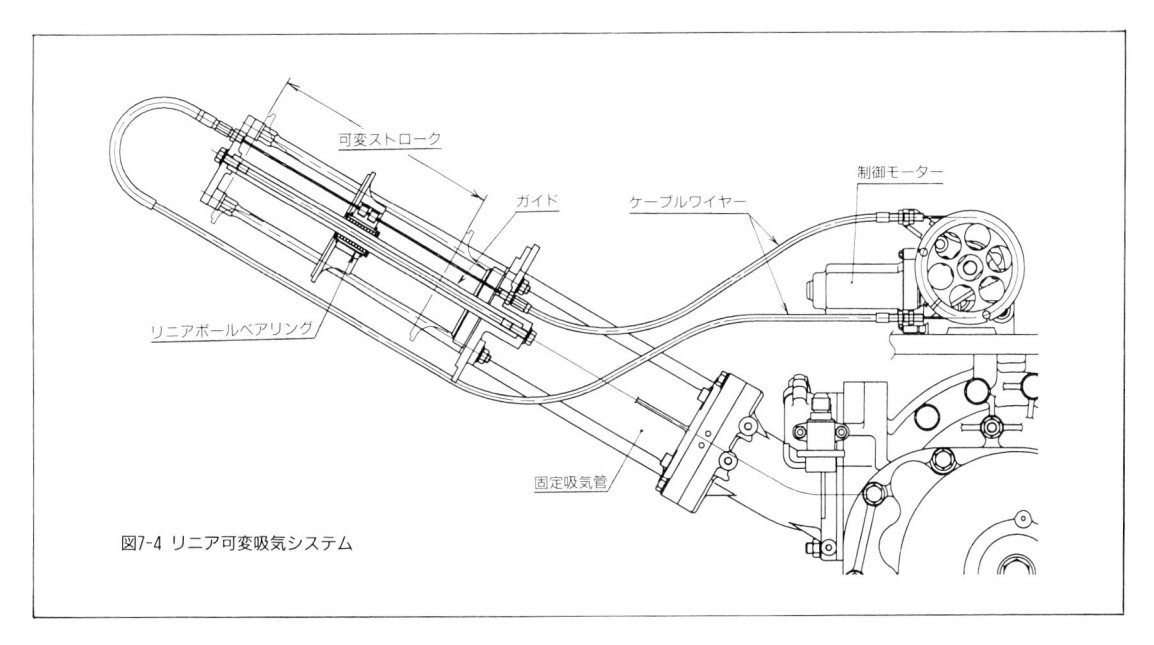

ブラインドしてきていた吸気ポートを廃止し，ブローバイガスを回収するくぼみを残しただけの形状とし，製造性の改善と軽量化を図った。

ローター&サイドの各ハウジングは，鋳造欠陥の無い安定した製品とするため，加工前後に全数をX線にかけチェックを行った。

プラグについては，熱価を変更し異常燃焼の発生を防止した。

ローターは，さらに薄肉化を図り軽量化し，出力向上のため圧縮比を10.0としている。アペックスシールは繊維強化セラミックにより2分割シールが採用でき，信頼性と出力の向上が図れた。

7-2 主要導入技術

(1) リニア可変吸気システム

先に述べたように，89年に吸気管の中間部を開放し，長短を切り替える2段切り替えシステムを導入することで，トルク特性の改善を図ったが，さらに滑らかなトルク特性を得るために無段階切り替え方式のリニア可変吸気システムに進化した。

このシステムは伸縮可能な吸気管を備え，その長さをエンジン回転数ごとに変えることにより広いレンジで動的効果を得られるようにしている。構造は，図7-4に示すように，吸気管先端部を円筒形状とし，その中に出入り可能な円筒形状のエアファンネルを設けている。このファンネ

ルの位置を変えることにより吸気管長さをコントロールしている。可動するエアファンネルは，吸気通路の面積変化率を少なくするために可能な限り肉厚を薄くし，吸気通路にまったく突起物を持たない構造とした。

可動するエアファンネルは#1，#2ローター用と#3，#4ローター用がそれぞれ一体となっており，各々ふたつのエアファンネルの中間にリニアボールベアリングを持っている。リニアボールベアリングは固定側の吸気管より出ているガイド上をスライドして動き，エアファンネルの位置決めを行っている。

エアファンネルの作動はケーブルワイヤーを介してDC

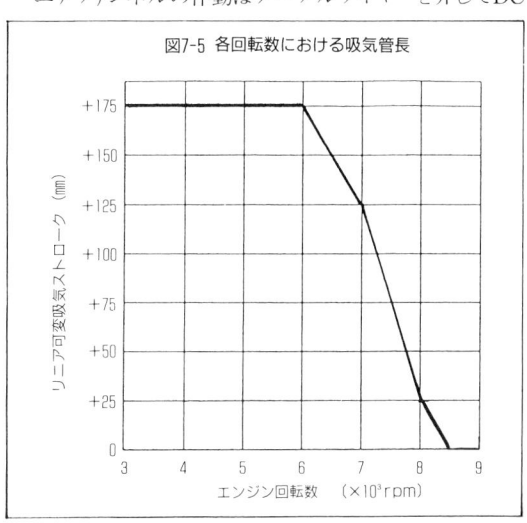

図7-5 各回転数における吸気管長

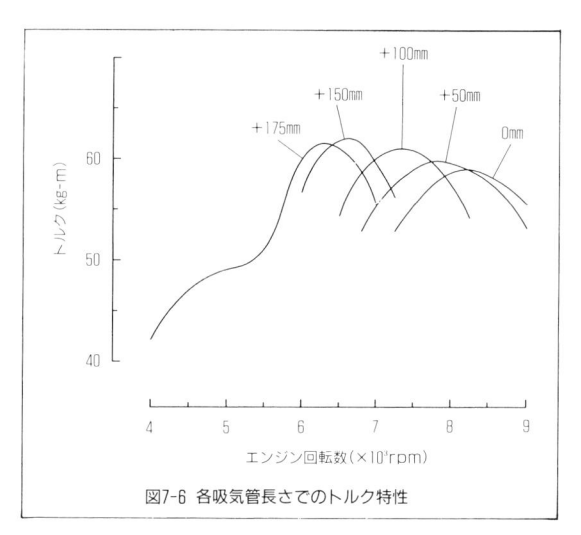

図7-6 各吸気管長さでのトルク特性

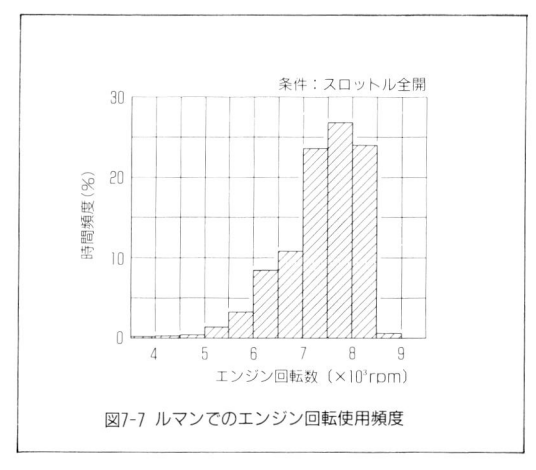

図7-7 ルマンでのエンジン回転使用頻度

モーターにより行っており、各エンジン回転数で設定されている吸気管長さに制御される。

図7-5にそのエンジン回転数に対する吸気管長さの設定値を示す。図からわかるように、リニア可変吸気の最も長い位置から最も短い位置まで2500rpmで変化する。システムの作動時間は0.5秒であり、2速の全開加速で十分追従可能な作動速度となっている。

図7-6に各吸気管長さでのトルク特性を示す。図からわかるように吸気管長さを長くするとピークが低回転で発生し、最大トルクが上昇することがわかる。リニア可変吸気システムのストロークは175mmで、この管長差によりトルクのピークが6250rpm～8250rpmまで、2000rpm動くことがわかる。

ルマンにおけるスロットル全開域でのエンジン回転数の使用時間頻度を図7-7に示すが、本システムによりレース実用回転域のほとんどをカバーできるフラットで高いトルク特性を実現することができた。

(2) ペリフェラルポートインジェクション

従来は定常性能重視して、吸気管入り口付近にインジェクターを配置するAFI(エアファンネルインジェクション)を採用していた。吸気管上流で燃料を供給すると、燃料

図7-8 ペリフェラルポートインジェクション

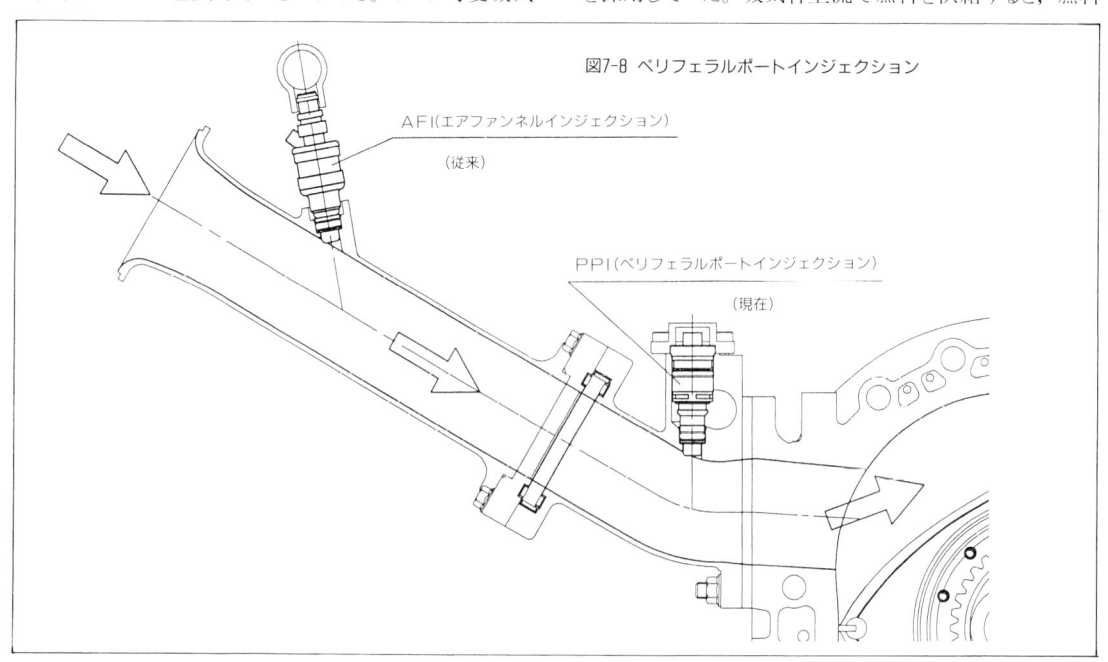

図7-9 急加速時における応答性

図7-10 スキッシュによる火炎面の押しもどし

図7-11 3プラグイグニッションシステム

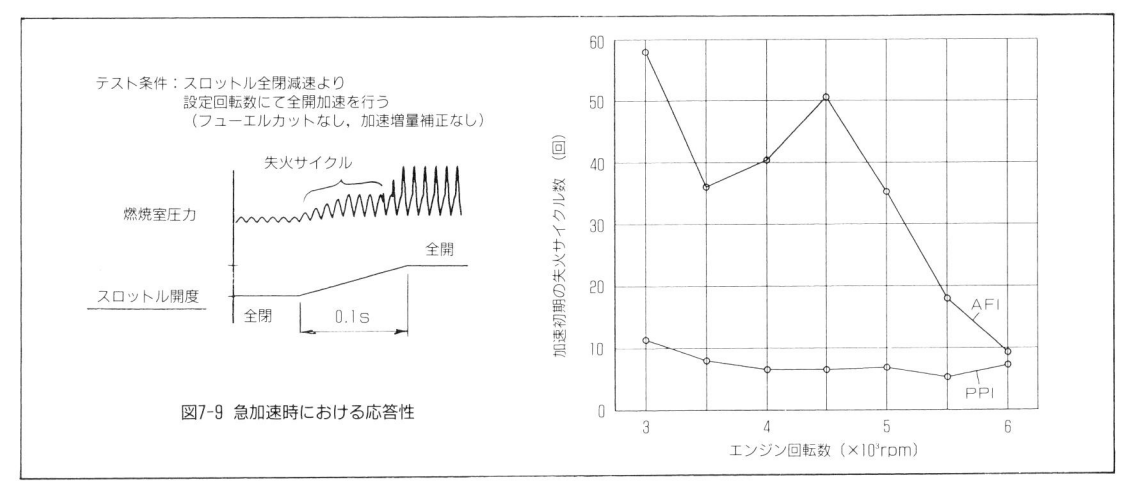

が燃焼室に到達するまでの輸送遅れが生じるため，エンジンの過渡における空気流量の急激な変化に，燃焼室への適正な燃料の供給が間に合わず，空燃比が大きくリーンやリッチにずれて失火し，一時的なトルクダウンを引き起こす。加速時におけるこの問題を解決するために，スロットル開度変化率から加速を判定して燃料の増量補正を行ったり，加速が予測される領域ではそれを見越して空燃比をややリッチにしていたが，そうした補正は実走行燃費に対しては非常に不利である。

PPI（ペリフェラルポートインジェクション）は図7-8に示すようにインジェクターの噴射位置を燃焼室の近くにし，ほとんどダイレクトに燃料が燃焼室に入る位置となり，燃料の輸送遅れを小さくし，エンジン応答性を改善している。図7-9にAFIとPPIの各回転数における応答性を示す。このテストは全閉減速からいきなりスロットル全開にした時に起こる空燃比リーンによる失火，半失火のサイクル数を各回転数で比較したものである。この時，加速時の燃料増量補正は行っていない。PPIにすることによりエンジン応答性を大幅に改善できることがわかる。

PPIにより過渡における空燃比制御性が向上したことで，フューエルカットゾーンの拡大が可能となり，実走行における燃費向上に貢献している。

（3）3プラグ・イグニッションシステム

ロータリーエンジンの燃焼室トレーリング側には図7-10に示すようなスキッシュエリアが存在する。このため中高回転域においてはそのスキッシュ流が強まり，火炎が押しもどされ燃焼室トレーリングエンドまでは完全には伝播しなくなる。このためこのエリアの混合気は未燃のまま排出されることになり，出力，燃費の低下をまねいていた。

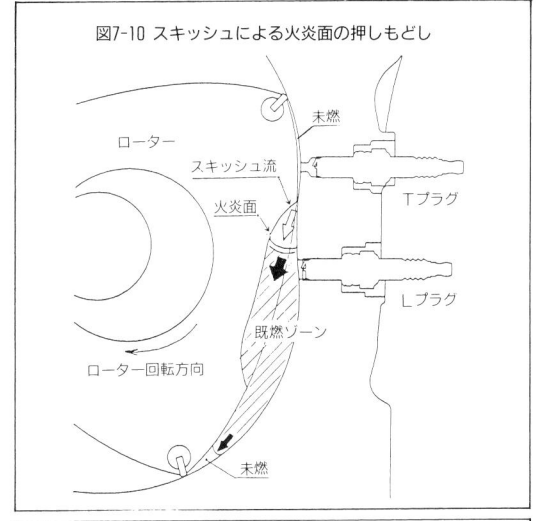

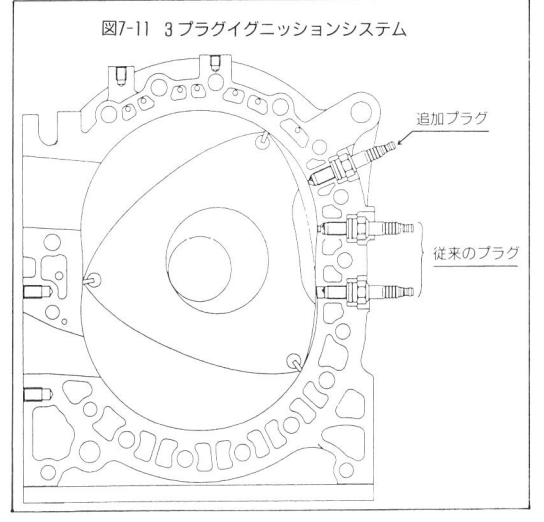

139

3プラグイグニッションシステムは図7-11に示すようにローターハウジングの従来の2本のプラグが位置している場所よりトレーリング側にさらにもう1本プラグを追加することにより，スキッシュが発生する前にスキッシュエリア・トレーリング側に着火し，混合気を完全燃焼させるとともに，燃焼速度も向上させ出力，燃料消費率の改善を図った。

(4) セラミック製2分割アペックスシール

89年より窒化珪素系のセラミック・アペックスシールを採用しているが，このエンジンではさらに材質の改善を行い，靱性と強度を大幅に向上させる繊維強化手法を取り入れた。これに用いる繊維材料には，短繊維の炭化珪素ウィスカを選定，破壊靱性の向上と同時に耐摩耗性の強化を図った。繊維の含有率は耐摩耗性と初期なじみをバランスさせる方向で決定した。

強靱な材料が開発できたことにより，ガスシール性に優れた分割シールが採用可能となった。分割方式を図7-12に示す。これにより全域にわたり出力が向上した。

一方，2分割シールの採用により，製品の品質保証にはこれまで以上に十分な配慮が必要である。そのため，素材の製造段階での品質管理はもとより，製品段階でも素材の製造ロットごとに識別し，1台のエンジン内は同一ロットで組み立てた。なおかつ，予選＆本番用については同一材料でテストピースを製作し，事前に強度テストを実施した。さらに，完成品での非破壊検査を全数行い，製品の信頼性確保に万全を期した。

(5) ハウジング内面のサーメットコーティング

アペックスシールの改善に合わせ，89年からサイドハウジング側面に採用しているサーメットコーティングを，ローターハウジングのトロコイド面へも採用し，ガスシールが摺動するすべての面で耐摩耗性の向上と摺動抵抗低減を図った。図7-13にサーメットのコーティング箇所を示す。

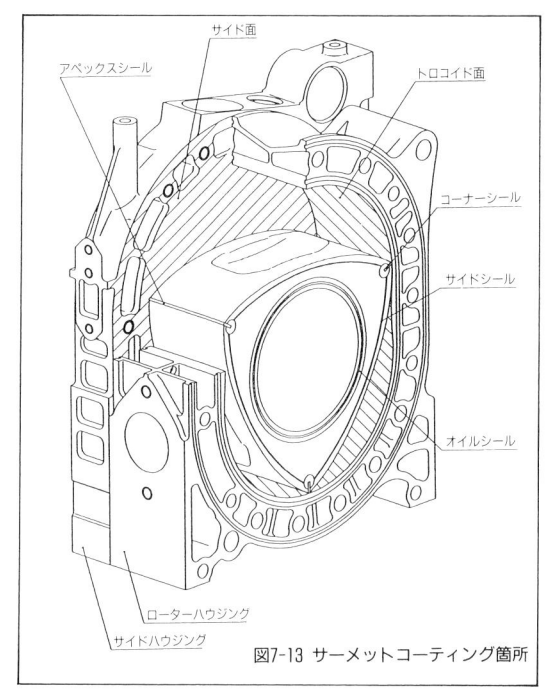

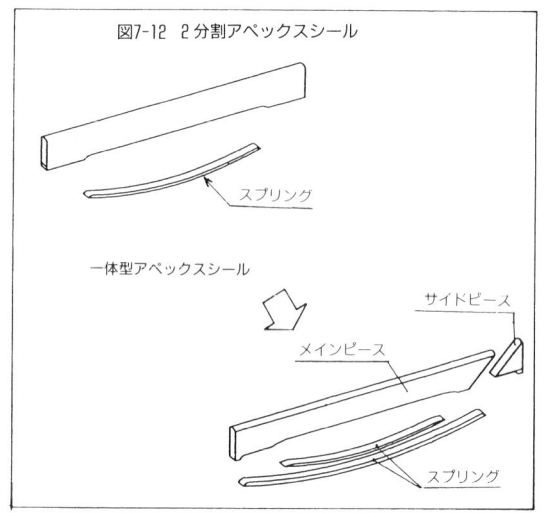

一方，トロコイド面はサイドハウジング側面に比べ，ガスシールの摺動荷重，燃焼圧力や温度変化等の面でより過酷な条件となるため，これまで以上に安定した皮膜を得ることが不可欠である。このエンジンでは特に運転中の皮膜剥離の防止を図るため，新たにリグ試験装置を開発し，これにより下地粗さや洗浄条件等の各製造行程での変動特性をつかみ，これをベースに信頼性の高い，しかも安定した製品を確保した。

(6) エンジンオイル

省燃費オイルを目指し，混合オイルと同時に開発に着手し，90年ルマンから採用した。成分的には，市販高性能オイルをベースに摩擦調整剤を添加し，この効果を引き出すために潤滑性とのバランスをとりながら，他の清浄分散剤や酸化防止剤を極力減らし，燃費効果と同時に燃焼生成物の低減を図った。

(7) 空燃比フィードバック制御システム

空燃比フィードバック制御システムは，リニアO_2センサーにより各運転領域での空燃比を検知し，その空燃比が運転条件ごとに設定した目標A/F値と合致するように燃料をコントロールする。これによりA/Fという指標をベース

図7-13 サーメットコーティング箇所

図7-12 2分割アペックスシール

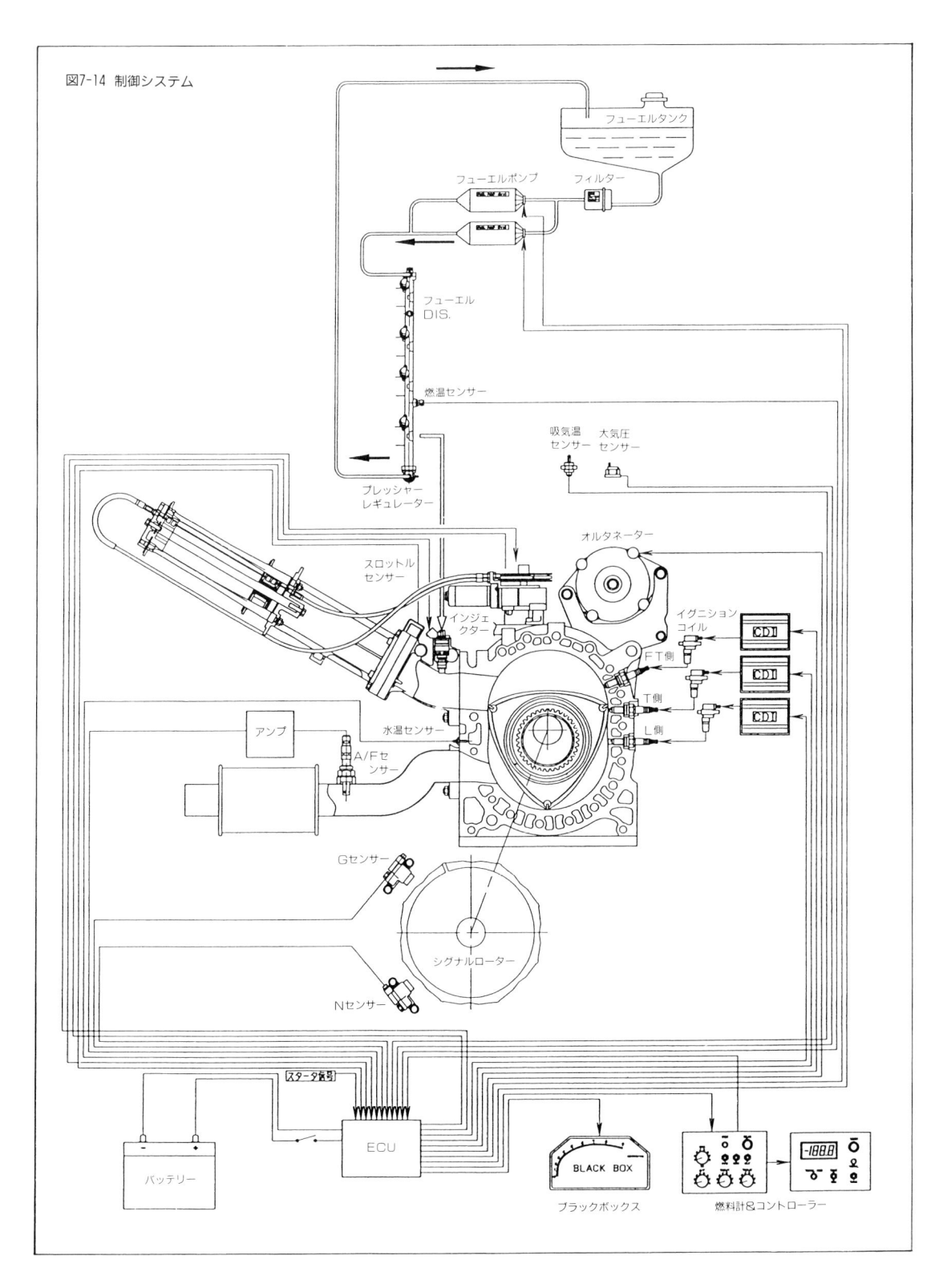

図7-14 制御システム

に燃料セッティングが論理的に進められ，燃料制御の最適化による走行性と燃費の両立，エンジンセッティングのスピードアップが図れた。目標A/Fはスロットル開度とエンジン回転数をパラメーターとしている。また，このシステムでは，フィードバック制御と同時に学習制御も取り入れており，フィードバック値をECUで記憶し，ベースの噴射量を補正している。これにより，制御精度とスピードを向上させている。

7-3 エンジン制御システム

R26Bでは，図7-14に示すエンジン制御システムを採用している。

主な制御項目は，燃料噴射量，燃料噴射タイミング，点火タイミング，可変吸気管長，フューエルポンプ数，発電容量等であり，その他フェイルセーフ，ダイアグノーシス，燃費計測，各種データ計測などを行っている。

吸入空気量の検出は，従来通りスロットル開度とエンジンスピードをパラメーターとする$\alpha-N$方式を採用している。

燃料制御システムは燃料噴射量・噴射タイミングの制御に加え，空燃比フィードバック制御を採用している。これにより全運転領域において外的変化に左右されないエンジン運転を可能としている。

インジェクターはボトムフィードタイプを採用し，耐ベーパーロック性の向上と同時に燃料系の簡略化と軽量化を図った。

7-4 軽量化その他

レーシングエンジンとして具備すべき軽量，コンパクト，搭載性といった総合性能の向上を図るため，エンジンの全部品について見直し，約6％の軽量化を図った。

(1) エンジン全長の短縮

車載性の改善と軽量化のため，エンジン全長の短縮について取り組んだ。センターハウジングで50mm→40mm，セカンド及びサードハウジングについては，ギアの取り付け方法の改善とメインメタル幅の短縮により80mm→70mmに短縮し，全体で30mm縮小した。

(2) 軽量化

13J改-2のセンターハウジングに続きフロントハウジングもアルミ化を行い軽量化を図った。

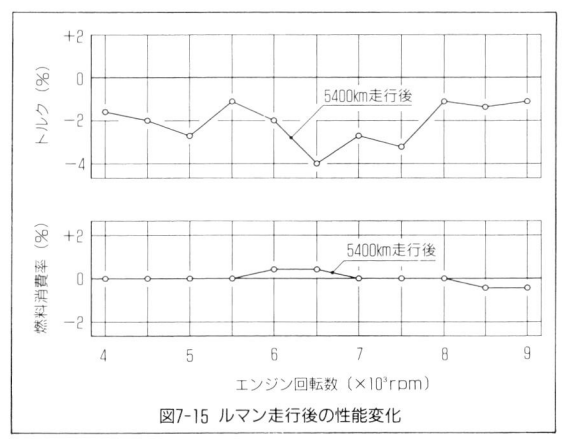

回転系の重量軽減は，シャフトのタワミやメタル荷重等の低減が図れ，エンジン全体の信頼性の向上に大きく寄与するためローターの軽量化に取り組んだ。本エンジンでは，13Gから採用しているロストワックス精密鋳造法により薄肉化されたローターをさらに見直し，限界まで薄肉化することで約10％の軽量化を行った。その一方で，荷重がかかるリブ付け根部にショットブラストを施し疲労強度を向上させた。

また，電装品一つ一つについても見直し，約15％の軽量化を行った。主な項目は，IGコイルの小型化，オルタネーター，ECU，イグナイターのケースのマグネシウム化，さらにはオルタネーターのプーリーもマグネシウム合金とした。

7-5 91ルマン走行後のエンジン性能と主要部品の状況

特に耐久レースにおいて，最後までペースを落とさずに速く走りきるためには，エンジンの性能劣化を極力抑える必要がある。レース走行後のR26Bエンジンの出力性能，燃料消費率の変化率を図7-15に示す。図からもわかるように性能劣化はほとんどなく，安定した性能を示している。

エンジンの分解結果でも，アペックスシール，ハウジング摺動面，メタル等の摩耗量は許容値の約1/2～1/3程度であり，非常に高い耐久信頼性を示していた。

図7-15 ルマン走行後の性能変化

マツダチームのルマン挑戦の歴史 ……………三浦正人

1979年（第47回）　予選通過ならず

参加車両：マツダRX7 252i（IMSA GTO）
　　　　　マツダ13B型2ローターエンジン
　　　　　排気量：654cc×2　最大出力：285ps
　　　　　燃料供給装置：クーゲルフィッシャー製メカニカルインジェクション
　　　　　車両重量：964kg
ドライバー：77号車・生沢徹/寺田陽次郎/クロード・ブシェ（フランス）
予選結果：57位（DNQ）/ 4'18"88
決勝結果：出走せず
　　　　　　　　　　　　　　　　　　　（13.626kmコース）

レースは、オープン純レーシングスポーツカーのグループ6が28台。FIAが推進する市販車ベースのシルエットフォーミュラ"グループ5"は、ポルシェ935を中心に9台。アメリカンルールのIMSAクラスが12台。グループ5より改造範囲の狭いグループ4が5台。フランス車のために設けられたGTP"ルマン"が5台の計59台が予選に臨んだ。日本から童夢RL・フォードDFVがグループ6で出走し、話題を集めた。

レースでは、優勝争いを展開すると考えられたグループ6勢が次々に脱落。レース半ばには雨が降りだし、意外にもクレマーレーシングからエントリーしたグループ5のポルシェ935K（K.ルドウィック/D.ウィティントン/B.ウィティントン組）がトップでチェッカーフラッグを受けた。出走55台、完走22台。

＊

1974年にシグマ・オートモーティブとジョイントしてルマン初参加を果たしたマツダオート東京チームは、再度ルマンの挑戦の機会をうかがっていた。国内レースで実績を重ね、1978年にはルマンの予行演習を兼ねてサバンナRX3でアメリカのデイトナ24時間レースに挑戦。ルマンに向けた準備を着々と進めた。そして、翌1979年にルマン再挑戦のチャンスをつかんだ。

参加車両は1978年秋に発売されたスポーツカーのサバンナRX7をベースに、マツダオート東京チューンの13Bペリフェラルポート/ドライサンプ仕様エンジンを搭載したグループ5仕様の"マツダRX7 252i"。ムーンクラフトの由良拓也デザインによるボディワークは、ロングテールが特徴的であった。

グループ5にエントリーしたRX7 252iであったが、厳格なことで知られるルマンの車検でIMSA・GTOと判定され、急きょIMSAクラスへ編入されることとなった。いずれにせよ600馬力以上を発生するグループ6のポルシェ936やグループ5の935に対し、285馬力のRX7 252iの非力さは明白で、予選に通過することが目下の目標であった。車検を通過したのは59台であったが、決勝レースをスタートできるのは55台と決められていたからだった。

RX7 252iを駆るドライバーは、日本のモータースポーツ界の第一人者、生沢徹、1974年のルマンを経験した寺田陽次郎、そして、地元フランスのマツダ車インポーターであるフランスモータースから推薦されたフランス人ドライバー、クロード・ブシェの3名。

予選1日目は、RX7 252iの開発を担当してきた寺田がステアリングを握った。ルマンに持ち込むまでに十分な走り込みができていなかったため、テストを兼ねての予選であったが、なかなか本来の調子がでない。電気系の不調が原因で思うようにエンジンが吹き上がらず、寺田のベストタイムは59台中54番手であった。

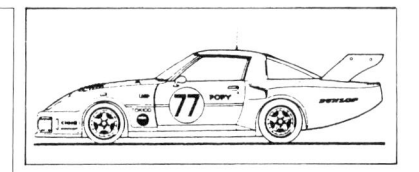

2日目の予選は、エンジンも復調し、まずエース生沢がコースに飛び出した。空力や駆動系をタイムアタック用にセットし、次に地元のブシェが乗り込んだ。しかし、明らかに車に不慣れで、タイムが出ない。次に寺田がコースインするが、不運にも雨が降りだしタイムアップはかなわない。頼みの生沢も体調が思わしくなく、ついに前日のベストラップタイムを更新することができず、公式予選結果は57番手で、予選通過タイムにわずか0.96秒差であった。

上位車両の決勝キャンセルを期待してレーススタート20分前までコースインゲートの前で待機したが、ついに主催者ACOからの出走許可は出されず、無念の涙を流した。

1981年（第49回）　体制を整え、2台出場

参加車両：マツダRX7 253（IMSA GTO）
　　　　　マツダ13B型2ローターエンジン
　　　　　排気量：654cc×2　最大出力：300ps
　　　　　燃料供給装置：ウェーバー・キャブレター
　　　　　車両重量：37号車：967kg　38号車：955kg
ドライバー：37号車・トム・ウォーキンショー（イギリス）/生沢徹/ピーター・ラベット（イギリス）
　　　　　　38号車・寺田陽次郎/ウィン・パーシー（イギリス）/射子田寛
予選結果：37号車：51位/ 4'07"18
　　　　　38号車：49位/ 4'04"79
決勝結果：37号車：リタイア/10時間、107周（ギアボックス）
　　　　　38号車：リタイア/ 2時間、25周（ディファレンシャル）
　　　　　　　　　　　　　　　　　　　　　　　（13.626kmコース）

世界耐久選手権は新設されるグループCスポーツプロトタイプカーによって

競われることが発表されていたため、グループ6，グループ5，そしてGTPルマンによるルマン24時間レースは、実質的にこの年が最後となった。

ルマン4勝を誇るジャッキー・イクスは、デレック・ベルと1975年の優勝コンビを復活させてワークスポルシェ936を駆り、全くのノントラブルで24時間を走破。2位に14周もの差をつけて圧勝した。ルマンに生涯を捧げたジャン・ロンドー率いる前年の覇者ロンドーのチームは、5台体制で参戦。グループ6の3台はリタイアしたものの、GTPルマンの2台が2位，3位に入賞。4位にはIMSA・GTXのポルシェ935K3が入り、波乱多きこの年のルマンは幕を閉じた。出走55台，完走21台。

　　　　　　　*

1979年に不名誉な結果でルマンを去ったマツダスピードは、1年のブランクを置いて1981年に再びルマンに挑戦した。ルマンには周到な準備と徹底したチーム運営が必須と知ったマツダチームは、ルマン前に準備を進めるヨーロッパのベース基地を、フランスから事前のテストや部品の調達などに便利なイギリスに移した。同時に、当時ツーリングカーレースを通じて交流のあったTWR(トム・ウォーキンショー・レーシング)とジョイントし、ヨーロッパ流のチームオーガナイズをとり入れることにした。

1979年の結果は、国内において多くの批判的な声を集めたが、半面、ルマンの影響力の大きさやそこに期待される技術的なメリットが注目され、この年から東洋工業本社の資金的・技術的支援を獲得することに成功した。そして、ルマンの話題性，ファッション性に着目したアパレルメーカーのジュンがメインスポンサーとなり、ファッションショー的な参加発表会を開催するなど、渡欧前のムードは過去にない盛り上がりを見せた。

参加車両は、1979年のRX7 252iをベースに主にエアロダイナミクスにモディファイを加えたマツダRX7 253。エンジンは、広島ワークス仕様の13B，300馬力。由良拓也のボディデザインは、ダックテールとグラマラスなボディラインが人目をひいた。この年から2台体制で臨むことになり、2台の253は、それぞれ白，赤，ブルーのDOMONカラーとブラックを基調にゴールドのラインで彩ったJUNカラーという斬新なデザインにペイントされ、出番を待った。

ルマンを前にRX7 253はベース基地のイギリスに空輸され、世界耐久選手権シルバーストン6時間レースに出場した。結果は、参加車両中最少排気量車ながらモンスターマシーンを相手に善戦し、総合8位でフィニッシュ。ルマンに対する期待と自信を深めた。

ドライバーラインナップは、37号車DOMON号に生沢徹とT.ウォーキンショー、そしてTWR所属のP.ラベットの3名。38号車JUN号には寺田陽次朗，国際レースの経験も豊富なベテラン鮒子田寛、そして1980年のイギリスツーリングカーチャンピオン，W.パーシーの3名を配した。今やTWRジャガーチームの総帥として活躍しているT.ウォーキンショーと、1990年のルマンではニッサンチームの監督をした生沢徹、また現在トヨタ・チームトムスの監督としてやはりルマンを目指す鮒子田寛が一堂に会し、この年に共にチームメイトとしてルマンを走った事実が興味深い。マツダスピードのルマン参加が本格稼働したのがこの1981年であり、現在の日英のスポーツカーレースを支えるキーマンがルマンの魅力に取りつかれたのもこの時であったといえる。

万端の準備を整えルマンに臨んだ2台のマツダは、二度と失敗が許されない予選に全神経を集中した。エンジンはいずれも快調で、早々と1979年のタイムを更新することができた。6人のドライバーの息も合い、周回を重ねるたびにタイムアップを続けた。そして、二日目の予選では予想以上のタイムを記録して、念願の決勝出走権を手中にした。

いよいよ決勝レーススタート。49番グリッドからスタートを切った38号車は、寺田のドライブでレース序盤を快調に走行した。ラップタイムは、4分15秒〜17秒台であった。1回目の給油を受けた後、事故のためペースカーが出動。レース再開後、寺田のRX7 253はレーシングスピードを取りもどしたが、25周目のダンロップブリッジを通過後、突然ディファレンシャルにショックを受ける。ペースを落としてピットを目指すが、コース半ばで遂にエンジンパワーがタイヤに伝達されなくなり、コースサイドにストップしてしまった。原因は、ディファレンシャルのトラブルであった。寺田の努力もむなしく、マシンは再びスタートすることはなかった。レーススタート後わずか2時間のでき事であった。

一方、37号車は、グリッド上でクラッチミートに失敗し、ローリングスタートを出遅れて開始した。ウォーキンショーは16周目に1回目のレギュラーストップを済ませ、34周目に2回目の給油のためピットに滑り込んだ。不調のブレーキキャリパーを交換した際、念のため駆動系をチェックするとディファレンシャルケースからオイルがにじんでいるのを発見。1時間かけ、オーバーホールを行った。その後、38号車がディファレンシャル・ピニオンの折損でリタイアしたことが判明し、

37号車の担当メカニックは胸をなでおろした。その後の37号車は、ステアリングアームの交換で一度予定にないピットインを行った以外は快調に周回し、次第にポジションを上げていった。3.0km/ℓ以上の好燃費を武器に、レーススタート9時間後の午前零時には31位に上昇。完走を目指して4分20秒台のラップタイムをキープしていたが、105周目に突然ピットイン。コースに散乱する異物がヒットしたのか、ミッションケースにひび割れが発生し、そこからオイルが漏れていた。修理を検討したが、既にディファレンシャルのオーバーホールで1時間以上を費やしていることもあり、午前2時すぎ、リタイア届けにサインすることを決断した。

2台のRX7 253は、事前のテストや机上の強度計算では考えられなかった駆動系トラブルで戦線を去った。

ルマンでは何が起きても不思議ないと言われる意味を、マツダチームは実感した。結果的には夜が明ける前に2台ともリタイアを喫したが、チームには"これで終わり"などという悲愴感は感じられなかった。この時点でチーム全員が、"来年は朝日を見よう"を合い言葉に、翌年のルマン挑戦準備を開始した。

1982年（第50回）　念願の完走を果たす

```
参加車両：マツダRX7 254(IMSA GTX)
　　　　　マツダ13B型2ローターエンジン
　　　　　排気量：654cc×2　最大出力：300ps
　　　　　燃料供給装置：ルーカス・インジェクション/ウェーバー・キャブレター
　　　　　車両重量：82号車：960kg　83号車：976kg
ドライバー：82号車/寺田陽次朗/従野孝司/アラン・モファット(オーストラリア)
　　　　　　83号車/T.ウォーキンショー/P.ラペット/チャック・ニコルソン(イギリス)
予選結果：82号車/50位/4'04"74
　　　　　83号車/53位/4'11"29
決勝結果：82号車/14位、クラス：6位/282周(3853.517km)
　　　　　83号車/リタイア/14時間、180周(燃料系)
　　　　　　　　　　　　　　　　　　　　　　　　　(13.626kmコース)
```

グループC規定が世界耐久選手権に導入され、スポーツカーレースは新時代に突入した。クローズドボディ、エンジン排気量無制限、ただし使用燃料総量が定められた。これ以降、レーシングカーには、速さの条件として低燃費、高効率が要求されることになる。新規定初年度にしてルマンには、ポルシェ956を筆頭に、フォードC100、ローラ、マーチなどグループCカーが28台参加。F1ドライバーの起用で抜群の速さを見せた2台のグループ6のランチアが華を添え、相対的に競争力が低下した市販車ベースのグループ5やIMSAは台数が減少ぎみである。

レースはポルシェの独壇場であった。3台のワークスカーは、24時間後には1～3位を独占し、文句なしの圧勝であった。そして、優勝したジャッキー・イクスは、ルマン6勝という金字塔を立て、ミスター・ルマンの名をほしいままにすることとなった。出走55台、完走18台。

＊

完走こそならなかったものの決勝レースに進出することができ、ルマンを戦う術をおぼろげながらつかんだ1981年。マツダスピードは、その経験を基に翌1982年もサバンナRX7をベースにしたRX7 254を2台製作し、ルマンに持ち込むことを決めた。世界耐久選手権のレギュレーション変更により、市販車をベースとしたスーパーシルエットカーでのルマン参加は、この年を最後にすることになっていた。チームは完走を果たし、RX7によるルマン参加の足跡を確実に記す使命をもっていた。

参加車両のRX7 254は、グループCカーが多数参加することを予想し、他の参加車両に比べて非力なエンジン出力を補うため、エアロダイナミクスを徹底的に追求したクルマであった。前作の253はコーナーでは速かったが、ルマン名物の6kmにもおよぶユノディエールのストレートではさらに前作252iの方が速かった。この2台の空力性能をミックスし、バランスさせたのが254であると考えればわかりやすいであろう。当然ながら互いの長所を犠牲にしないことが開発の条件であった。

前2作と同様、由良拓也デザインのボディワークは、丸く滑らかなノーズ、ピラーやルーフに段差のないフラッシュサーフェイス化、ドアミラーさえも干渉抵抗をおさえたドア一体型を採用。ヘッドライトのレイアウトは配光性を考慮し、縦2連のルマン・スペシャルとした。その他、ホイールリムを253の16インチから、19インチに変更している。エンジンは基本的には前年と同じ仕様であるが、予選ではパワーのあるインジェクションを使い、決勝レースは燃費の良いキャブレターを使用することとした。

2台のマツダRX7 254は、カメラで有名な光学機械メーカー、ニコンのスポンサードを受け、チームの前線基地であるイギリス・イングランド中西部にあるTWRのガレージへと向かった。

ドライバーは、82号車にもはやルマン男の異名をもつようになった寺田陽次朗とルマン初経験の従野孝司、オーストラリアのA.モファット。83号車にはT.ウォーキンショー、P.ラペット、C.ニコルソンのTWRチーム。日英豪のトップRX7使い6名にRX7 254が委ねられることになった。

まずは予選。チームは、1981年の失敗は最大の関門と考えていた予選通過に全神経を集中し、体力を使い果たしてしまったからだと考えた。予選は通過する

だけでよく，事前にテスト走行ができないルマンでは，クォリファイ以外にしなければならないことが山ほどあったのだ。1982年の予選では，タイムアタックは1日目のみ，2日目は決勝レースに向けたセッティングに時間を活用する計画を立てた。82号車は，ルマンを最もよく知る寺田が計画どおりにタイムアタック。前年のベストラップタイムを上回るタイムを早々と記録し，残りの時間を従野とモファットの慣熟走行にあてた。

したがって，2日目には余裕をもってセッティングに専念することができた。

一方の83号車は，初日からエンジンの調子が芳しくなかった。考えられるパーツを全て交換したが，エンジンの吹けが悪い。メカニックたちの努力の甲斐もなく，2日目も復調しない。すぐさまエンジン交換の指令が発せられ，1時間かけてピットでエンジンが交換された。そして，ウォーキンショーは闘志溢れるドライビングで予選通過タイムをひねり出し，一度はメカニックたちの脳裡を横切ったであろう予選不通過という最悪の事態を避けた。

予選で好対照をなした82号車と83号車は，決勝レースでも同じような運命をたどることになる。83号車が先行し，一時は総合8位にまで進出したが，スタート14時間後を目前にした181周目，ミュルサンヌに止まった。燃料系のトラブルで，コース上ではどうにも対処のしようがないものであった。それまで快調に周回を重ねてきた82号車担当クルーにも緊張感が漂う。そして，初めて経験する夜明けを境に様々なトラブルが次々とRX7 254に襲いかかった。

前年以上に周到な準備とテストを重ねてデータを収集。実績を蓄積した上に，決勝レースを前に細かなパーツまで交換し，万全の整備を施したにもかかわらずである。まず，折れたダンパーを交換しコースに復帰したが，その後トランスミッションに異常が発生した。バイブレーションである。レース中にはギアボックスのアッセンブリー交換は許されないため，オーバーホールすることになった。1時間24分を費やして，インナーパーツを交換。戦線に戻ったが，トラブルはさらに続いた。タイヤパンク，ガスフィルターの目詰まりなど，ピットインのたびに点検や修理などの作業がふえていくようだ。それらを一つ一つ乗り越え，ゴールを目指した。

レースが残り1時間，そして30分とゴール間際になり，観客がチェッカーフラッグの瞬間を見るために総立ちになった10分前。ピットで初完走を祈りながら，254がストレートを通過するのを待っていたピットクルーたちの心臓を凍らすような出来事が起きた。254が戻ってこない。

フォードシケイン手前のコース上に止まっているとの情報がピットに伝えられ，絶望的な雰囲気が支配的となった。だが，これはそれまでにも幾度となく83号車を襲っていたガス欠症状の兆候が発生し，最後にステアリングを任されていた寺田が意識的にクルマを止めて，ゴールの瞬間を待っていたためであった。チェッカーフラッグを受けなければ全てがゼロに帰することを避けるための判断であった。

寺田は，3台のワークスポルシェ956が通過した後，再びスターターボタンを押し，ゆっくりとチェッカーフラッグの待つストレートに戻ってきた。一度は絶望に陥ったピットクルーは，完走の報を聞き，全員が歓喜の涙で顔を濡らした。

ジャッキー・イクスの驚異的な6度目の優勝に，グランドスタンドがわいている際中，マツダのパドックは，チームだけの祝勝会に酔った。傷だらけではあったが，RX7での参加最後の年に，初めて完走を果たした充実感を満喫した。そして，完走のトロフィーとともに，マツダスピードのメカニックに対し，最も健闘したメカニックに贈られるESCRA賞が主催者ACOから贈呈された。

1983年（第51回） ニューマシンで完走

参加車両：マツダ717C（グループCジュニア）
　　　　　マツダ13B型2ローターエンジン
排気量：654cc×2　最大出力：300ps/9000rpm
燃料供給装置：ボッシュ・インジェクション
車両重量：60号車：780kg　61号車：789kg
ドライバー：60号車・片山義美/寺田陽次朗/従野孝司
　　　　　61号車・ジェフ・アラン(イギリス)/スティーブ・ソーパー(イギリス)/ジェームス・ウィーバー(イギリス)
予選結果：60号車：44位/4'06"13
　　　　　61号車：43位/4'05"92
決勝結果：60号車：12位，クラス：1位/302周(4122.093km)
　　　　　61号車：18位，クラス：2位/267周(3646.511km)　　　(13.626kmコース)

グループC規定2年目の1983年。前年のWECチャンピオンカー，ポルシェ956は，プライベートチームにも市販され，ワークス3台を含む11台が出走。打倒ポルシェに燃えるランチアは，グループCカーLC2を2台用意し，予選から闘志を燃やした。また，ルマン常連のロンドーは，ユニークなスタイリングの新型M482で登場した。この年からグループCの小型クラス，グループCジュニア（翌年からはグループC2）が新たに設定され，マツダ717Cを初めとする5台がエントリーリストに名を連ねた。

予選では，ジャッキー・イクスの駆るワークス・ポルシェ956が前年のポールポジション獲得タイムを実に12秒も短縮す

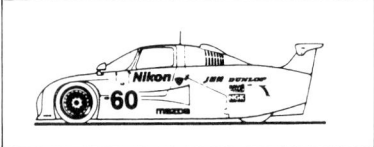

る驚異的なタイムで他を圧倒。決勝レースもワークスポルシェの一人舞台となった。結果は1〜8位までをポルシェ956が独占。唯一の番狂わせは、ルマン7勝がかたいと思われたジャッキー・イクスが2位に甘んじたということだけであった。出走51台、完走20台。

*

　マツダスピードは、1982年のルマン直後に、新たに施行されるグループCジュニア規定に合致するマシンの開発に着手した。グループCジュニアは、最低重量700kg（グループCは850kg）、最大燃料タンク容量55ℓ（同100ℓ）以下、燃料補給回数は26回までということ以外は、グループCと同じ車両規定である。したがって、ルマンでの燃料使用限度は1430ℓ（同2600ℓ）と定められた。

　完成したマシンは、マツダ717C。13Bロータリーエンジンをミッドシップにマウントしたモノコックシャシーに、オールFRP製エアロダイナミックボディを架装した本格的スポーツプロトタイプカーである。シャシー設計は宮坂宏、ボディの設計はRX7 252 i〜254を担当した由良拓也である。たび重なる風洞実験によってCD（空気抵抗係数）×S（前面投影面積）を徹底的に煮詰め、"そらまめ号"と呼ばれる愛くるしいスタイリングを完成させた。ユノディエールストレートで310km/h以上の最高速を記録することが、このマシンの目標であった。

　マツダスピードは、グループCジュニアクラスへの参戦にあたり、自らのツーリングカーレースが多忙をきわめ、ジョイントが困難となってきたTWRの紹介で、シルバーストンサーキットの敷地内にガレージを所有するアラン・ドッキング・レーシングとルマン特別チームを編成するこ

とに決めた。オーストラリア人のアラン・ドッキングは、イギリス国内でF2やF3のチームを運営しており、豊富なフォーミュラカーの経験からグループCカーのメインテナンスに協力をあおぐ上で適任と判断された。

　4月に完成したマツダ717Cの1号車は、富士でシェイクダウンテストと開発テストを済ませ、5月8日のWEC第2戦シルバーストン1000キロレースに参加した。結果はたった32周でリタイア。データさえ収集できず不安をつのらせたが、遅れてイギリスに到着した2号車とともに、ルマンまでの数週間の間にシルバーストンで行った追加テストで急速に熟成。ルマンが行われるレースウィークの火曜日には、大型トレーラーに2台の717Cと1.5台分のスペアパーツを積み、体裁も他のグループCコンテンダーに負けない体制でルマンのパドックに到着した。

　ドライバーは、60号車に片山義美、寺田陽次朗、従野孝司の3名を起用。マツダロータリートリオが初めてルマンに顔を揃えた。61号車にはいずれもイギリスの若手ドライバーであるJ.アラン、S.ソーパー、J.ウィーバーの3名をあてた。

　予選では、初めてのCジュニアカーということもあり、6名のドライバーのクォリファイを済ませた後は、決勝レースに向け空力、操縦性のセッティング、そして燃費データ測定を行わなければならなかった。ルマンにおける717Cのベストラップタイムは、机上の計算ではRX7 254のそれより15秒ちかく短縮できるはずであった。これはあくまで理想値であり、必ずしも現実的とはいいがたいが、車重が200kgちかく軽く、CD値の小さい空力シェイプは明らかにストレートでは254より速い。254をドライブした経験をもつ寺田や従野は、タイムアタックを試みたかったはずだ。しかし、彼らはチームドライバーに徹し、黙々とセッティングと燃費データ計測のためのドライブを続けた。

　2台の717Cの予選通過タイムは254のタイムを上回ることはなかった。しかし、セッティングは煮詰まり、燃費データは3.2km/ℓの好結果を残した。

　決勝レース前、コース上ではさまざまなアトラクションがくり広げられ、ルマンのお祭り気分を大いに盛り上げた。日の丸の小旗を振る日本からの熱心なファンを、グランドスタンドの所々に見うける。1974年や79年にはなかった光景だ。

　6月18日午後4時。51台のマシンは一斉にスタートを切った。先頭では、2台のワークス・ポルシェと2台のランチアLC2が激しく絡む。

　60号車片山、61号車アラン。2人のスターティングドライバーは、8000回転でレースをスタート。丁寧に序盤の周回を重ねた。キャプテン片山は、61号車に先行させ、4分16秒〜18秒ペースを維持した。ところが、スタート後1時間目を迎える前に、ピットの静寂は破られることになった。61号車がミュルサンヌで右リアタイヤをバーストさせ、よたよたと歩くようなペースでピットへ戻ってきた。奇跡的にサスペンションは壊れていなかった。時速300km/hでタイヤがバーストしたため、テールカウルは右側をズタズタに引き裂かれていた。この修理のため1時間をロス。しかし、23時間レースとなったことで燃費の心配はなくなり、午後6時、挽回をかけて再スタートを切った。

　一方、日本人組の60号車には序盤に2回のタイヤパンクがあっただけで、トラブルらしいものは皆無。淡々とペースを守り、周回するだけであった。ところが、ポルシェを除くグループC勢には次々とトラブルが発生し、ピットでの作業

に追われた。そのおかげで60号車は、3時間後には25位にまで上昇することができた。その後も深刻なトラブルに襲われることはなかった。夜が明けたころには、61号車も挽回が効を奏して20位台まで順位を上げている。そして、昼頃には2台完走の可能性は確実なものへと変わっていった。

ゴールを目前に、チームは2台の717Cにランデブー走行を指示した。チームの誰もがトラブルを予想し、緊張感を持続して対処の準備をしていたが、大きなドラマは起きなかった。2台の717Cは、ロータリーサウンドを響かせ、ランデブー走行でチェッカーフラッグを受けた。初の2台完走を果たすとともに、グループCジュニア部門初優勝を遂げた。あわせて、最高燃費賞、フランス自動車エンジニア協会賞、PERNODオーガナイザー特別賞、そして前年に続き敢闘メカニックに対して贈られるESCRA賞などの栄えある賞の多くをマツダスピードが独占することになった。

しかし、続く数年間にマツダスピードにとって参加初期以上の苦難が待ち受けていることを、この時想像することはできなかった。

1984年（第52回）　トラブル続出で満身創痍

参 加 車 両：マツダ727C（グループC2）
　　　　　　マツダ13B型2ローターエンジン
　　　　　　排気量：654cc×2　最大出力：300ps/9000rpm
　　　　　　燃料供給装置：ボッシュ・インジェクション
　　　　　　車両重量：86号車：749kg　87号車：751kg
ドライバー：86号車・寺田陽次朗/従野孝司/ピエール・デュドネ（ベルギー）
　　　　　　87号車・デイビッド・ケネディ（アイルランド）、ジャン・ミッシェル・マルタン（ベルギー）、フィリップ・マルタン（ベルギー）
予選結果：86号車：33位／3′47″60
　　　　　87号車：43位／3′58″43
決勝結果：86号車：20位、クラス：6位／261周（3567.973km）
　　　　　87号車：15位、クラス：4位／290周（3963.113km）
　　　　　　　　　　　　　　　　　　　　　　　　　　　（13.626kmコース）

事前のグループC燃費規制変更論議に異議を唱えたルマン・ワークス・ポルシェは、この年のルマンをボイコットした。ワークス・ポルシェの代わりにレースのフロントローを占めたのは、2台のランチアLC2。12時間まで1～2位を走り、1台が16時間後まで首位を守ったが、ミッショントラブルで後退。優勝はまたしてもポルシェ956であった。優勝したのは、筆頭プライベート・ポルシェ使いのヨーストレーシングからエントリーしたポルシェ956であった。この年は、アメリカからIMSA仕様のジャガーXJR5が2台参加し、また、地元のWMプジョーがオープニングラップをトップで走ったことでも話題を集めた。マツダ勢はC2クラスに、マツダスピードから2台、アメリカのBFグッドリッジから2台の計4台が参加した。出走53台、完走22台。

*

1983年のルマン終了後、それまでマツダオート東京のモータースポーツ部門であったマツダスピードは、株式会社マツダスピードとして独立。名実ともにマツダのワークスチームとなった。

1983年のルマンは、クラス優勝という結果を残し内外の評価を高めたが、ドライバーにとってもメカニックにとっても多くのフラストレーションを残していた。タイムアタックはせず、決勝でも燃費との戦いが中心だったため、"速く走る"というレーシングカーの本分を発揮させることができなかったのではないかという疑問だ。

マツダスピードは、1984年のルマンを攻撃的に戦うため、マツダ727Cの開発に着手した。727Cは、高速志向型の717Cをベースに、ウイングカー本来の機能であるグランドエフェクトを重視した空力的モディファイを加え、最高速を追求しながらも操縦安定性の向上を目指したモデルである。そして、前年までグループCジュニアと呼ばれていたカテゴリーが、グループC2に名称変更。2台の727Cは、このC2クラスにエントリーした。エンジンは前年と同じインジェクション仕様の13Bロータリー。エンジン出力を上げるため、排気管のレイアウトを717Cのサイド排出から、リア排出に変更した。排気圧の脈動効果と慣性渦流の効率を高めるためであった。

ドライバーは、86号車ニコン号に寺田陽次朗、従野孝司の日本人ロータリーコンビと、1981年のスパ・フランコルシャン24時間レースでRX7を総合優勝に導いたベルギー人ジャーナリスト・ドライバーのピエール・デュドネの3名。87号車JUN号には、F1経験もあるアイルランド人、デイビッド・ケネディと、ツーリングカーレースで活躍したベルギー人のマルタン兄弟の3名を配した。

1984年の目標は、予選タイム4分以内、決勝は周回数320周以上、総合10位以内とした。

予選では、タイムアタックを実行することにした。担当は油ののっている従野孝司。予選第1日目、従野はクリアラップを待って86号車にソフトコンパウンドタイヤを装着。闘志をみなぎらせてコースインした。結果は717Cのベストラップタイムを18秒強短縮する3分47秒60を記録し、コーナリングスピードの飛躍的向上を確認した。これ以後は決勝用のセッティングに専念した。

この年は運がなかったのかも知れない。予選では従野の発奮で目標以上のタイムを叩き出すことができたが、決勝レースではなかなかペースにのれない。

スタート4時間後には、後にこの年最大のアクシデントを起こすことになるアストン・マーチンと86号車がフォードシケインで接触。サスペンションを壊して、修理に多くの時間を費やした。その後ペースアップして挽回につとめ、翌朝にはクラス2位まで浮上することができたが、17時間後にはエンジンがミスファイアし、スパークプラグを交換するため予定にないピットインを行った。そして、午前10時47分には致命的なトラブルが発生した。P.デュドネがトランスミッションの不調を訴えてピットイン。明らかに異常事態であった。残り時間をギアをいたわりながら、3速、4速抜きで走ることも検討されたが、ギアボックスを分解するとメインベアリング破損と判明。ピットは暗い雰囲気に包まれた。既に規定周回数を走破していたため、ゴール寸前までピットで待機し、ファイナルラップにピットアウトして、チェッカーフラッグを受けることに決定した。チームにとっては長く屈辱的な待機時間であった。

87号車にもトラブルは相次いだ。2日目の朝には、左後輪サスペンションのトップロッカーアームが折損し、その修理にたっぷり1時間を要していた。24時間のうち、他のトラブルを含めて約2時間ピットに踏みとどまらなければならなかった。2台とも満身創痍だ。チェッカーフラッグを前年同様2台揃って受けたが、結果は86号車が総合20位、87号車が総合15位と振るわず、2年連続のクラス優勝は果たせなかった。

マツダスピードがレース前にたてた目標は、予選タイム以外全て達成することができ、皮肉にもアメリカから来たライバルがかわってそれを成し遂げた。68号車ローラT616マツダは、319周を走って総合10位、グループC2クラス優勝を果たした。

敗北感、寂寥感がマツダスピードチームを重く支配した。もはやマツダスピードは、完走だけでは喜べない次元にいるはずであった。

ボエンジンを搭載したザウバーは、予選中ユノディエールで宙を飛ぶ事故に遭い決勝不出走。

日本からトヨタが初めて本格的に挑戦し、初参加ながら12位で完走を果たした。燃料規制は、C1クラスで総量2210ℓ、C2クラスは1430ℓ。C2クラスは、前年の12台から19台に増加し、激戦となった。出走49台、完走24台。

*

マツダスピードは、2台の737CでC2クラスに挑んだ。この年をもってC2クラスを卒業することを前提にした、ある意味で総決算でもある。マシンの外観は、前年の727Cとさほど変わらないが、隅々にまで改良を加えてある。操縦安定性を向上させるためホイールベースを80mm延長し、サスペンションのジオメトリーも変更。モノコックの剛性アップや、ボディカウルの軽量化、サービス性の向上からドライバーの居住性の快適化まで改良点は無数といえる。

717Cが完成した1983年から、C2カーの開発と並行してツインターボ付き13Bエンジンを搭載したC1カーもテストが続けられていた。しかし、1984年の10月に富士スピードウェイで開催されたWEC富士1000キロレースにテスト参加し、好結果が得られなかったため、開発続行を断念。マルチローターエンジン開発に方向転換していった。このため、遂にロータリーターボC1カーが、ルマンを走ることは実現しなかった。

737Cのエンジンは、300馬力の13B。燃料供給システムは、インジェクションのスライドバルブの耐久・信頼性に疑問があることから、わざわざ倉庫で眠りかけていたウェーバーキャブレターに交換している。そこまでこだわったということ

1985年（第53回）　C2マシン最後の年を飾れず

参加車両：マツダ737C（グループC2）
　　　　　マツダ13B型2ローターエンジン
　　　　　排気量：654cc×2　最大出力：300ps/9000rpm
　　　　　燃料供給装置：ウェーバー・インジェクション
　　　　　車両重量：85号車：737kg　86号車：751kg
ドライバー：85号車・片山義美／寺田陽次朗／従野孝司
　　　　　　86号車・D.ケネディ，J-M.マルタン，P.マルタン
予選結果：85号車：40位／3'57"73
　　　　　86号車：44位／4'00"78
決勝結果：85号車：24位，クラス：6位／263周（3590.741km）
　　　　　86号車：19位，クラス：3位／282周（3853.027km）
　　　　　　　　　　　　　　　　　　　　　（13.626kmコース）

1年のブランクをおいたポルシェ・ワークスが、新型962（956のロングホイールベースバージョン）をひっさげてルマンに帰ってきたが、レースを制したのは前年同様プライベートチームのヨースト・ポルシェ956であった。しかも、グループC燃料規制発足以来初めて総走行距離5000km以上を走破し、燃費規制がレースの興味をそぐという批判を完全に打破しての快勝であった。ワークス・ポルシェ962は3位。信頼性向上を果たしたランチアLC2は、意外にもスピードの点で劣り、6位が精一杯。ジャガーXJR5は13位であった。メルセデス5ℓV8ター

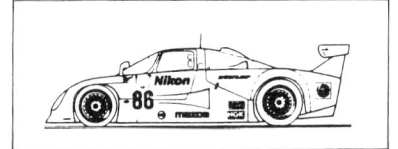

である。

ドライバーは、85号車ラッキーストライク号に片山義美、寺田陽次朗、従野孝司の3名。86号車ニコン号にD.ケネディとマルタン兄弟の3名。万全の体制でルマンに臨むつもりだったが、多くの改良を盛り込んだためか、実際にはルマンに到着する前にすでに多くのトラブルに悩まされ続けた。

5月に富士で行ったテストでリアカウルが炎上した。その原因を究明し、対策を施したら、ピットイン時のパーコレーションに悩まされるようになった。それを解決すると、トランスミッションの温度が異常上昇するトラブルに見舞われた。これによってシルバーストン1000キロレースでは、上位入賞を目前にリタイアしている。そして、ルマンを目前にしてイギリス国内のローカルサーキットで行った確認テストでは、再びボディが炎上、廃車同然になってしまった。メカニックたちは、スペアパーツをかき集め、ほとんど徹夜でルマン挑戦車両を組み上げた。ルマンを前にしてメカニックたちの疲労は極限に近づいていたといえる。

この年の予選はタイムアタックを避けた。マシンとドライバーがクォリファイされた後、決勝レース用のセッティングを徹底的に煮詰めることとした。C2クラスにエントリーして3年目、ロスのない完璧なレース展開がチームの使命だったからだ。

そして、決勝レース。チームの思いとは裏腹に、前年同様スタートからトラブルが737Cを容赦なく襲った。スタート10周目、片山の乗る85号車が早くもピットイン。エンジンオイルがリークしている。オイルのプレッシャーレギュレーターから漏れているようだ。メカニックたちが飛びかかり作業を開始したが、場所がエンジン内部のため予想以上の大手術となった。C2優勝の可能性は、たった10周目にして消失した。

一方、86号車の外人組はスタートからペース走行を維持し、クラス5位から4時間目にはクラス2位まで浮上。トラブルなくコンスタントに周回を重ねる。85号車は2時間40分にも及ぶ修理作業の末、コースに復帰。まさにビリから先行車を追い上げることになった。

その後は、2台とも安定した走行でゴールを目指す。8時間後には86号車がC2クラスのトップにたち、85号車も徐々に順位を上げていた。しかし、午前2時過ぎ、寺田のドライブする85号車がピットに戻らない。インディアナポリスに停止し、コースサイドでドライバーが修復作業を行っている模様だ。エンジニアが駆けつけ、手を貸すことが許されないので助言を送る。ダイナモの配線が断線していた。ドライバーはヘルメットを被ったまま黙々と作業を続け、1時間30分後にようやくエンジンが始動した。またしても貴重な時間を失ってしまい、残された時間に唯一の目標である完走を目指して走り続けることとなった。

また、夜が明け、昼にさしかかろうとしている午前11時前、C2トップを独走している86号車にもついに魔の手がのびた。ギアボックスのベアリングを破損し、その修理に1時間23分を費やすことになる。クラス2位に1時間以上もの大差をつ

けていたが、そのマージンをいっぺんに失ってしまった。マツダスピードのピットは、重苦しい空気に包まれた。

86号車は、ゴール直前までピットで待機し、かろうじてチェッカーフラッグを受けた。85号車も力なくフィニッシュラインを越えた。1983年から3年間のグループC2プログラムで、マツダスピードは計6台のC2カーをルマンにエントリーし、その全てを完走させた。しかし、ことごとくがチームにとっては不本意な内容であった。

レース後、ルマン初出場で12位完走が称えられたトヨタチームの話題のかげで、マツダスピードの3年連続全車完走の記録は日に日に色あせていった。しかし、マツダスピードチームは、早くも過去に別れを告げ、新しくスタートした3ローターエンジン搭載の新シャシー開発に精を出すことになった。

1986年（第54回）　新開発3ローター&ニューマシン

参加車両：マツダ757(IMSA GTP)
　　　　　マツダ13G型3ローターエンジン
　　　　　排気量：654cc×3　最大出力：450ps/9000rpm
　　　　　燃料供給装置：EGI
　　　　　車両重量．170号車：811kg　1/1号車：811kg
ドライバー：170号車・D.ケネディ/マーク・ギャルビン(アイルランド)/P.デュドネ
　　　　　　171号車・片山義美/寺田陽次朗/従野孝司
予選結果：170号車：29位/3'44"74
　　　　　171号車：25位/3'43"31
決勝結果：170号車：リタイア/10時間、137周(メインドライブシャフト)
　　　　　171号車：リタイア/4時間、59周(メインドライブシャフト)　　(13.528kmコース)

1986年のルマンは、それまでと少し勝手が変わった。ひとつは、ミュルサンヌコーナーの形状が変更され、コース全長がわずかに短くなったこと。ふたつめは、12年ぶりにルマンの開催1か月前にテストデーが設けられたことである。エント

ラント地図も少し塗り替えられた。

レースを制したのはやはりワークス・ポルシェであったが、完走こそ逃したもののイギリスのTWRチームから6ℓV12エンジンを載せたジャガーXJR6が3台エントリーし、一時は2位を走る健闘

151

を見せた。やや期待はずれであったが、ザウバー・メルセデスも本格的にルマンに復帰した。そして、トヨタに続き、ニッサンもグループＣカーを送り込んできた。マツダスピードもIMSA・GTPカーを投入するなど、今日のワークス中心のスポーツカー近代戦の原形を作ったのがこの年のルマンだといえる。出走55台、完走19台。

*

マツダスピードが新開発の3ローターエンジン専用に開発したマツダ757は、イギリス人レーシングカーデザイナーのナイジェル・ストラウドがシャシーの設計を担当。エンジン性能、シャシーレイアウト、シャシー剛性、エアロダイナミクスなどレーシングカーに求められる性能を、パッケージとして高度にバランスさせたマシンである。

ボディワークには東レ製の炭素繊維、プリプレグを使い、シャシー各部にチタニウム合金を多用している。フロントサスペンションはプルロッド。リアはコンベンショナルなロッカーアーム式ダブルウイッシュボーン。13G型3ローターエンジンは、日本電装製のEGIで制御し、自然給気ながら450馬力を発生する。サイドラジエターで、オイルクーラーもボディサイドにマウントしている。また、駆動系には信頼度の高いポルシェ962用ギアボックスを採用している。グループＣ1に適合する寸法をもっていながら、ロータリーエンジンを搭載する場合に最低重量がＣ1より約50kg軽いIMSA・GTPカテゴリーを選んだ。

1号車は、1985年11月にシェイクダウンテストを終え、実車風洞実験、開発テスト走行などを経て、1986年4月の鈴鹿500キロに実戦デビュー。いきなり6位に入賞するなど、これまでのC2カーに比べ完成度が格段に高いことをアピールした。5月上旬のルマンテストデーに行われたスプリントレースでも、3位でフィニッシュ。ルマンでの活躍が多いに期待された。

新開発マツダ757をドライブするのは170号車にD.ケネディ、アラン・ドッキング・レーシングのもとでイギリス国内F3を戦う新進のアイルランド人、マーク・ギャルビンとP.デュドネ。171号車は日本人トリオの片山義美、寺田陽次朗、従野孝司の3名。2台の757は、アメリカンタバコのラッキーストライクがスポンサーにつき、ホワイトのボディに赤とゴールドのラインがペイントされた。また、この年より予選時の万が一に備え、トレーニングカー（予備車輌、いわゆるＴカー）を1台用意。マツダスピードは、計3台の757をルマンに持ち込んだ。

テストデーに走行していたため、新しいコースレイアウトにおけるレースシミュレーションは、予選開始前にすでにでき上がっていた。このため、余裕をもって予選に臨むことができた。171号車がタイムアタックに臨む。ドライバーは、ベテランの片山だ。タイムは、3分43秒31。コースが変更されたから単純比較はできないが、Ｃ2時代のベストタイムよりも4秒速い。170号車のケネディのタイムも3分44秒74。決勝用のセッティングに予選タイヤを装着しただけの仕様で出したこのタイムは、予選用のスプリントギアレシオであれば3分40秒をきることは確実だ。チームはほぼ満足。

いよいよ開発7か月の成果を問う決勝レース日を迎えた。ルマンまでにさまざまなテスト、データ収集、走り込みを重ねてきており、ドライバーも手応えをつかんでいる。従野によれば"ポルシェ・ミッションなら10000km走っても壊れない気がする"とのこと。まさかその駆動系でリタイアを喫するとは、夢にも思っていなかった証拠だ。

171号車は、その従野がスタートドライバー。25番グリッドからスタートし、すぐに22位、19位、14位と着実に順位を上げた。前年まで後塵を拝し、全く別の世界の住人だったポルシェ勢をコーナーで攻めあげ、国産C1カーをユノディエールストレートで抜き去った。寺田にバトンタッチし、3時間を経過した頃には一時12位を走行。チームの目標とした総合10位以内完走のターゲットは、いとも簡単に手に入れることができるのではないかと思われた。ところがである。片山にドライバー交代するためのピットインをあと2周に控えた59周目。寺田は、インディアナポリスコーナーのアプローチで4速にシフトダウンする際、後部に軽い衝撃をおぼえた。そしてエンジンがストールした。惰性でアルナージュコーナーを脱出し、その直後グリーンにマシンを止めた。エンジンは始動する。しかし、クラッチをつないでも駆動力が全くない。駆動系のトラブルであることがわかった。万事休す。成す術なく、ピットまで帰り着く方法はなかった。駆けつけたエンジニアは、メインドライブシャフトの折損と判断した。信頼性の高いポルシェ製のパーツが何故？　誰もがそう思い、パーツの個体差だろうと信じていた。

事実、171号車がリタイアした後も、同型の757は快調に周回を続けている。大事をとってシフトアップポイントは、7800回転から7500回転に落とさせている。9時間を過ぎてもバイブレーションなどの兆候すらなく、757は20位前後で安定した走行を見せていた。171号車のリタイア原因は、やはり駆動系パーツの個体差に起因するものだったのだとチームでは確信していた。ところが、午前1時46分、アルナージュからメゾン・ブランシュ

をたち上がり，フォードシケインに向かうはずのロータリー特有の排気音が，プッツリと止まった。辺りをすでに漆黒の闇が覆い，観客たちも寝静まろうという静寂の時間であった。低く重いターボカーのエキゾーストノートの響く中，1台しかいないロータリー車の音はコースのどこを走っているかがわかるくらいであった。ピットから無線でドライバーのデュドネを呼び出す。雑音の中から聞こえたデュドネの応答が"Same problem！"であった。この瞬間，マツダスピードの8回目のルマン挑戦は，幕を閉じた。メカニックたちは期待が多く，ここに至るまでのプロセスがあまりにも順調だったため，大きく肩を落とした。1981年以来，5年ぶりの全車リタイアであった。

レース終了直後の落胆は過去になく大きなものであったが，開発初年度であり，7ヶ月という短期間で仕上げたわりには757のポテンシャルは高かった。事実，コーナーでは大馬力C1カーを追いまわすシーンを演出することができた。トラブル原因がはっきりしており，解決がさほど困難でないエンジニアリング上の問題だったので，帰国するマツダスピードチームの面々の表情は，決して絶望的なものではなかった。

1987年（第55回）　総合7位入賞に湧く

参加車両：マツダ757（IMSA GTP）
　　　　　マツダ13G型3ローターエンジン
　　　　　排気量：654cc×3　最大出力：450ps/9000rpm
　　　　　燃料供給装置：EGI
　　　　　車両重量：201号車：795kg　202号車：795kg
ドライバー：201号車・片山義美/寺田陽次朗/従野孝司
　　　　　　202号車・D.ケネディ/M.ギャルビン/P.デュドネ
予選結果：201号車：27位/3′45″56
　　　　　202号車：28位/3′47″53
決勝結果：201号車：リタイア/3時間，34周（エンジン）
　　　　　202号車：7位，クラス1位/318周（4305.037km）　　　　（13.535kmコース）

第55回ルマンは，ポルシェとジャガーの一騎打ちを期待するムードにつつまれた。王者ポルシェは，さすがに旧態化の兆しが見え始めていたとはいえ，3台のワークス962を投入。一方，WSPC4連勝のジャガーは，3台のルマン専用車を仕立てて制覇に賭ける。また，ザウバー・メルセデスも実力をつけてきた。主催者から供給された燃料に質的な問題があったのか，燃料系トラブルでリタイアする車両が続出した年であった。ワークス・ポルシェも燃料系トラブルに悩まされ，一時は追い上げるジャガーに撃破されるかに見えたが，夜半過ぎにジャガーの1台がタイヤバーストでクラッシュした後流れが変わり，レースの主導権はドイツの名門チームに戻っていた。優勝は，シュトック，ベル，ホルバート組のワークス・ポルシェ。

7台参加した日本車勢は，マツダスピードの1台を残して全て戦線を離脱していった。出走48台，完走はわずか14台。過酷ではあったが，大変エキサイティングなレース内容であった。ダンロップブリッジ手前に中速コーナーが新設され，パーマネントサーキット部分の路面が改修されるなどの模様がえがあった。

＊

1986年のルマン以降，国内レースにおいてマツダ757は抜群の信頼性と，小粒ながらシャープなハンドリング性能で，常に上位入賞を果たすようになった。もちろん，ルマンで発生した開発初期段階の問題点を解決した上でのことである。

そして1987年，マツダ・ロータリーエンジン販売開始20周年にあたるこの年，マツダスピードは，前年久々の2台リタイアを喫したマツダ757を再びルマンに持ち込み，雪辱を晴らすこととした。この年の757は，外観こそほとんど前年モデルと変更ないが，運動性能は格段に向上している。モノコック後部とリアのサブフレームのわずかな構造変更で，シャシーのねじれ剛性は飛躍的に強化された。また，細部にわたる軽量化の結果，前年比30kgのダイエットに成功している。そして，フロントアンダーパネルの形状変更や，リアウイングのマウント位置を変更したことで，空力的にもさらに洗練された。ダウンフォースの確保と空力バランスを向上させたことにより，サスペンションのセッティング範囲を拡大させている。これらの"ほとんど目に見えない"改良により，エンジン出力は前年から増加していないにもかかわらず，鈴鹿サーキットで行ったテストでは，前年のタイムを7秒も上まわる好結果を残している。

1987年版757を駆るドライバーは，雪辱戦らしく前年と同じ布陣。201号車には片山，寺田，従野の3名。202号車にケネディ，キャルビン，デュドネ。757の経験をもっているというだけでなく，前年の無念さももっているはずだ。

ルマン24時間レースが例年6月中旬に開催されるのは，ふたつの理由がある。ひとつは，この時期が1年で最も夜が短いということ。ふたつ目は，統計的に雨が少ないからである。ところがこの年はよく降った。

予選第1日目の日中，南国かと思わせるような激しいシャワーがサーキット一帯を打った。1987年仕様の757のポテンシャルを確認するため，タイムアタックを行う予定であったが，第一セッションでクォリファイを終え，タイムアタックの準備を行っている際中に天候が崩れだし，それは不可能になってしまった。ドライバーたちは，条件さえ揃えば確実に3分40秒を

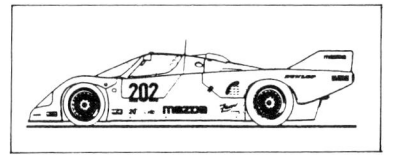

切ることができる，とエンジニアたちに力説していた。

2日目の予選は，決勝用のエンジンに換装し，決勝用のセットアップに専念した。燃費セット，ギアレシオ，サスペンション，空力セットが次々に決定され，武装は完了した。総合10位以内入賞をめざし，序盤から全開でC1マシンを追いまわすという作戦に，メカニックたちの士気もことのほか高い。

決勝日の土曜日も，午前中は雨だった。午後には雨はあがったが，レーススタートの午後4時の時点では，コースはウェットのまま。2台の757は，インターミディエイトタイヤを履いてスタートした。ドライバーは，片山とケネディ。スタート後数周でコースのほとんどがドライとなったため，各車ともタイヤ交換のため早々にピットインした。

タイヤはブローアップ寸前で，メカニックたちは早くも肝を冷やす。全車がスリックタイヤに交換し，いつものルマンの迫力がよみがえった。757は，水を得た魚のように生き生きと走りだした。そして，プログラム通りに，上位に進出していった。27番手からスタートした201号車は，1時間目に13位，2時間目には10位にジャンプアップした。28番手からスタートした202号車も17位，13位とポジションを上げている。

午後6時を過ぎたところで，片山が予定外のピットイン。寺田にかわって様子を見たが，明らかにエンジンが変調を起こしている。再度ピットインし，点検すると1気筒のコンプレッションが異常に下がっていた。後でわかったことだが，原因は異物の混入によるアペックスシールの損傷であった。この年は主催者供給燃料の質が問題とされており，201号車のトラブルもそれに起因したのかも知れない。いずれにせよ201号車は，レース続行が不可能と判断され，早くもリタイア届けにサインしなければならなかった。そして，201号車担当スタッフは，全員で202号車の作業をバックアップすることにした。ドライバーたちも，誰一人としてホテルに帰ろうとはしなかった。

202号車もノートラブルだったわけではない。僚友を失った後は，上位陣の脱落にも助けられ，4時間後からは8位に浮上。力走を続けた。日没後，雨が降りだした頃マイナートラブルが発生しだした。まず，ワイパーが壊れた。壊れたワイパーをセンターに固定したまま走行を続けていると，オフィシャルからピットインさせて修理せよとの指示があった。無視すれば危険車両と判断されてしまう。ピットインさせて修理。また，夜半過ぎの113周目，リアサスペンションのトップロッカーの溶接部分が突然剥離し，緊急ピットイン。大事には至らなかったが，ユノディエールで300km/h以上のスピードで走行している時にこれが起これば，間違いなく大きなクラッシュを招いたであろう。無事ピットまで戻れただけでも，不幸中の幸いであった。部品を交換し，ピットアウト。201号車担当メカニックのサポートがあったため，手品のような迅速な交換作業である。

夜が明け，過去に幾度となくマツダスピードのルマン・チャレンジャーにトラブルをプレゼントしてきた"2日目の午前中"がやってきた。気温の低い夜間から，辺りが明るくなると，気温も急上昇する。たまった疲労をだましながら走り続けてきたマシンに，突然の温度上昇は予想外のストレスを与えるものだ。逆にいえば，壊れる運命にあるマシンは，決まってこの2日目の午前中に壊れるものだ。チームは，不安げに時間が過ぎるのを待つ。こんな最中，予定どおりにピットインしたギャルビンがいった"エンジンパワーが落ちているような気がする"というコメントに，エンジン担当のメカニックは青くなった。

ピットアウト後，意を決したエンジン担当メカニックは，再度ピットインのサインを出すよう，カーマネージャーに頼んだ。そして，ピットインした202号車のカウルを開け，スパークプラグを交換し，進角調整を行った。熟練したロータリーエンジン・スペシャリストの彼は，タイミングテスターを使わず，勘だけでピタリとタイミングを合わせた。このおかげでロスはわずか2分。ドライバーによるとパワーは復活したという。コンピュータ制御のハイテクエンジンを，熟達技術者の右手が見事に救ったことになる。

午後1時，202号車は7位。予選タイムと同等のラップタイムでゴールを目指している。チームの不安は小さくなっていた。そして，午後2時。3時。ピット作業は，燃料補給とタイヤ交換だけだ。誰もが早く終わって欲しいと祈る。午後3時36分に，ケネディが最後の燃料補給を終えて，コースイン。

午後4時，チェッカーフラッグが降り下ろされた。202号車のマツダ757は，日本車史上初の総合7位で完走し，IMSA部門優勝を果たした。ケネディ，ギャルビン，デュドネの3名のドライバーと，大橋チームマネージャーが表彰台に登った。この模様はテレビの衛星中継を通じて日本でも放映され，マツダスピードのルマンでの活躍が話題となった。

1988年（第56回）　4ローター・マシンで3台完走

参加車両：マツダ767（IMSA GTP）・マツダ13J型4ローターエンジン
　　　　　マツダ757（IMSA GTP）・マツダ20B型3ローターエンジン
　　排気量：654cc×4，654cc×3
　最大出力：550ps以上/8500rpm，450ps/8500rpm
　最大トルク：50kgf-m以上/8000rpm，40kgf-m以上/8000rpm
　燃料供給装置：EGI
　　車両重量：201号車：867kg，202号車：867kg，203号車：797kg
ドライバー：201号車・片山義美/デイビット・レスリー（イギリス）/マルク・デュエズ（ベルギー）
　　　　　　202号車・従野孝司/エルベ・ルゴー（ベルギー）/ウィル・ホイ（ベルギー）
　　　　　　203号車・寺田陽次朗/D.ケネディ/P.デュドネ
予選結果：201号車：29位/3′39″60
　　　　　202号車：28位/3′39″52
　　　　　203号車：37位/3′44″99
決勝結果：201号車　17位，クラス：2位/330周（4466.550km）
　　　　　202号車　19位，クラス：3位/305周（4128.175km）
　　　　　203号車　15位，クラス：優勝/337周（4561.295km）
　　　　　　　　　　　　　　　　　　　　　　　　　　　（13.535kmコース）

　ジャガーが，公約であった"3年目で勝つ"を実践した。必勝体制の5台でルマンに臨み，わずか2分30秒差でラマース，ダンフリーズ，ルドウィック組のジャガーXJR 9 LMがワークス・ポルシェを下した。ポルシェ・ワークスチームは，WSPCへのシリーズエントリーをとりやめ，ルマンに全力を注ぐと宣言。SHELLカラーの962Cを3台エントリーしたにもかかわらず，序盤におかしたガスチャージミスが最後までたたり，無念の敗退に終わった。メルセデスが予選でタイヤをバーストさせ，タイヤに疑問ありとしてレース撤退を決めた。また，地元のWMプジョーは，最高速405km/hをマーク。

　16名もの日本人ドライバーが参加するなど，とかく話題の多い年であった。このレースを前に，FISA（国際自動車スポーツ連盟）は，スポーツプロトタイプカーの将来構想を発表し，さまざまな論議を呼んだ。出走49台，完走25台。

　　　　　　　　＊

　1987年のルマン終了後，4ローターエンジン開発の指令が下った。3ローターエンジンの後ろ側に1ローター追加する形の13J型エンジンが急きょ組み上げられ，試験的に11月の国内耐久選手権レース最終戦に出場することになった。シャシーは，757を改造した757E（Eは実験車の意味）であった。しかし，このエンジンは恐ろしく全長が長く，重い。そして，エンジン自体の剛性が乏しいものだった。乱暴な開発スケジュールだったとはいえ，レーシングエンジンとしての資格なしと判断された。マツダのエンジン設計陣は考え方を改め，白紙から全く新しいエンジンを設計し直さなければならなかった。それも3か月という短期間で。

　エンジニアは，開発に没頭した。新素材やエレクトロニクス，製造技術など社内スペシャリストの応援を求めたのはいうまでもなく，社外の専門家にも広く協力を要請し，軽量コンパクトで，剛性の高い4ローターエンジンの開発を急いだ。

　一方，4ローターエンジンを搭載するシャシーの開発は，マツダスピードが担当した。

　3ローター専用の757から進化したという意味で，新シャシーの呼称は767と命名された。チーフデザイナーは，757を設計したナイジェル・ストラウドである。モノコックの形状，寸法は基本的に757のものをベースにしている。ただし，エンジン出力の向上に対応するため，アルミハニカムモノコック上部には一部カーボンパネルを採用し，ねじれ剛性を高めている。操縦性に優れた757の特長を継承するため，シャシーレイアウトは，極力ボリュウムアップを抑えた。最も危惧されたホイールベースの延長も最小限にすんだ。エンジンは1ローター分100mm以上が延長されたにもかかわらず，20mm延長に抑えられている。補機類を全てサイド部や上部に移動し，プロトタイプの13J型より90mmエンジン長を短くした。これが13J改型エンジンである。

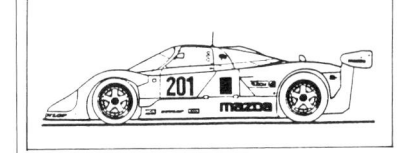

　ボディ全幅は10mm拡大。トレッドは，前後とも14mmだけワイド化させている。タイヤ，ホイール，ブレーキなどは，出力向上に応じて容量アップさせた。757と大きく違う特長は，より効果的なダウンフォースを獲得するため，ロングノーズ，ショートデッキ，インディペンデント・リアウイングとしたボディデザインだ。エンジンとシャシーは歩調を合わせ，ともに1988年4月に完成した。ルマンまでの時間は，余すところ60日強であった。

　1988年のルマン挑戦は，マツダスピードにとって10回目。記念すべき年に，初めて3台体制で臨んだ。550馬力以上を発生する13J改型4ローターエンジン搭載の新開発767を2台，実績のある757を1台追加した。ドライバーは，201号車の767に，片山，D.レスリー，それにラリーストとしても有名なM.デュエズの3名。202号車の767に，従野，H.ルゴー，W.ホイの3名。203号の757には，おなじみ寺田，ケネディ，デュドネの3名を布陣。9人全員がルマン完走経験者だ。

　2台の767は，不安の多いブランニューカーであったが，以前にはない速さを予選からアピールした。例によって，新しいマシンをルマンに持ち込む場合は，タイムアタックを行わず，2日間で合計8時間ある公式予選は当初より決勝用のセットアップとデータ収集に専念することになっていた。

　ところが，予選1日目に車両とドライバーのクォリファイを受けている最中に，767は前年757が予選スペシャルタイヤで記録したタイムを次々と更新。3分39

155

秒台でコンスタントに周回することができるようになった。2日間のベストラップタイムは3分39秒32。予選結果は、767が28番手、29番手、757が37番手であった。ユノディエールでの最高速度も330km/hを超え速さをアピールした。

決勝レースでも767は、驚くような速さを見せた。201号車片山組の767は、スタート直後から、燃費走行する多くのポルシェ勢、国産ターボ車勢をパスし、35分後には一気に18番手に浮上。その後、202号車従野組と入れ代わり立ち代わり、夜間を通し明け方まで12時間以上日本車のトップを快走することになる。しかし、ノートラブルというわけにはいかなかった。レースが夕暮れを迎えた頃、757を含め3台のマツダ車全てにブレーキローターのトラブルが発生する。ブレーキローターの温度が上がらず、オーバークールしたローターをミュルサンヌのハードブレーキで加熱を繰り返したため、激しい温度差が発生して亀裂が生じたものだ。空気流入量で冷却を調整するが、スペアローターを全てピットに持ち込み、交換に備えた。これは、予期しないトラブルであった。

また、202号車には、ガス欠症状も発生している。後方援護が役目であった757にもヘッドライトのバルブ切れやエンジンの異常失火（スピッツバック現象、スパークプラグ交換で解消）などのマイナートラブルが発生しており、順位を上げることができない。しかし、いずれのトラブルも致命的なものではなく、一つ一つ解決すれば、前年の757の記録を上まわることは可能だ。ピットはあわただしいが、悲観的なものではなかった。エンジンやシャシーの主要構成部分には何

も問題がなく、767はレース中にベストラップタイムを塗り替え続けたことがそれを証明している。767のベストタイムは、朝8時過ぎに記録した3分34秒787で、予選通過タイムを5秒近く短縮するものであった。

しかし、2台の767にはトラブルがほぼ同時に発生し、長いピットインを余儀なくされた。朝7時前後、201号車が予定外のピットイン。エキゾーストマニホールドのフランジ部分にクラックが入っており、交換が必要だった。排気熱の影響と、長時間にわたる振動の共振が原因と考えられる。加えてエンジン補機類駆動用のコグドベルトにも異常摩耗が発見された。たかがベルトであるが、ホイールベースの延長を抑えるため、モノコックのリアバルクヘッドにプーリーがめり込む形でレイアウトされていたため、思いのほか大作業となった。3分後には、202号車も異常な爆音とともにピットイン。201号車と全く同じトラブルであった。この修復作業に201号車は1時間47分、

202号車は3時間5分を費やして、総合6位以内入賞、総走行距離4700km以上の目標を達成することは不可能となった。

スタート24時間後の午後3時には、マツダスピードの3台は揃ってチェッカーフラッグを受けた。多くのトラブルに見舞われ、パーフェクトなレース展開とはいえなかったが、ポルシェ・ワークスでさえ困難な3台出場、3台完走を果たしたことは、収穫だったといえる。また、トラブルが全てマイナーなもので、マシンのポテンシャルの高さが証明されたことは、短期間でエンジン、シャシーをつくり上げたエンジニアにとって大きな自信となった。順位こそ総合15位で、ジャガーのルマン制覇のニュースのかげで話題にならなかったが、757の走行距離は前年より200km以上も加算されている。そして、IMSA部門2年連続優勝ということで、寺田が日本人として初めて表彰バルコニーに登った。

1989年（第57回）　再び7位入賞，3台完走

参加車両：マツダ767B（IMSA GTP）
　　　　　マツダ13J改型 4ローターエンジン
　　　　　排気量：654cc×4　最大出力：630ps以上/9000rpm
　　　　　最大トルク：52kgf-m以上/8000rpm
　　　　　燃料供給装置：EGI
　　　　　車両重量：201号車：841kg　202号車：840kg　203号車：857kg
ドライバー：201号車・クリス・ホッジス（イギリス）/D.ケネディ/P.デュドネ
　　　　　　202号車・従野孝司/H.ルゴー/エリオット・フォーブスロビンソン（アメリカ）
　　　　　　203号車・寺田陽次朗/M.デュエズ/フォルカー・バイドラー（ドイツ）
予選結果：201号車：29位/3'31"38
　　　　　202号車：16位/3'25"45
　　　　　203号車：35位/3'36"69
決勝結果：201号車：7位，クラス：優勝/368周（4980.880km）
　　　　　202号車：9位，クラス：2位/365周（4940.275km）
　　　　　203号車：12位，クラス：3位/339周（4588.365km）

(13.535kmコース)

グループCレースの将来についてFISAとACOの折りあいがつかず、1989年のルマンは、開催直前になって世界選手権タイトルの看板を下ろすことになった。しかし、蓋を開けたルマンは、例年以上の活況を呈した。

37年ぶりのルマン制覇の目標を掲げるメルセデスが、伝統の銀色ボディで登場。ジャガーも連覇をかけて、4台の

XJR 9 LMを投入。ポルシェは、ヨーストレーシングを全面的バックアップして影の参加となった。日本からは、マツダスピードの3台をはじめ、トヨタ、ニッサンのワークス勢に加え、JSPCシリーズで活躍中のプライベート・ポルシェが多数参加。国内選手権の一戦と見まちがう状況であった。レースは、前半にジャガーとヨースト・ポルシェの争いを静観して

いたメルセデスが，中盤以降トップを奪い，1，2，5位を占めて完勝を遂げた。出走55台，完走19台。緊張感が高く，コンペティティブで，例年になく過酷なルマンであった。

　　　　　　　　＊

　マツダスピードは，1989年のルマン挑戦にあたり，目標を次のように定めた。予選では前年のベストラップタイムを10秒縮める3分25秒台を記録すること。3台出走させ，3台全車完走すること。IMSAクラスを連続制覇するとともに，総合7位以内に入賞すること。ノートラブルで総走行距離5000kmを走破すること，などである。

　このため，前年のルマン以降国内レースで熟成を重ねた767をベースに改良を加えた767Bを開発した。〝B″は改良型を意味している。

　主な改良点は，エンジン出力の向上と中低速トルクの向上，シャシーの軽量化，出力向上に伴う最適な空力バランスの実現などである。シャシーは，細部の設計変更でモノコック各断面における強度バランスを均一化させ，剛性アップも図った。エンジンは，可変吸気システムを採用することによって約15%の出力向上を図るとともに，立ち上がり加速の向上に貢献する中低速域トルクを増大させた1989年版13J改4ローターで，630馬力以上を発生する。補機類や附属品，ボルト類にチタニウムやアルミニウム素材を多用し，軽量化も施した。効率を追求した結果，エキゾーストパイプをサイド排気とし，ラジエターやオイルクーラーの小型化にも成功した。空力的には，イギリスのサザンプトン大学や広島県三次市のマツダATL（風洞実験施設）で徹底した実験を繰り返し，前後のダウンフォース・バランスを崩さずにCD値の低減を実現した。

　この年は，767に767Bのメニューを盛り込んだマシンでアメリカのIMSAシリーズ開幕戦，デイトナ24時間レースに参加した。高速のオーバルコースとインフィールドのタイトコーナーが複合されたこのコースで，他車との接触などがあり，ボディはボロボロになった。途中霧のためレースは5時間中止されたが，767Bは無事完走し，総合5位に入賞していた。これによってルマンに対する自信を培ったといえよう。

　ルマンには，レナウンの全面的支援を得た。あざやかなチャージカラーの2台と，マツダのヨーロッパにおける純正部品のブランド名〝フィニッシュライン″のステッカーを貼った計3台の767Bを持ち込んだ。ドライバーは，片山，従野，寺田のロータリートリオ，ケネディとデュドネのレギュラーに，前年の767にも乗ったルゴー，デュエズ，そしてデイトナで767Bをドライブしたアメリカン・ベテランのE.フォーブスロビンソン，ドイツの若き現役F1パイロット，V.バイドラーを加え，多彩な顔ぶれであった。

　万全の体制を整えてルマンに臨んだつもりであったが，不運もあった。チーフドライバーの片山がイギリスでとった食事が原因で体調を崩し，出場を断念せざるを得なくなってしまった。代わりにイギリス人のC.ホッジスを急きょ代打としてエントリー。また，この年のルマンは天候が不順で，予選第1日目に203号車が激しいシャワーによって起きたフォードシケインでのアクシデントに巻き込まれ，ボディを損傷してしまった。203号車は，2日目の予選を断念してリペアされ，レース前日にサーキットの隣の飛行場を借りて確認走行をすることになった。

　このため，2日目の予選では201号車と202号車の2台で9人のドライバーのクォリファイを済ませなければならなかったが，その忙しい中でも767Bの高いポテンシャルがドライバーたちの闘志を高め，チームは良いムードで予選タイムアタックを実行した。そして，従野が1日目のタイムを一気に5秒短縮し，第1目標の3分25秒台を記録することができた。このタイムは，この年ルマンに出場した17人の日本人ドライバーでは最速であり，全部で175名いるドライバー全員の中でも22番目という優れたものであった。

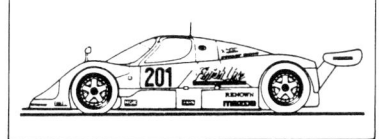

　決勝レースは，202号車が16位，201号車が29位，すっかり修理を終えた203号車が35位からのスタートであった。

　レースがスタートすると，オープニングラップはメルセデスが首位となり，2周目にはジャガーに入れ代わる。そのジャガーが4周目に接触し後退すると，間隙を縫ってヨースト・ポルシェが2位に浮上するなど，まさに混戦状態。また，日本からのライバルチームは，クラッシュやマシントラブルで次々と脱落していき，日没までには55台の決勝スターターのうち，10台近くがリタイアするというサバイバルレースの様相をみせた。

　3台のマツダ車は，序盤からきわめて順調に周回を重ね，トラブルからもうまく身をかわしていた。夜間レースに入り，展開は安定期を迎えた。201号車はノートラブル。202号車はサスペンションの支持ボルトがはずれるという原因不明のトラブルでピットインし，トップロッカーアッセンブリー交換のため12分をピットロスした以外は順調。203号車はデイトナを走った最も走行実績の多いシャシーのせいか，昼間はパーコレーションが発生し，ピットアウト時にしばしばエンジン始動にとまどった。また，ブレーキフルード

のリークが発見されキャリパーを交換するなどのトラブルがあったものの、201号車、202号車に遅れること8ラップでレース中間点を折り返した。

明け方から午前中にかけての"魔の時間"に、それまで日本車トップの総合5位を走っていたニッサン車が無念のリタイア。サーキットに残る日本車は3台のマツダ車だけとなった。203号車は、この明け方に前年と同様エキゾーストフランジにクラックを発生させ、修理のため約60分のピットストップを強いられたが、他の2台は3分31秒～33秒という安定したラップタイムで周回を続けた。そして、203号車も戦線に復帰し、3台はそれぞれ総合7位（201号車）、9位（202号車）、12位（203号車）で24時間目にフィニッシュラインを通過することができた。

201号車は、一度もリアカウルを開けることなくノートラブルで24時間を戦った。燃費も十分である。当初立てた目標の全てをクリアしての快走であった。予選は3分25秒台を達成し、3台出走、3台完走。1987年と同じ総合7位入賞。そして、4980kmを走破し、走行距離目標もほぼクリアできた。

帰国後、国内では1987年と同様に健闘を称えられた。マツダ本社では2000名以上の従業員が見まもる中、767Bのパレードが行われた。しかし、チームの中には、手放しで喜んでばかりではいられない雰囲気が残った。ほとんど完璧に予定どおりのレース展開を演じたにもかかわらずである。それは、この年もまたそれまでと同じように、マツダスピードのルマン挑戦は自分たちが立てた目標に対する戦いであって、強豪トップグループに戦いを挑んでいないことに対するフラストレーションであった。これ以後、マツダのトップマネージメントをはじめ、広島の開発陣も、そして実行部隊のマツダスピードも、強い"勝つ意志"のもとに、総合優勝を目指した車両開発、チーム体制作りに向かっていくのである。

勢には、日本企業のスポンサーステッカーが目立った。

しかし、ルマンの女神は、またしても日本車に幸運を授けてはくれなかった。一時ニッサンがトップを走行し期待を膨らませたが、ニールセン、コブ、ブランドル組のジャガーXJR12が栄光のゴールに滑り込み、イギリス人ファンの熱狂を浴びることになった。ニッサン勢の1台が最終的には5位に入賞し、日本車最高記録を塗り替えた。出走48台、完走29台。新設シケインのためか、完走率の高いルマンであった。

*

FISAの提唱する新グループCカー構想によると、1990年がマツダロータリーエンジン搭載車にとって最後のルマンになるはずであった。マツダスピード、そして広島のマツダ開発陣にとってもその意識は強く、マツダグループは一丸となって最後のルマンに向け、全力投球する構えをみせた。"勝つ意志"をもって、である。

エンジン開発は、前年の13J改エンジンをベースに、10%以上の出力向上と、10%以上の燃費改善を至上目標とした。当初は、非常識な目標と思われた。しかし、冒険的チャレンジを含めたさまざまなメイク＆トライが、レーシングロータリー開発史上最も多くのエンジニアたちの手によって繰り返され、それを現実のものとした。1990年仕様のR26B型4ローター・ロータリーエンジンは、最高出力700馬力を発生。燃費改善も目標値を達成した。

シャシーは、軽量かつ高剛性、高い安全性をも合わせもつカーボンモノコックを採用。空力効果と効率的な冷却性能を追求し、サイドからフロントにラジエターを移動して前後の重量配分をもバランスさせた。空力的にもボディのアッパーサーフェイスをフラット化し、前面投影面積を低減するためボディ幅を縮小した。

1990年（第58回）　"勝つ意志"で臨んだが…

参加車両：マツダ787(IMSA GTP)　マツダR26B型4ローター
　　　　　マツダ767B(IMSA GTP)　マツダ13JL型4ローター
排気量：654cc×4　最大出力：700ps/9000rpm　630ps以上/9000rpm
最大トルク：58kgf-m以上/7500rpm　52kgf-m/8000rpm
燃料供給装置：EGI
車両重量：201号車:831kg　202号車:834kg　203号車:852kg
ドライバー：201号車・ステファン・ヨハンソン(スウェーデン)/D.ケネディ/P.デュドネ
　　　　　202号車・ベルトラン・ガショー(フランス)/ジョニー・ハーバート(イギリス)/V.バイドラー
　　　　　203号車・片山義美/従野孝司/寺田陽次朗
予選結果：201号車:23位/3'43"35
　　　　　202号車:22位/3'43"04
　　　　　203号車:34位/3'49"45
決勝結果：201号車:リタイア/11時間、147周(エンジン)
　　　　　202号車:リタイア/14時間、148周(電気系統)
　　　　　203号車:20位、クラス:優勝/304周(4134.4km)　　(13.600kmコース)

FISAからの強い要求でルマン名物6kmのユノディエール・ストレートにふたつのシケインが設けられることになった。しかも、前年同様FIA世界選手権から除外されたままだった。このレギュレーション移行過渡期の混沌によって、メルセデスはWSPC全戦には出場するものの、ルマン不参加を春先に宣言。

ジャガー、トヨタ、ニッサンの各ワークスチームが、それぞれ優勝にむける意欲を文字どおりむき出しにして、ルマンを訪れた。特にニッサンは、最大のチーム体制で5台のワークスマシンをエントリー。ジャガーが4台、トヨタが3台、そしてもはや戦闘力では日本車に対し不利とはいえ、ワークスから最新スペックのエンジンを供給されているプライベート・ポルシェ勢も大挙して登場。ポルシェ

また，レースマネージメント支援システムとして，走行中のエンジン情報から車体の挙動までをリアルタイムに分析するテレメータリングシステムを導入。このため，車高センサーやタイヤ温度センサーなどの新技術も開発した。そして，様々なデータをインプットしたコンピュータが車両のレース走行状態を計算し，レース展開を想定するシミュレーションシステムも開発するなど，まさに考えられることは全て実行に移した。こうして開発されたニューマシンは，マツダ787とネーミングされた。767から2ステップ進んだマシンという意味である。

787のステアリングを握るドライバーには，前年の経験をもつV.バイドラーに加え，B.ガショー，J.ハーバートなど新進気鋭の若手F1パイロット，日本でもおなじみの人気F1ドライバー，S.ヨハンソンと契約を交わした。片山，従野，寺田のロータリー・トリオとケネディ，デュドのレギュラーに，彼らF1ドライバーを加えた強力なドライバーの布陣とした。

ロータリーエンジン搭載車の最後のルマン参戦に向け，準備は進行した。1990年4月，R26Bエンジンを搭載するマツダ787の1号車が完成した。富士スピードウェイでシェイクダウンテストを受け，基本性能が確認された後，ポルトガルへ空輸され，早速エストリルサーキットを5日間占有しての連続耐久テストに臨んだ。この時は，リアアップライトの異常温度上昇によって，アクスルハブにガタが発生するトラブルが発生。また，途中不測のエンジントラブルなどがあったが，5日間で3500km以上を走ることができた。フロントラジエターを採用したため，コクピット内が異常に高温になること
もわかった。

1990年のルマン挑戦計画の最大の番狂わせは，ゴールデンウィークに開催される予定であった国内選手権の富士1000キロレースが，異例の降雨と深い濃霧によってキャンセルされたことであった。耐久テストは完了していたが，レーシングコンディションでの走行経験がないままルマンに体当たりしなければならなくなり，開発スタッフは不安を隠しきれない。

ルマンには，エストリルで耐久テストを行った1号車と，富士1000キロレースに出場する予定だった2号車，そして実績ある前年型767Bレース車1台，予備車両1台の計4台を持ち込んだ。この年のルマンは，ストレートにふたつのシケインが新設されたため，それまで蓄積したルマンにおけるギアレシオや空力，サスペンションのデータはほとんど無用となるほど様変わりしていた。

どのチームもとまどい，公式予選開始直後からトラブル発生はふたつのシケインに集中。コースアウトやクラッシュが続出した。マツダスピードでは，202号車が予選7周目にトランスミッションの5速シンクロリングを破損し，早々にパドックに引きあげたが，201号車と203号車（767B）は，サスペンションのセッティングに時間を割いた。202号車は，シンクロリングの交換のみでナイトセッションには復帰。タイムアタックを行った。例によって予選2日間は決勝レースに向けたセッティングに終始し，タイムアタックは行わない。202号車と203号車が決勝用タイヤで前日のベストタイムを更新し，最終的は予選順位は201号車が23位，202号車が22位，203号車が34位となった。

レースでは不安が的中し，実戦経験を持たない787に小さなトラブルが次々と発生した。201，202号車はスタート直後から水温が上昇ぎみで，ともに1回目のピットインでアウトレットにリップを付けたノーズに交換。その後，2台とも燃料ラインにパーコレーション発生。202号車のフロントブレーキローターに不具合が発生し，交換。左リアサスペンションの取り付けボルト緩み発見。4時間後，201号車に右リアハブにガタ発生。202号車，水温上昇のためラジエター内エア抜きなどだ。一向に順位を上げられない。実績がある203号車もヘッドライト脱落，ブレーキフルードのパーコレーションなどの小トラブルが相次ぎ，夜間に入ってからは，ドライブシャフトがジョイント部のオイル漏れが原因でスティック。アッセンブリー交換を要し，ポジションアップを妨げられる。しかしながら，これらは全てメジャートラブルではなかった。

しかし，午前3時過ぎ，突然メジャートラブルが2台の787を襲った。201号車にエンジントラブル。深夜に入ってデトネーションが原因と思われるバイブレーションが時折り発生していたが，ケネディが走行中にエンジンからオイルを噴出し，ピットイン。レース続行は不可能と判断され，リタイアした。202号車は電気系のトラブルであった。エンジンが息つきを起こしてピットイン。調べてみるとフューエルポンプが動かない。サイドポンツーン内の電気系ハーネスが走行中の熱や振動のため表皮を溶かし，ショートしていた。50分かけて修復し再度コースインしたが，ガショーがドライブ中に突然ヘッドライトが消灯して，再びピットに滑り込んだ。修理してハーバートがピットアウトするが，すぐにテールランプが切れてピットイン。徹底的に電気系を点検したところ，表皮が溶けてショートする症状はメインハーネス全体に及んでおり，レースフィニッシュは困難としてリタイアを決定した。

残る203号車も明け方にトランスミッション内のシフトフォークを破損。修理に1

時間30分を費やした。それ以外は一定のペースを守り周回するものの、24時間後には、1987年の757の記録にも及ばない4120kmしか走り切ることができず、4年連続IMSA部門トップとはいえ、総合20位完走という空しい結果を残すのみであった。

ルマン後、ロータリーエンジン搭載車が、ルマンを含む1991年のSWCシリーズにも出場できることが発表され希望を残したが、"勝つ意志"を持ち、かつてない体制で車両の開発とチーム作りに全力投球した年だっただけに、無念の思いはつのるばかりであった。

1991年（第59回） ついに総合優勝を飾る

参加車両：マツダ787B（グループC　カテゴリー2）
　　　　　マツダ787（グループC　カテゴリー2）
　　　　　マツダR26B型4ローター
　　　　　排気量：654cc×4　最大出力：700ps/9000rpm
　　　　　最大トルク：62kg-m/6500rpm　燃料供給装置：EGI
　　　　　車両重量：18号車：850kg　55号車：845kg　56号車：850kg
ドライバー：18号車・D.ケネディ/S.ヨハンソン/マウリッツィオ・サラ（ブラジル）
　　　　　　55号車・V.バイドラー/J.ハーバート/B.ガショー
　　　　　　56号車・従野孝司/寺田陽次朗/P.デュドネ
予選結果：18号車：23位/3'46"641
　　　　　55号車：19位/3'43"503
　　　　　56号車：30位/3'50"161
決勝結果：18号車：6位/24時間、355周（4828.0km）
　　　　　55号車：優勝/24時間、362周（4923.2km）
　　　　　56号車：8位/24時間、346周（4705.6km）
　　　　　　　　　　　　　　　　　　　　　　　　（13.600kmコース）

2年ぶりに世界選手権タイトルがかかった1991年のルマン。SWCシリーズにシリーズエントリーしているチームだけが参加を認められた。3.5ℓ CIカーの開発が遅延ぎみのトヨタやニッサンは、当然不参加。3.5ℓ マシンが初めてルマンを走ることになった。しかし、レギュレーション移行期の暫定処置として、3.5ℓ NA以外のエンジン搭載車は、カテゴリー2として燃費規制を受けての参加が認められた。しかし、カテゴリー1車両が24時間を走破することは到底困難と考えられ、メルセデスとジャガーのカテゴリー2車両が本命と目されていた。ところが、それまでのSWCスプリントレースでは、TV画面に映ることさえまれな存在であったマツダスピードのロータリーエンジン搭載車が、レース序盤より上位に進出。トップを走るメルセデスがマシントラブルで脱落した後は単独首位に立ち、栄光のチェッカーフラッグを受けることになった。出走38台、完走12台。

＊

マツダ787の改良版"マツダ787B"が完成したのは、4月上旬。4月4日、5日の2日間、富士スピードウエイでシェイクダウンテストを受けた。取材陣に大きく騒がれることもなく、淡々とテストは効率良く進められた。翌週末に鈴鹿サーキットで開催されたSWC開幕戦で実戦デビュー。6位に入賞したが、プジョー905の優勝の影に隠れ、787Bのポテンシャルに注目した人は、恐らく皆無であった。

4月下旬には、新たにパートナーとなったオレカ社の本拠地である南フランス、ポールリカールサーキットに空輸された。ここで、連続耐久テストを行なった。実は、前年型の787に1991年のメニューを盛り込んだマシンで2月に第1回の耐久テストを同じポールリカールで実施する予定だったが、湾岸戦争勃発によって直前になってキャンセルされていた。南フランスの安定した気候がテストに打って付けのはずであったが、数年ぶりの寒波と4月には珍しい降雨にたたられ、テストはスケジュールを乱されてしまった。特に、コクピット内のエンジン制御コンピューターに水が侵入し、エンジンがストップするトラブルに見舞われた。すぐに解決するのだが、ルマンの予選がウェットコンディションであったことを考えるとこの時のトラブル発生は、ラッキーだったと考えられている。

ルマン直前の5月末に、東京でルマン参加の記者発表会が開催された。その中で大橋チームマネージャーは"3位以内を狙う"とコメントしたが、本気で受けとめる記者はこのときまだ出現していない。

6月18日、2台の787Bとスペアカーを含む2台の787は、恒例となっているジャコバン広場での車検に臨んだ。注目の的は、やはりプジョーやジャガーのカテゴリー1マシンと、メルセデス、ジャガーのカテゴリー2カーであった。マツダスピードチームが例年と違った扱いを受けたのは、テレビ放送用の小型車載カメラをレーシングカーに搭載させて欲しいとFISAから依頼されたことであった。カメラは、56号車の787のドライバーズシート上に設置されることになった。

公式予選1日目。787からの進化を確認するため、チームはこの日にタイムアタックする予定であった。しかし、あいにくの雨によって、それは実現されなかった。翌2日目はドライであったが、決勝用エンジンに換装していたこともあり、タイムアタックは断念せざるを得なかった。結果は、決勝用セッティングながら787Bは12位と17位のポジションを獲得。しかし、カテゴリー1のトップ10台の後ろからカテゴリー2はスタートしなければならない新ルールのため、スターティンググリッドが55号車が19番手、18号車が23番手、56号車の787は30番手となった。

決勝レーススタートを前に、ウェットコンディションの中、ウォームアップセッションが行なわれ、バイドラーが3番手のタイムで走行して見せたが、この時でさえマツダスピードに注目している人はいなかったであろう。ところが、ドライでスター

トしたレースでは，早くも8周目にバイドラーの駆る55号車が9位に浮上。他の2台もポルシェ勢やカテゴリー1のスパイス勢を早々に抜き去り，レース序盤にして3台とも上位に進出した。

その後も3台はトラブルを一切受け付けず，55号車は89周目にジャガーを抜いて4位にポジションアップ。その後8時間もの間，35号車のジャガーと接戦を繰り広げるが，午前3時過ぎにはジャガーが根負けして3位を獲得。上位を走るのはメルセデスだけとなった。

そのメルセデスも明け方近くにはトラブルを抱えだし，1台が脱落。55号車は2位，18号車も7位，56号車も9位となった。朝8時に18号車のドライブシャフトが異常に温度上昇しているため，大事をとってアッセンブリー交換し，一時的にポジションを落としたが，それ以外はリタイア車両が続出する中，3台のマツダ車は不安げのない走りでゴールを目指した。

そして，12時過ぎ，トップを独走していたメルセデスがマシントラブルでリタイア。55号車マツダ787Bが大歓声の中，ついにトップにたった。それ以後3時間は，ペースを落とすことなく，また2位のジャガーに間隔を詰められることなく快走し，午後4時，栄光のチェッカーフラッグを受けた。18号車は6位，56号車も8位に入賞。この年は，38台のスターターの内12台しか完走しないという近年にないサバイバルレースとなったが，マツダロータリーエンジン搭載車はほとんどノートラブルで走行し，その最後のチャンスに宿願の総合優勝を果たした。

1923～1991年ルマン歴代優勝一覧

コース	年	出走	完走	メーカー	排気量	ドライバー	走行距離	平均時速
A	1923	33	30	Chenard et Walcker(F)	2978	A.Lagache-R.Léonard	2 209.536	92.064
	1924	40	14	Bentley(GB)	2995	J.Duff-F.C.Clement	2 077.340	86.555
	1925	49	16	La Lorraine(F)	3473	G.De Courrcelles-A.Rossignol	2 233.982	93.082
	1926	41	13	La Lorraine(F)	3446	R.Bloch-A.Rossignol	2 552.414	106.350
	1927	22	7	Bentley(GB)	2989	J.D.Benjafield-S.C.H.Davis	2 369.807	98.740
	1928	33	17	Bentley(GB)	4392	W.Barnato-B.Rubin	2 669.272	111.219
B	1929	25	10	Bentley(GB)	6597	W.Barnato-H.R.S.Birkin	2 843.830	118.492
	1930	18	9	Bentley(GB)	6597	W.Barnato-G.Kidston	2 930.663	122.111
	1931	26	6	Alfa-Romeo(I)	2337	Lord Howe-H.R.S.Birkin	3 017.654	125.735
C	1932	26	9	Alfa-Romeo(I)	2337	R.Sommer-L.Chinetti	2 954.038	123.084
	1933	29	13	Alfa-Romeo(I)	2336	R.Sommer-T.Nuvolari	3 144.038	131.001
	1934	44	23	Alfa-Romeo(I)	2336	L.Chinetti-P.Etancelin	2 886.938	120.284
	1935	58	28	Lagonda(GB)	4451	F.S.Hndmarsch-L.Fontes	3 006.797	125.283
	1936			フランス自動車業界のストライキにより中止
	1937	48	17	Bugatti(F)	3266	J.P.Wimille-R.Benoist	3 287.938	136.997
	1938	42	15	Delahaye(F)	3558	E.Chaboud-J.Tremoulet	3 180.940	132.509
	1939	42	20	Bugatti(F)	3251	J.P.Wimille-P.Veyron	3 354.760	139.781
	1940			第二次世界大戦により中止
	1949	49	19	Ferrari(I)	1995	L.Chinetti-Lord Selsdon	3 465.120	144.380
	1950	60	29	Talbot-Lago(F)	4483	L.Rosier-J.L.Rosier	3 465.120	144.380
	1951	60	30	Jaguar(GB)	3441	P.D.C.Walker-P.Whitehead	3 611.193	150.466
	1952	57	17	Mercedes-Benz(D)	2996	H.Lang-F.Riess	3 733.800	155.575
	1953	60	26	Jaguar(GB)	3441	T.Roll-D.Hamilton	4 088.064	10.336
	1954	57	18	Ferrari(I)	4954	J.F.Gonzales-M.Trintignant	4 061.150	169.215
	1955	60	21	Jaguar(GB)	3442	M.Hawthorn-Y.Bueb	4 135.380	172.308
D	1956	49	14	Jaguar(GB)	3442	R.Flockhart-N.Sanderson	4 034.929	168.122
	1957	54	20	Jaguar(GB)	3781	R.Flockhart-Y.Bueb	4 397.108	183.217
	1958	55	20	Ferrari(I)	2953	P.Hill-O.Gendebien	4 101.926	170.914
	1959	53	13	Aston-Martin(GB)	2993	C.Shelby-R.Salvadori	4 347.900	181.163
	1960	55	20	Ferrari(I)	2958	P.Frere-O.Gendebien	4 217.572	175.730
	1961	55	22	Ferrari(I)	2961	O.Gendebien-P.Hill	2 476.580	186.527
	1962	55	18	Ferrari(I)	3967	O.Gendebien-P.Hill	4 451.255	185.255
	1963	49	12	Ferrari(I)	2953	L.Scarfiotti-L.Bandini	4 561.710	190.071
	1964	55	24	Ferrari(I)	3299	J.Guichet-N.Vaccarella	4 695.310	195.638
	1965	51	14	Ferrari(I)	3286	J.Rindt-M.Gregory	4 677.110	194.880
	1966	55	15	Ford(USA)	6982	C.Amon-B.Mc Laren	4 843.090	201.795
	1967	54	16	Ford(USA)	6980	D.Gurney-A.J.Foyt	5 232.900	218.038
E	1968	54	15	Ford(USA/GB)	4942	P.Rodriguez-L.Bianchi	4 452.880	185.536
	1969	45	14	Ford(USA/GB)	4942	J.Ickx-J.Oliver	4 998.000	208.250
	1970	51	7	Porsche(D)	4494	H.Herrmann-R.Attwood	4 607.810	191.992
	1971	49	13	Porsche(D)	4907	H.Marko-G.Van Lennep	5 335.313	222.304
F	1972	55	18	Matra-Simca(F)	2993	H.Pescarolo-G.Hill	4 691.343	195.472
	1973	55	21	Matra-Simca(F)	2993	H.Pescarolo-G.Larrousse	4 853.945	202.247
	1974	49	20	Matra-Simca(F)	2993	H.Pescarolo-G.Larrousse	4 606.571	191.940
	1975	55	30	Gulf-Mirage(GB)	2986	J.Ickx-D.Bell	4 595.577	191.484
	1976	55	24	Porsche(D)	2141	J.Ickx-G.van Lennep	4 769.923	198.746
	1977	55	20	Porsche(D)	2142	J.Ickx-Barth-H.Haywood	4 671.630	194.651
	1978	55	17	Renault-Alpine(F)	1997	D.Pironi-J.P.Jaussaud	5 044.530	210.180
G	1979	55	22	Porsche(D)	2994	K.Ludwig-B. et D.Whittington	4 173.930	173.913
	1980	55	25	Rondeau(F)	2993	J.Rondeau-J.P.Jaussaud	4 608.020	192.000
	1981	55	18	Porsche(D)	1649	J.Ickx-D.Bell	4 825.348	201.056
	1982	55	18	Porsche(D)	2649	J.Ickx-D.Bell	4 899.086	204.128
	1983	51	20	Porsche(D)	2649	A.Holbert-H.Haywood-V.Schuppan	5 047.934	210.330
	1984	53	22	Porsche(D)	2649	H.Pescarolo-K.Ludwig	4 900.276	204.178
	1985	49	24	Porsche(D)	2649	K.Ludwig-P.Barrilla-J.Winter	5 088.507	212.021
H	1986	50	19	Porsche(D)	2949	H.Stuck-D.Bell-A.Holbert	4 972.731	207.197
I	1987	48	12	Porsche(D)	2996	H.Stuck-D.Bell-A.Holbert	4 791.177	199.657
	1988	49	25	Jaguar(GB)	6999	J.Lammers-J. Dumfries-A.Wallace	5 332.780	221.665
	1989	55	19	Sauber-Mercedes(CH)	8454	J.Mass-M.Reuter-S.Dickens	5 265.115	219.990
J	1990	48	29	Jaguar(GB)	7000	J.Nielsen-P.Cobb-M.Brundle	4 882.4	204.036
	1991	38	12	Mazda(J)	654×4	V.Weidler-J.Herbert-B.Gachot	4 923.2	205.333

Circuits: A=17,262km, B=16,340km, C=13,492km, D=13,461km, E=13,469km, F=13,640km, G=13,626km, H=13,528km, I=13,535km, J=13,600km.

---― あとがき ―---

　本書のタイトルをはじめ、しばしば"マツダチーム"という言葉が使われるが、くわしくはマツダ本社のサポートを受けたマツダスピードチームということになる。いや、これも厳密にいえば正確でない。既にお読みいただいた方はおわかりと思うが、マツダ本社の"サポート"も単に後方からの支援というより、一体となってともに戦う姿勢、あるいはマツダ本社の意を体してマツダスピードがレースの最前線を受けもつという意味合いがある。ドキュメントの中で"ルマンのレース"に主眼がおかれている部分では、マツダスピードに関する記述が多く、"ロータリーエンジン"に関してはマツダ技術陣の活動が中心となっている。それらが"マツダチーム"の中に多かれ少なかれ含まれていると考えてほしい。

　ところで、日本のメーカーチームとしてマツダが最初にルマンに勝ったことはいろいろな意味がある。最も長くルマンにチャレンジし続けたこと、ロータリーエンジンという特殊なパワーユニットであったこと、レース活動の中心をルマン24時間レースに絞っていたこと、レギュレーションの変更があってもチームの基本的姿勢は一貫していたこと、日本的スタイルではなく国際的協力を求めたことなど、マツダチームのスタイルは、他の日本のメーカーチームと異なったニュアンスの活動であった。さらにレースに求められる"効率の良さ"と将来を見据えた"戦う姿勢"がヨーロッパの人たちの共感を得たといってよいだろう。

　91年ルマン24時間レースでは、ポルシェとマツダ（ロータリー）に関して本来課せられていた重量ハンディキャップが緩和されたことを記述しなかったのは公平を欠くことになるかもしれない。カテゴリー2のマシンのうち、ジャガーやメルセデスは100kgの車重増はルマンでも変わらなかったが、ポルシェとマツダは50kg増におさえられた。どちらも優勝のチャンスが少ないと思われたからだろうが、これがマツダチームにとってプラスになったのは明らかだ。まあ、長い間チャレンジしてきたから運もあったということだろう。ロータリーエンジン最後の年に、めぐってきたチャンスをマツダチームはフルに生かすことができたのである。

　限りある時間の中で、限られた人たちの話をきいてまとめたものなので、必ずしもマツダチームの活動の全体像をとらえることはできなかったが、"なぜマツダがルマンに勝てたか？"はおわかりいただけるのではないかと思う。もちろん、たとえ勝てなかったとしても、マツダチームの活動は十分にドラマチックであった。そのムードが少しでも伝わっていればと願っている。

　また、本書は三部構成になっており、マツダのパワートレイン設計部RE設計グループ主務の船本準一氏、マツダスピードの事業部企画課係長三浦正人氏と共著である。編集を担当したGP企画センターを代表して両氏にはこの場を借りてお礼を申しあげたい。

　最後になったが、忙しい中をインタビューや資料提供などで多くの方々にお世話になった。インタビューした人たちは、それぞれ"ドキュメント"の中に登場させていただいた。ご協力いただいた方々にここで改めて名前を記さないが、感謝の意を表したいと思う。

桂木洋二

マツダチーム ルマン初優勝の記録
ロータリーエンジンによる戦い
1991

編 者　GP企画センター
　　　　桂木洋二　船本準一　三浦正人
発行者　小林謙一
発行所　三樹書房

URL http://www.mikipress.com

〒101-0051 東京都千代田区神田神保町1-30
TEL 03 (3295) 5398　FAX 03 (3291) 4418

印刷・製本　株式会社シナノ パブリッシング プレス
ⒸMIKI PRESS　三樹書房　Printed in Japan

※ 本書の一部あるいは写真などを無断で複写・複製(コピー)することは、法律で認められた場合を除き、著作者及び出版社の権利の侵害になります。個人使用以外の商業印刷、映像などに使用する場合はあらかじめ小社の版権管理部に許諾を求めて下さい。

落丁・乱丁本は、お取り替え致します